协同与协作

职业教育的京津冀协同
与东西部协作

实录

主编 吕景泉

天津出版传媒集团

天津人民出版社

图书在版编目（CIP）数据

协同与协作：职业教育的京津冀协同与东西部协作
"实录"/吕景泉主编. —— 天津：天津人民出版社，
2018.10
ISBN 978-7-201-14196-1

Ⅰ.①协… Ⅱ.①吕… Ⅲ.①职业教育–协同–研究
–中国 Ⅳ.①G719.21

中国版本图书馆 CIP 数据核字(2018)第 232466 号

协同与协作：职业教育的京津冀协同与东西部协作"实录"
XIETONG YU XIEZUO：ZHIYEJIAOYU DE JINGJINJI XIETONG YU DONGXIBU XIEZUO "SHILU"

出　　版	天津人民出版社
出 版 人	黄　沛
地　　址	天津市和平区西康路 35 号康岳大厦
邮政编码	300051
邮购电话	(022)23332469
网　　址	http://www.tjrmcbs.com
电子信箱	tjrmcbs@126.com
责任编辑	李　荣
装帧设计	世纪座标
印　　刷	北京雅昌艺术印刷有限公司
经　　销	新华书店
开　　本	787 毫米×1092 毫米　1/16
印　　张	17
插　　页	1
字　　数	270 千字
版次印次	2018 年 10 月第 1 版　2018 年 10 月第 1 次印刷
定　　价	39.00 元

編委会

Editorial Committee

序

Preface

天津是我国近代工业发源地之一，伴随工业文明的发展，天津职业教育渊源久远，积淀深厚。在早期的实习工场中，就孕育了"工学并举"的职业教育模式。

中华人民共和国成立后，天津成为全国"半工半读"试点城市，职业教育得到快速发展。改革开放以来，天津坚持走新型工业化之路，职业教育更加得到重视。

2005年8月，为探索新时期职业教育发展规律，更好地服务于天津滨海新区开发开放，教育部在天津召开"工学结合"座谈会。会议的主要任务就是研究在新形势下如何以就业为导向，推进工学结合、勤工俭学，创新人才培养模式，实现我国职业教育的新发展。2005年9月，天津市人民政府与教育部共同签订了我国首个"国家职业教育改革试验区"协议，明确了五方面试验内容。由此，天津成为新时期探索"工学结合"人才培养模式的试验区。

2010年3月，教育部和天津市人民政府在北京签署《关于共建国家职业教育改革创新示范区协议》。时任中共中央政治局委员、天津市委书记张高丽出席签字仪式。

党的十八大以来，天津职业教育又一次焕发生机，以"五业联动"为主线，全面探索"五方携手、五共机制"的产教融合模式，"职继协同·双周推动""鲁班工坊""工程实践创新项目（EPIP）""国际化专业教学标准""京津冀职业教育协同发展""东西协作·职教帮扶""安教乐道""普职沟通·职业启蒙""国赛十年"等一批创新举措一一落地，其中"京津冀职业教育协同发展"和"东西部职业教育协作发展"走出了一条具有天津特点的实践之路。

2015年7月，在时任国务院副总理刘延东的见证下，教育部与天津市在天津签署《国家现代职业教育改革创新示范区协议》，启动示范区"升级版"建设。

为服务京津冀协同发展国家重大战略,天津职业教育同仁率先联合、协商协同,多方位、多途径深度实践,初步形成京津冀职业教育协同发展的合作机制。

　　为落实脱贫攻坚、精准帮扶国家重大战略,天津职业教育同仁立足"倾心、聚力、精准、重效",积极实践"区域系统援建、品牌整体输出、专业结对共建、师资订制培训、学生定向培养"五模式,初步形成东西协作的合作机制。

　　2018年,是改革开放40周年,天津职业教育也伴随着改革开放的进程走过了40年,走出了天津特色,拿出了天津方案,作出了天津贡献。

　　党的十九大对职业教育发展提出了新要求,职业教育也迈进了新时代。在新时代的新征程上,需要更多实践探索,需要努力改革创新,书写职业教育的奋进新篇。

　　改革无止境,创新永远在路上!

　　是为序。

2018 年 5 月 15 日

目录

Contents

上篇 协同

中篇 协作

下篇 协同与协作

上篇 协同

2014 年
2月26日

　　中共中央总书记、国家主席、中央军委主席习近平在北京主持召开座谈会，专题听取京津冀协同发展工作汇报，强调实现京津冀协同发展，是面向未来打造新的首都经济圈、推进区域发展体制机制创新的需要，是探索完善城市群布局和形态、为优化开发区域发展提供示范和样板的需要，是探索生态文明建设有效路径、促进人口经济资源环境相协调的需要，是实现京津冀优势互补、促进环渤海经济区发展、带动北方腹地发展的需要，是一个重大国家战略，要坚持优势互补、互利共赢、扎实推进，加快走出一条科学持续的协同发展路子来。

　　习近平十分关心京津冀协同发展问题。2013年5月，他在天津调研时提出，要谱写新时期社会主义现代化的京津"双城记"。2013年8月，习近平在北戴河主持研究河北发展问题时，提出要推动京津冀协同发展。此后，习近平多次就京津冀协同发展作出重要指示，强调解决好北京发展问题，必须纳入京津冀和环渤海经济区的战略空间加以考量，以打通发展的大动脉，更有力地彰显北京优势，更广泛地激活北京要素资源，同时天津、河北要实现更好发展也需要连同北京发展一起来考虑。

　　北京、天津、河北人口加起来有1亿多，土地面积有21.6万平方千米，京津冀地缘相接、人缘相亲，地域一体、文化一脉，历史渊源深厚、交往半径相宜，完全能够相互融合、协同发展。推进京津冀协同发展，要立足各自比较优势、立足现代产业分工要求、立足区域优势互补原则、立足合作共赢理念，以京津冀城市群建设为载体、以优化区域分工和产业布局为重点、以资源要素空间统筹规划利用为主线、以构建长效体制机制为抓手，从广度和深度上加快发展。推进京津双城联动发展，要加快破解双城联动发展存在的体制机制障碍，按照优势互补、互利共赢、区域一体原则，以区域基础设施一体化和大气污染联防联控作为优先领域，以产业结构优化升级和实现创新驱动发展作为合作重点，把合作发展的功夫主要下在联动上,努力实现优势互补、良性互动、共赢发展。

习近平就推进京津冀协同发展提出七点要求。一是要着力加强顶层设计,抓紧编制首都经济圈一体化发展的相关规划,明确三地功能定位、产业分工、城市布局、设施配套、综合交通体系等重大问题,并从财政政策、投资政策、项目安排等方面形成具体措施。二是要着力加大对协同发展的推动,自觉打破自家"一亩三分地"的思维定式,抱成团朝着顶层设计的目标一起做,充分发挥环渤海地区经济合作发展协调机制的作用。三是要着力加快推进产业对接协作,理顺三地产业发展链条,形成区域间产业合理分布和上下游联动机制,对接产业规划,不搞同构性、同质化发展。四是要着力调整优化城市布局和空间结构,促进城市分工协作,提高城市群一体化水平,提高其综合承载能力和内涵发展水平。五是要着力扩大环境容量生态空间,加强生态环境保护合作,在已经启动大气污染防治协作机制的基础上,完善防护林建设、水资源保护、水环境治理、清洁能源使用等领域合作机制。六是要着力构建现代化交通网络系统,把交通一体化作为先行领域,加快构建快速、便捷、高效、安全、大容量、低成本的互联互通综合交通网络。七是要着力加快推进市场一体化进程,下决心破除限制资本、技术、产权、人才、劳动力等生产要素自由流动和优化配置的各种体制机制障碍,推动各种要素按照市场规律在区域内自由流动和优化配置。

习近平强调,京津冀协同发展意义重大,对这个问题的认识要上升到国家战略层面。大家一定要增强推进京津冀协同发展的自觉性、主动性、创造性,增强通过全面深化改革形成新的体制机制的勇气,继续研究、明确思路、制定方案、加快推进。

2015年
4月30日

中共中央政治局召开会议,审议通过《京津冀协同发展规划纲要》。中共中央总书记习近平主持会议。

会议指出,推动京津冀协同发展是一个重大国家战略。战略的核心是有序疏解北京非首都功能,调整经济结构和空间结构,走出一条内涵集约发展的新路子,探索出一种人口经济密集地区优化开发的模式,促进区域协调发展,形成新增长极。

会议强调,要坚持协同发展、重点突破、深化改革、有序推进。要严控增量、疏解存量、疏堵结合调控北京市人口规模。要在京津冀交通一体化、生态环境保护、产业升级转移等重点领域率先取得突破。要大力促进创新驱动发展,增强资源能源保障能力,统筹社会事业发展,扩大对内对外开放。要加快破除体制机制障碍,推动要素市场一体化,构建京津冀协同发展的体制机制,加快公共服务一体化改革。要抓紧开展试点示范,打造若干先行先试平台。

2016年
5月27日

中共中央政治局召开会议,推动京津冀协同发展工作,研究部署规划建设北京城市副中心和进一步推动京津冀协同发展有关工作。中共中央总书记习近平主持会议。

会议认为,在党中央、国务院领导下,北京、天津、河北三省市和有关部门密切配合,专家咨询委员会充分发挥作用,贯彻落实《京津冀协同发展规划纲要》,务实推进重点工作,交通、生态、产业三个重点领域率先突破取得重要进展,北京非首都功能疏解工作有力有序有效开展,京津冀良性互动取得成效,协同发展实现了良好开局。

会议指出,建设北京城市副中心,不仅是调整北京空间格局、治理大城市病、拓展发展新空间的需要,也是推动京津冀协同发展、探索人口经济密集地区优化开发模式的需要。

会议强调,要遵循城市发展规律,牢固树立并贯彻落实创新、协调、绿色、开放、共享的发展理念,坚持世界眼光、国际标准、中国特色、高点定位,以创造历史、追求艺术的精神进行北京城市副中心的规划设计建设,构建蓝绿交织、清新明亮、水城共融、多组团集约紧凑发展的生态城市布局,着力打造国际一流和谐宜居之都示范区、新型城镇化示范区、京津冀区域协同发展示范区。要坚持以人民为中心的发展思想,坚持人民城市为人民,从广大市民需要出发。要广泛应用世界先进节能环保技术、标准、材料、工艺,建成绿色城市、森林城市、海绵城市、智慧城市。要坚持统筹规划生产、生活、生态空间布局,使工作、居住、休闲、交通、教育、医疗等有机衔接、便利快捷。要充分体现中华元素、文化基因，也要借鉴其他文化特色。

会议认为，要坚持先规划后建设的原则，把握好城市定位，把每一寸土地都规划得清清楚楚后再开工建设。要划定好大的空间格局，注重开发强度管控，实现城市开发边界和生态红线"两线合一"。要提升城市形态，有更多开敞空间，体现绿色低碳智能、宜居宜业特点。要创新体制机制和政策，制定配套政策。

会议强调，规划建设北京城市副中心，疏解北京非首都功能、推动京津冀协同发展是历史性工程，必须一件一件事去做，一茬接一茬地干，发扬"工匠"精神，精心推进，不留历史遗憾。

2017 年
4 月 1 日

中共中央、国务院决定设立河北雄安新区。设立雄安新区是以习近平同志为核心的党中央作出的一项重大的历史性战略选择。这是继深圳经济特区和上海浦东新区之后又一具有全国意义的新区，是千年大计、国家大事。

2018 年
4 月 20 日

中共中央、国务院对《雄安规划纲要》的批复向社会公布。《规划纲要》共分为十章：总体要求；构建科学合理空间布局；塑造新时代城市风貌；打造优美自然生态环境；发展高端高新产业；提供优质共享公共服务；构建快捷高效交通网；建设绿色智慧新城；构筑现代化城市安全体系；保障规划有序有效实施。

第一章 |
京津冀职业教育协同发展的天津实践

【导文】
"五大理念"引领国家现代职业教育改革创新示范区发展

党的十八届五中全会提出的"创新、协调、绿色、开放、共享"发展理念,是我国"十三五"乃至更长时期的发展思路、发展方向和着力点。"五大理念"是一个有机整体,创新是发展的基点,协调是发展的节奏,绿色是发展的底色,开放是发展的格局,共享是发展的目标。

2015 年,在时任国务院副总理刘延东的见证指导下,天津继国家第一个职业教育试验区、国家唯一的职业教育示范区之后,天津市政府和教育部又签署了国家职业教育示范区升级版协议。"国家现代职业教育改革创新示范区"建设将会成为天津职业教育"十三五"发展建设的重要任务和光荣使命。

示范区升级版建设的总目标是:"服务国家发展战略和区域经济社会发展需求,在健全职业教育体制机制、创新职业教育模式、完善职业教育制度、建设现代职业教育体系方面走在全国前列,努力实现职业教育与经济、社会同步规划,与产业建设同步实施,与技术进步同步升级,创造可复制、可借鉴、可推广的经验做法,成为制度创新的新高地、体系建设的新引擎、国际合作的新窗口、区域协同的新平台、质量提升的新支点,为建设具有中国特色、世界水平的现代职业教育作出新的贡献。"我们将它归纳为"4 前列—3 同步—3 可—5 新"。"4 前列"是实现目标的制度机制要求,"3 同步"是实现目标的产教路径要求,"3 可"是完成目标的成果标准要求,"5 新"是完成目标的引领示范要求。

我们认为,五大理念既是指引我国未来发展全局的核心理念,也是天津市职业教育改革发展、建设国家现代职业教育改革创新示范区的指导思想和基本原则,具有重大的现实意义和深远的历史意义。

一、以创新发展理念引领天津职教的体制机制创新

全会提出,坚持创新发展,必须把创新摆在国家发展全局的核心位置,不断推进理论创新、制度创新、科技创新、文化创新等各方面创新,让创新贯穿党和国家一切工作,让创新在全社会蔚然成风。必须把发展基点放在创新上,形成促进创新的体制架构,塑造更多依靠创新驱动、更多发挥先发优势的引领型发展。

因此,体制机制创新是天津职业教育实现教育发展创新的关键,其重点包括加强统筹管理、完善办学体制和保障制度、建立有效机制,等等。

(一)发挥政府推动和市场引导,探索职教集团化办学

天津自 2003 年建立第一个职教集团后,以"共建(自愿协约联合体)、互补(功能互补联合体)、共享(利益共享联合体)、双赢(持续发展联合体)"为原则,已先后组建了 19 个中、高职教育教学相衔接,学历教育与职工培训相结合的"集约化、规模化"行业型、区域型、社区型职教集团,每个职教集团的在校生规模都达到万人以上,有力地支撑了天津经济社会升级转型发展。实践证明,开展职业教育集团化办学是深化产教融合、校企合作,激发职业教育办学活力,促进优质资源开放共享的重大举措;是推进现代职业教育体系建设,系统培养技术技能人才,完善职业教育人才多样化成长渠道的重要载体;是转变服务经济发展方式,促进技术技能积累与创新,同步推进职业教育与经济社会发展的有力支撑。

发展现代职业教育,要把深入推进集团化办学作为重要方向。充分发挥政府对职业教育集团化办学的统筹规划、综合协调、政策保障和监督管理作用,鼓励多元主体组建职业教育集团,进一步扩大职教集团的覆盖面,转型升级职教集团,提升集团的人才培养水平、经济贡献份额和协同发展能力,是天津实施国家职教示范区升级版建设任务的重要路径。依托天津职业院校、行业部门、企业、科研院所和社会组织,组建能够服务区域经济社会发展,与天津产业结构和社会发展特点相适应的职业教育集团,大力发展面向现代农业、先进制

造业、现代服务业、战略性新兴产业的职业教育集团,建设一批由大型企业和行业龙头企业与职业院校共同牵头组建的行业主导型职业教育集团,依托京津冀三地的职业教育资源,组建若干个服务国家重大发展战略的跨区域、跨行业的复合型职业教育集团,增建服务终身教育的区域型职教集团。到2020年,初步建成10个左右国家骨干型职教集团,新增2~3个社区型区域职教集团,全市职教集团达到30个,带动形成30个教育学习型企业。

坚持天津行业企业办学主体地位,健全职业教育集团运行机制,完善职业教育集团的内部治理结构和决策机制,提升内部聚集能力,促进集团成员的深度合作和协同发展是关键。

(二)构建"两完善、一增长、一加强"行业办学的管理运行机制

1999年,天津市按照中央的部署进行政府机构改革,一些行业主管部门退出政府序列,转制为企业性质的集团公司。市政府提出各职业院校继续依托行业企业管理的体制不变,财政性教育经费的渠道不变,经费额度不减,由教育行政部门加强统筹和宏观管理。在体制改革中,形成"两不变、一不减、一加强",我市以行业企业办为主的职教办学体制特色得以保持。

但是,随着天津职业教育的发展,这种体制机制也越来越呈现出瓶颈性制约,部分行业企业对于谋划院校发展、改革教学管理、加强班子建设、紧密产教融合、增加经费投入等方面,缺乏主动性和自觉性,随意性较大,缺乏制度性约束。比如有的行业企业对于职业教育的发展和管理不甚了解;有的行业企业效益不佳,对主管院校所培养人才需求度不高,谋划发展被疏忽;有的行业企业在院校班子建设方面,存在着人员配置不符合领导职业教育教学发展的素质、能力要求等现象。

进一步完善以行业企业办学为主的办学体制,完善以财政经费投入为主的保障体制,建立职业院校生均经费或公用经费动态增长机制,加强教育行政部门统筹管理("两完善、一增长、一加强"),建立"两完善、一增长、一加强"的行业办学体制是大势所趋。

针对"两不变",即"依托行业企业管理的体制不变,财政性教育经费的渠道不变",探索"两完善"。探索建立完善行业企业主体办学的、有约束力的符合现代职业教育发展要求的业绩政绩考核制度。强化行业企业对于所管院校发展的责任,强化院校领导班子选聘、调整、考核商会教育行政部门意见机制,加强在同类院校间领导班子成员的调整和交流力度。探索完善在保持财政性教

育经费的渠道通畅的基础上,强化行业企业结合考核对于院校的经常性可持续经费和政策支持,健全政府、行业、企业及其他社会力量依法筹集经费的多元投入机制。

针对"一不减",即经费额度不减,探索"一增长"。按照教育部和财政部要求,生均经费拨款参照经济社会发展,每年适量递增。探索以改革和绩效为导向的职业院校生均拨款制度,在逐步提高生均拨款水平基础上,根据职业院校实际,以专业教育成本核算为依据,实行差异化生均拨款,形成激励相容、奖优扶优的机制,充分发挥财政资金的激励导向作用。

针对"一加强",即继续加强教育行政部门对于行业企业主管院校的考核、指导、统筹和管理。探索加强职业院校办学水平、教学质量、学校管理等方面的第三方评价机制,加强评估的客观性、专业性和权威性,这是协调与调整的主题。

(三)创新发展本科层次职业教育,加快构建现代职教体系

在教育部和天津市委、市政府的领导下,借助国家现代职教示范区优势,2015年11月,教育部正式批准"天津中德应用技术大学"成立,这是我国第一所应用技术大学,更是我国在职业教育体系内设立的第一所大学。

学校定位于培养区域经济社会发展所需要的应用型、技术技能型人才,既实施本科层次应用技术教育,又实施专科层次高等职业教育;重点探索中职、高职、本科职业教育的人才培养通道,为构建和完善天津现代职教体系服务;创新人才培养模式,实施高端技术技能人才协同培养计划,办出特色,办出水平,为天津市的经济发展和社会进步做贡献。对于它的发展要素归纳为:

1.服务创新发展高等职业教育,学校将紧紧围绕本科层次职业教育进行探索。"十三五"期间,以高素质的技术应用型和职业技能型专门人才培养目标为依据,加强院校建设,开展国际一流、校企融合、服务产业内涵建设,同时,实施"合作联盟制、专业组群式、动态遴选型"方案,创造条件,积极探索校校合作协同育人。

2.服务构建现代职教体系,学校将紧紧围绕"中高本硕衔接"系统化技术技能人才培养发展。"十三五"期间,重点加强"3+4"中职本科、"3+2"高职本科衔接培养,探索现代职教体系中的本硕衔接培养。

3.服务优势专业对接产业,学校将紧紧围绕装备制造类、信息通讯类、航空航天等产业开展专业建设。"十三五"期间,形成机械、自动化、信息、航空等专业

组群,优先发展校校合作协同育人联盟中条件好、需求大、质量高的专业群。

4.服务人才培养模式改革,学校将紧紧围绕国际水平的"双元制"高端技术技能人才培养发展。"十三五"期间,以形成校企合作、协同育人、共同发展的长效机制为着力点,联合国际知名企业共建工程实践创新中心、研发中心和创新创业孵化器,推行项目教学、工作过程向教学等模式,广泛开展国际化专业办学。

天津中德应用技术大学是国家示范区升级版建设中本科层次职业教育人才培养的一种创新探索。天津还将继续推动部分本科高校向应用技术型高校转型发展,培养高端制造业和现代服务业发展急需的高层次应用技术人才,探索中国特色应用技术大学发展道路,为全国其他地区提供经验和示范。到2020年,建设8~10所对区域产业转型升级、创新驱动发展有重大支撑作用的应用型大学,形成一批普通本科院校应用型专业和若干个专业学位研究生学位点的基本格局。加大推进力度,实施"产教融合工程"的高端技术技能人才协同培养计划。

二、以协调发展理念引领天津职教自身与外部的协调发展

全会提出,坚持协调发展,必须牢牢把握中国特色社会主义事业总体布局,正确处理发展中的重大关系,在增强国家硬实力的同时注重提升国家软实力,不断增强发展整体性。增强发展整体性,必须在协调发展中拓宽发展空间,在加强薄弱领域中增强发展后劲。

协调是持续健康发展的内在要求,现代职业教育体系的建设要求从教育事业发展的总体布局出发,正确处理发展中的重大关系,推动职业教育自身与外部的协调发展,它包含三层含义:不同层次职业教育之间的协调发展,职业教育与现代教育体系内部不同层次不同类型教育之间的协调发展, 职业教育与经济社会发展之间的协调发展。

(一)职业教育自身及其与各级各类教育之间的协调发展

《现代职业教育体系建设规划》提出,我国未来职业教育改革发展的目标是:形成适应发展需求、产教深度融合、中职高职衔接、职业教育与普通教育相互沟通,体现终身教育理念,具有中国特色、世界水平的现代职业教育体系。职业教育自身及其与各级各类教育之间的协调发展,关键是要明确不同层次职业

教育的功能定位,搭建职业教育自身、职业教育与普通教育、职业教育与终身教育之间相互衔接与沟通的桥梁。

职业教育自身的协调发展。建立和完善从中职、高职、应用型本科到专业学位研究生教育的技术技能人才系统化培养体系,探索符合职业教育特点的学位制度和人才培养模式改革;深化招生考试制度改革,加快推进高等职业教育分类招考,探索和完善自主招生、中高职贯通培养等考试招生办法,以及多种模式的中、高、本、硕衔接培养机制,提高高等职业院校招收中等职业学校毕业生和本科高等学校招收职业院校毕业生的比例,使职业学校与普通学校毕业生拥有同等升学机会,打通职业院校学生从中职、专科高职、应用型本科到专业学位研究生的上升通道。

职业教育与普通教育协调发展。优化职业教育与普通教育比例结构,实现普通高中与中等职业学校招生规模大体相当。积极探索综合高中试点工作。通过建立弹性学制与学分转换制度,促进普通高中和中职教育学生的有序流动。

职业教育与终身教育协调发展。以开放大学为平台,以区县政府为责任主体,以社区型区域职教集团为骨架,以区县社区学院或职成教中心为骨干,以街道社区学校或乡镇成人文化技术学校为支撑,形成时时能学、处处可学、人人皆学的终身教育体系。推动开放大学和职业院校向社会开放学习资源,与社区深度融合,建立职业院校与社区联动机制,促进职前教育和职后教育有效衔接。

(二)职业教育与经济社会之间的协调发展

天津职业教育与外部协调发展包含与天津市经济社会协调发展和与京津冀区域协调发展两个方面。

与天津市经济社会协调发展的重点在于,充分利用天津市的职业教育资源,围绕我市主导产业、现代服务业和战略性新兴产业的发展,对接重大工程、重大建设项目,强化专业群对接产业群建设,为我市优势主导产业,培养高素质应用型技术技能人才。围绕天津市新的城市功能发展定位,优化职业教育的专业结构和布局,加强服务类专业建设,解决目前服务类专业建设不足的问题。

与京津冀协调发展的关键在于,围绕京津冀协同发展规划纲要,加速推进京津冀三地职业教育在资源建设、人才培养、师资培训、质量评价和院校管理等方面的协同发展,有序承接北京的优质教育资源外迁,实现京津冀职业教育互利共赢、协同发展。主要任务包括:进一步完善和提升在天津构筑的京津冀协同发展装备制造业、现代服务业、养老健康业、新能源等8个现代职业教育产教对接平台,继续搭建区域间的文化产业、民族教育等12个产教对接平台;构建京津冀协同发展现代职业教育的对话交流合作机制、项目协同创新机制、校企合作联动机制,消除职业教育跨区域发展壁垒,推动三地在现代职教重大理论、发展战略、发展规划、关键举措和实践探索方面合作协商,建立共研、共建、共用、共享、共赢的协同机制和交流平台。

三、以绿色发展理念引领天津职教的内涵质量发展

绿色是永续发展的必要条件和人民对美好生活追求的重要体现。天津市职业教育的绿色发展,就是要遵循学生教师的成长规律、职业教育的发展规律和天津经济社会转型的升级规律,培养具有强烈社会责任感和可持续发展能力的、适应经济社会需求的短过渡期或无过渡期技术技能人才。

(一)坚持立德树人,实施素质教育

培育和践行社会主义核心价值观,全面加强职业精神和职业道德教育,把中华优秀传统文化和创新创业教育内容,纳入学生发展核心素养和学业质量标准,推动其进教材、进课堂、进头脑。结合职业教育教学的特点,推动德育与专业教学和教育的有机融合,促进知识体系和价值体系的有机统一、专业内容和科学方法的有机统一,培养有社会责任感、有创新精神、有实践本领的一代新人。

(二)注重内涵发展,提高教育质量

国务院印发《关于加快发展现代职业教育的决定》明确提出,要建立符合职业教育特点的学位制度,原则上中等职业学校不升格为或不并入高等职业院校,专科高等职业院校不升格为或不并入本科高等学校,形成定位清晰、科学合理的职业教育层次结构,这一决定是落实现代职业教育体系建设的要求,也是对过去职业院校盲目升格的一种纠偏。天津职业院校要坚持国际合作依托、校企合作支撑、信息职教互加,瞄准需求定位,瞄准特色优势,深谋专业布局,深播产教要素,精致打造品牌,精心锻造文化,办一流职教。

到2020年,天津职业教育将通过现代化建设和国际化提升工程,建设20所左右世界先进水平的职业院校。

（三）开展实践探索，提升社会贡献度

提高对经济社会发展贡献度是天津职业教育发展的重中之重。要深化人才培养模式改革，推进校企合作办学、合作育人、合作发展平台建设，开展校企联合招生、联合培养现代学徒制试点；改革职业教育教学模式，推行项目教学、案例教学、工作过程导向教学和工程实践创新项目教学；提高专业建设和课程建设标准，以人才培养对接用人需求、专业设置对接产业需求、课程内容对接职业标准、教学过程对接生产过程、毕业证书对接职业资格证书为切入点，深化教学内容改革，完善专业课程体系。

加强高素质"双师型"教师队伍建设，制定职业教育专业领军人物条件标准，重点推进专业组群领军人物培养，选聘"能工巧匠"式创新拔尖人才作为专业组群领军人物。建立职业院校教师与企业工程技术人员的双向聘用机制，加大职业教育境外招才引智力度，打造国内外专兼结合的教学团队，优化教师结构；完善职业院校教师管理制度，制定与职业教育发展相适应的职业院校教师评聘管理制度和教师培训制度，全面提升职业院校师资队伍的建设水平。

到 2020 年，重点打造 150 个优质特色专业，建设 1000 门优质特色课程，开发 800 种优质特色教材。重点建设 150 个示范性校外实习实训基地。重点培养 20 位"名校长"和 200 位左右"名师"。选聘 3000 名"能工巧匠"到职业院校任教。

四、以开放发展理念引领天津职教的开放办学与国际化进程

全会提出，坚持开放发展，必须顺应我国经济深度融入世界经济的趋势，奉行互利共赢的开放战略，发展更高层次的开放型经济，积极参与全球经济治理和公共产品供给，提高我国在全球经济治理中的制度性话语权，构建广泛的利益共同体。开创对外开放新局面，必须丰富对外开放内涵，提高对外开放水平，协同推进战略互信、经贸合作、人文交流，努力形成深度融合的互利合作格局。

职业教育作为与经济社会发展联系最为紧密的一种类型教育，人才培养目标、办学模式、教学内容等各个要素都要与经济结构、产业结构和职业结构的调整变化相适应，都要与技术进步、岗位升级、社会发展相协调，因此向全社会开放办学，建立广泛的国际交流与合作是职业教育的发展趋势和责任要求。

（一）提升职业教育国际化水平

天津职业教育经过国家职业教育改革创新试验区和示范区连续十年的建设，职业教育的国际化发展已经走过了单纯借鉴引进、学习了解国外职业教育理念和教学经验模式的初级阶段，步入了从低水平国际交流与合作迈向高水平国际交流与合作的发展阶段，国际职业教育优质资源的输入和天津职业教育优质资源的输出成为这一发展阶段的基本特征。

在输入方面，一是继续以提升国际化综合要素深度融入教育教学全过程为着力点，将国际先进工艺流程、产品标准、技术标准、服务标准等融入教学，推进国际化职业院校的建设。二是继续学习借鉴世界技能大赛、国际化技能赛事的比赛制度和运行模式，加强全国职业院校技能大赛国际化环境建设，把天津的全国职业院校技能大赛主赛场建设成为职业院校教学成果的展示中心、新技术新工艺新设备新技能的体验中心、产教融合校企合作的重要载体，提升大赛的国际参与度和影响力，并建设我国职业院校参加世界技能大赛的培训基地。到2020年，建设并实施100个国际化专业教学标准，培养大批具有国际竞争力的技术技能人才。在输出方面，一是要围绕国家"一带一路"倡议，配合中国装备"走出去"和国际产能合作，开发配套教学标准和教学资源，培养具有国际视野、通晓国际规则的国际化技术技能人才，为国家海外发展战略输送人才。二是以天津市职业教育资源为依托，通过合作办学等形式将天津的优秀职业教育技术和职业文化，采取学历教育与职业培训的方式输出国门与世界分享，搭建天津市职业教育与世界对话与交流的桥梁；同时，借助海外办学，使其成为天津职业教育在国外的一种技术技能服务、技术文化传承交流合作的展示窗口，直接促进输入国对我国技术技能、企业标准的认知、理解与接纳，助推中国企业提升国际竞争力，服务国家"一带一路"发展倡议。到2020年，通过鼓励有条件学校积极拓展海外职业教育市场，在境外建设10个左右"鲁班工坊"。

（二）面向全社会开放办学

面向社区开放学习资源，服务终身教育。通过举办各种形式短期职业教育、继续教育和文化生活类课程，实现职业教育与社区发展融合。到2020年，建立学习认证、学分银行公共服务平台，提高社区型职教集团信息化建设水平，构建城乡一体化的终身学习体系。

面向普通教育开放，推进普职教育深度融合。将职业院校建设成为职业素养、职业技术、职业技能的学习和体验中心、校外教育服务中心,支持普通高中有计划地开设职业体验、职业生涯规划等课程。到 2020 年,支持建设 1000 个职业教育体验项目和工程实践创新项目。

面向企业开放技术培训,服务产业发展。推进"百万技能人才培训福利计划",建立以"职业培训包"为基础的培训制度,提高培训质量和效率,形成促进经济转型升级、提高劳动者素质、稳定就业、改善民生的新局面。到 2020 年,职业院校完成高水平标准化社会培训 60 万人次以上。

五、以共享发展理念引领天津职教的均衡发展与区域合作

全会提出,坚持共享发展,必须坚持发展为了人民、发展依靠人民、发展成果由人民共享,作出更有效的制度安排,使全体人民在共建共享发展中有更多获得感,增强发展动力,增进人民团结,朝着共同富裕方向稳步前进。

教育公平是社会公平的基础,提供相对均衡、相对优质的职业教育,实现国家示范区升级版建设成果在全国范围内互鉴推广应用,是共享理念在天津职业教育发展上的基本体现,包括共享平台的建设与共享机制的完善。

(一)建立健全共享机制

深化海河教育园区资源共享机制建设与改革,实施园区资源共享建设计划,深化校际间优势资源互补协同合作,开展专业群对接产业群建设,整体优化园区内院校专业结构布局。同时,建立天津不同区县之间职教资源共享机制,实现天津优质职业教育资源在天津市不同区县之间、城乡之间的合理分享、科学流动,带动相对弱势区域特别是涉农区县提高职业教育水平;建立天津与其他省市之间职教资源共享机制,将天津国家职业教育改革创新示范区的建设经验和成果与其他地区(河北、宁夏、辽宁等 12 个省、自治区)实现共享共用共赢。

(二)建设和完善共享平台

充分利用国家现代职业教育改革创新示范区的职业教育资源,实施职业院校信息化基础设施建设计划,建立国家级数字化资源开发与制作基地,形成为国家示范区服务的数字化资源平台群;结合职业院校科学化、规范化、精细化管理,建设职业教育信息化管理平台,实现职业院校在教学、实训、科研、管理、服务等方面的资源共享。

建设京津冀职业教育共享共建平台,一是建立教学资源合作开发平台,推动京津冀三地职业院校合作开发职业教育的专业课程,编写教材;利用现代信息技术,建设职业教育数字化课程资源库,实现优质职业教育教学资源在京津冀三地的全覆盖。建立教学资源开放共享平台,实现三地的图书文献、数据、实习实训基地的共建共享共用,建设区域性实践教学虚拟仿真教学平台,提高资源利用效率。

建立国家职业教育实验区(示范区)联盟的信息交流平台,完善职业教育协同发展联盟组织和运行机制,通过定期召开职业教育协作发展论坛、职业院校产教融合对接会,建立职业教育协同发展网站,畅通信息交流,分享就业市场信息、实习岗位信息、学校动态信息、科研项目信息等等,为联盟职业院校间的合作,为联盟的政、行、企、校、研要素融合提供支撑。未来五年,在天津重点建设国家职业教育发展博物馆、全国职业院校技能大赛主赛场,建设国家职业教育数字化教学资源开发与制作中心、国家职业教育质量监测评估中心、国家中西部地区职业教育师资培训中心等项目。

在新常态下,贯彻落实发展新理念,扎实推进工作新实践。

天津职业教育站在了新的发展起点,面临新机遇和新挑战。制定并实施好"十三五"职业教育规划和国家示范区升级版建设方案,将国家战略需求、示范升级契机、职教探索需要、天津职教实际、区域产业转型、资源优化集聚,以国际化、校企化、体系化、系统化、终身化、协同化"六化"为视野,从职业院校品牌建设、专业组群建设、课程资源建设、师资团队建设、基地条件建设、赛项平台建设"六项建设任务"入手,形成整体合力,推进国家现代职业教育改革创新示范区又好又快建设发展,转变思想观念,学习贯彻落实"创新、协调、绿色、开放、共享"五大发展理念至关重要。

(摘编自《天津职业院校联合学报》,作者吕景泉,2016 年第 1 期)

【报道】
示范区引领三地同下"一盘棋"
——京津冀职业教育协同发展中的天津作为

在习近平总书记发表京津冀协同发展重要讲话三周年之际,2月25日,"京津冀职成教育协同发展 老年服务与教育推进会"在天津召开,京津冀养老专业人才培养产教协作会第三次会议也同期召开。来自京津冀三地政府部门、职业院校、科研机构和行业企业的160多人参加了活动。

推动京津冀协同发展是重大国家战略,职业教育的协同发展既是京津冀协同发展应有之义,更是京津冀协同发展战略得以落实的重要支撑。天津率先谋划职业教育协同发展,在三地"一盘棋"思想的指导下,以区域整体定位为基础,以国家现代职业教育改革创新示范区建设为引擎,发挥区域职业教育的比较优势,聚焦协同发展亟待解决的现实问题,着力构建京津冀职业教育协同发展的有效模式。

构建三地行政部门协作机制

政府引导是三地职业教育协同发展的关键,天津率先谋划,联动京、冀,推进落实。

2014年暑期,受天津市教委邀请,北京市教委、河北省教育厅分管职业教育的领导、院校和教研团队来津沟通对接,协商制定三地职教战略合作框架,京津冀职业教育协同发展交流合作机制初步建立。在天津市教委的倡导下,三地教育行政部门"搭台",政府、行业、企业、高校、科研机构等140余家机构共同唱起"京津冀协同发展现代职业教育 现代服务业产教对接会"大戏。

2015年5月,天津市教委与河北省教育厅签署框架协议,共同搭建产教对接平台,支持优质职业院校跨区域联合办学,组建跨区域职教集团。与此同时,天津市教委与河北省石家庄市商定,将石家庄作为天津国家职业教育改革创新示范区建设成果推广的合作区,在职业教育领域开展全方位合作。天津市教委还与邯郸市教育局签订协议,全面支持两地职业院校协同发展。

搭建三地教科研协同发展平台

实践探索、理论研究、经验总结、成果推广是京津冀职业教育协同发展的必然路径。因此,职业教育的协同创新要求科研、教研的协同创新先行。

2016 年 2 月,在天津市教委的推动下,天津市教科院职成教研究所、北京教科院职成教研究所和河北省职教研究所联合成立"京津冀职业教育协同发展研究中心",围绕国家现代职业教育改革创新示范区任务,在重大理论、发展战略和发展规划上,开展具有实证性、前瞻性、系统性研究,指导三地现代职业教育实践。

协同发展,科研先行,教研紧随。2016 年 10 月,京津冀职业教育教学协同发展联盟成立,启动了教学领域的三地协同发展进程,全面深入推进现代职业教育教学和课程体系的研究与构建。

"五业联动"推进产教深度融合

围绕三地产业布局,天津找准各方利益结合点,确立产业、行业、企业、职业与专业的"五业联动"大思路,推进政、行、企、校、研"五方携手",提升京津冀职业教育协同发展的水平。

在天津首倡的"五业联动"发展思路指导下,从 2014 年 8 月开始,天津市教委定期举办高端讲堂 16 期,研判产业、行业发展趋势,分析企业、职业人才需求,明确学校、专业建设规划,构建产教、校企、工学多元深度融合新机制。

"五方携手"的落实有效促进了三地多个产业的校企深度融合。2014 年 8 月,以"京津冀协同发展现代职业教育 现代服务业产教对接会"的召开为标志,天津率先在现代服务业发出三地产教对接的先声。之后,"京津冀养老服务业产教对接活动""京津冀·晋甘蒙职业教育与新能源汽车产业对话高峰论坛"

相继在天津举行,京津冀卫生职业教育协同发展联盟、京津冀模具现代职业教育集团、中国养老产教联盟(中国养老职教集团)相继在天津成立。

在天津市教委的大力推进下,京津冀相继构筑了装备制造业、养老服务业、新能源产业、石油化工产业、生态环保产业、健康卫生、交通运输等12个产教对接平台,初步形成三地协同发展现代职业教育的对话交流、项目协同、校企合作的联动机制,形成了共研、共建、共用、共享、共赢的合作格局和氛围,有效地推进三地之间实现产业、行业、企业、职业与专业的"五业联动"格局。

建立三地院校共建共享机制

天津高职院校发挥自身优势,面对河北输出优质培训资源。2014年11月,天津职业大学与唐山市教育局签署协议,在联合开展津唐职教发展研究、校际共建、教师培训交流的同时,建立津唐劳动力输转平台,在对唐山市富余劳动力和大中专院校毕业生进行岗前培训、技能培训和技能鉴定后,转移到天津就业。2016年4月,天津职业大学与石家庄市教育局签署了中职校长、骨干教师培养培训合作协议,对石家庄市教育局所属的中职学校校长、专业骨干近200人进行专项培训。

津冀两地中职学校构建紧密型共同体。天津市第一轻工业学校与邯郸市第六职业中学、峰峰矿区职教中心、馆陶县职教中心、磁县职教中心、成安县职教中心,天津市仪表无线电工业学校与邯郸市工业学校、邯郸市理工学校、武安市职教中心、永年县职教中心、鸡泽县职教中心,天津第一商业学校与保定市职教中心、邯郸市第二职业中学、保定市雄县职教中心等,相继建立了校际合作共同体,探索中职学校跨省联合培养人才和中高职衔接的创新模式。

京津冀职业院校技能大赛赛项建设工作启动。自2014年开始,在天津市职业院校技能大赛"护理技能""纯电动汽车装调与维护技术"等赛项中,连续举办京津冀院校师生交流切磋赛,探索三地职业院校技能大赛的新模式。

京津冀职业院校间互通、共建、共享机制的构建,实现了三地跨区域教师、学生与学校发展等多层次的融合,有效地推进了学校办学模式、师资培养、教育教学与评价方式等领域的内涵式互鉴。

抓住协同要义创新协同路径

在京津冀职业教育协同发展中,天津市率先启动、步伐坚定,推进了三地协同进行资源建设、协同实施人才培养、协同开展师资培训、协同改善院校管理。当前,京津冀职业教育协同发展面临更多的任务和挑战,需要三地在共识的基础上,抓住协同要义,突破协同瓶颈,创新协同路径。

协同发展的关键是持续。京津冀职业教育协同发展既是当务之急,又是长远大计,不仅关系到三地职业教育自身发展,而且关系到三地产业结构调整和产业布局,关系到三地技术技能人力资源的供给,将影响京津冀城市群建设。因此,要从国家层面统筹设计、整体规划,设立协调机构,建立协同机制,形成联动制度;要进一步厘清三地职业教育发展的融合点,明确协同发展的路线图,组织编制中长期发展规划,实现职业教育与产业转型升级发展的联动和同步。

协同发展的生命是质量。要加强质量监测,建立三地职业教育协同发展数据研究与监测中心,研制监测指标体系,对协同发展进程、发展质量、协同效益进行跟踪、监测、评估,形成协同发展年度报告。整合行业、行政部门信息资源,研究建立三地职业教育人才需求预测、就业预警管理信息系统,及时传递产业发展变化及岗位要求信息,预测产业发展对技术技能人才需求变化,提高三地职业教育人才培养的前瞻性。

协同发展的基础是共赢。要凝聚三地职业教育合力,深化"五方携手""五业联动"机制,加大职业教育与产业发展、职业院校与企业需求、职业课程与岗位要求的深度对接,在构建现代职业教育体系和完善终身教育体系方面持续创新。要充分利用已有协同平台、资源与联盟,加强三地科研、教研与职业院校教育教学的联动,探索三地职业院校间学分互认转换、联合招生等,使科研和教研真正成为三地职业教育协同发展的先导。

(摘编自《中国教育报》,作者吕景泉、杨荣敏、狄建明、米靖、耿洁,2017年3月2日)

天津与雄安新区签署职业教育战略合作协议
助力雄安高端产业发展

　　为充分发挥天津市职业教育资源优势，更好地服务雄安新区国家重大战略，经双方协商，天津市与雄安新区管理委员会8日签署职业教育战略合作协议，双方将充分发挥天津市作为国家现代职业教育改革创新示范区优势，助力雄安新区高端高新产业发展。

　　据介绍，此次合作共涉及五项内容，包括在开展终身职业技能培训深度合作、创建区域社会培训新机制方面，两地将围绕雄安新区高起点布局高端高新产业，加快改造传统产业，建设实体经济、科技创新、现代金融、人力资源协同发展的现代产业体系需求，由天津职业大学牵头组团在雄安新区开展社会培训，助力新区建立终身职业技能培训体系，重点对"入岗、在岗、转岗、下岗、无岗"人员进行系统性、针对性培训，并考取相应的职业资格证书。同时，由天津市产教融合紧密的职业教育集团配合，在电子信息、智能制造、交通运输、食品餐饮、园林园艺、养老护理、酒店服务、公共基础服务等方面开展专项"订单"培训，推进形成产业、行业、企业、职业、专业"五业联动"新机制。

　　在开展职业学校校际深度合作、探索区域校际合作新路径方面，双方将进一步加强天津市职业院校与雄安新区三县职教中心的合作办学。由天津市第一商业学校、天津市经济贸易学校（天津市第二商业学校）、天津市第一轻工业学校等三所国家示范校牵头组团对接雄县职业教育中心、安新职业教育中心和容城职业教育中心，适时挂牌建设"天津市第一商业学校雄安协作校区""天津市经济贸易学校（天津市第二商业学校）雄安协作校区"和"天津市第一轻工业学校雄安协作校区"，加强重点专业建设，试点中高职"3+2"衔接。同时，与天津市三所示范校主办单位天津市商务委、天津食品集团、天津渤海轻工集团开展产教深度合作，整体输出天津职业教育品牌，提升雄安新区现有职业教育基础能力建设水平。

　　在开展职业教育数字资源应用深度合作、构建区域继续教育新方式方面，由天津广播电视大学牵头开展面向新区居民、新进人员的在线学习,扩大国家职教示范区终身学习卡的辐射范围;面向新区各级各类学校、企事业单位需要提升学历的人员,建立绿色通道,开展专升本的学历继续教育;探索建立社区学院,推进学习型新区建设。

在开展职业学校干部教师培养培训深度合作、建立区域培养师资队伍新范式方面,积极推动天津市选派干部到雄安新区挂职交流,协助新区提升职业教育管理水平。由天津机电职业技术学院承接的国家中西部地区职业教育师资培训中心服务总平台牵头,开展面向雄安新区职业学校的专业骨干教师、学校管理干部、技能培训师等培训,计划每年培训 60 人,连续培训 5 年。

在开展职业教育规划领域深度合作、构建雄安新区现代职业教育新体系方面,结合雄安新区实际和未来发展需求,按照产教深度融合、中高职有效衔接的要求,助推新区建设具有国际先进水平的现代职业教育体系。由天津市教委和雄安新区管委会,组织专家团队,研制雄安新区职业教育与继续教育发展规划及行动方案;统筹利用国内外教育资源,开展与国际高端职业教育机构的深度合作,规划建设新区职业院校;整体规划高端、高素质技术技能人才培养培训,推进新区职业教育与继续教育协同发展;整合各类资源,集中力量共同打造国际化高端技术技能人才培养基地、职业教育产教融合协同发展创新高地,为雄安新区高质量发展提供源头支撑。

(摘编自央广网,2018 年 5 月 8 日)

找共识　聚合力　协同推进京津冀职业教育发展
——京津冀现代职业教育协同发展工作推进会
暨京津冀职业教育协同发展研究中心成立

2016 年 2 月 24 日,在中央召开京津冀协同发展座谈会两周年之际,"京津冀现代职业教育协同发展工作推进会"在津举行。此次推进会由天津市教育委员会、教育部职业技术教育中心研究所、《中国职业技术教育》杂志社、国家职业教育研究院天津大学中心共同发起,天津市教育科学研究院主办,天津商务职业学院承办,天津教委职教中心协办,在天津商务职业学院召开。会议的主题是深入贯彻《京津冀协同发展规划纲要》,全面落实《关于加快发展现代职业教育的决定》和全国职业教育工作会议精神,进一步推进京津冀职业教育协同发展,推进国家现代职业教育改革创新示范区建设。

天津市教委副主任吕景泉、天津教科院党委书记荣长海、《中国职业技术教育》杂志社主编赵伟、《中国高教研究》杂志社主编王小梅、北京教科院职成所副所长史枫、河北职教研究所所长刁哲军、天津商务职业学院院长钱伟荣等领导出席,会议由天津市教科院职成所所长任凯主持。来自京津冀三地的政府有关部门、研究机构、学校代表,以及行业组织、企业及新闻媒体代表参加了会议。

2014年以来,天津市深入落实京津冀协同发展重大国家战略,着力提升京津冀职业教育人才培养质量,积极推进京津冀职业教育协同创新和发展,开展了一系列工作,取得了明显成效。一是搭建"京津冀协同发展 现代职业教育"产教对接平台。近两年先后举办了以"京津冀协同发展和现代职业教育"为主题的装备制造业、现代服务业、养老服务业、健康服务业、新能源、石油化工、环保产业和交通行业等8场产教对接会,建立了京津冀协同合作"人力资源需求信息共用共享平台""产教融合校企合作区域性协作平台""现代服务业创新创业型人才共育平台""师资与学生交流交换平台""现代服务业区域性研究平台"等五大平台,以及合作对话机制、协同创新机制、区域共研机制和区域联动机制等四大机制。二是建立京津冀三地教育行政主管部门沟通机制。2014年7月,天津市教委主动邀请北京市教委、河北省教育厅,联动三地分管职业教育的领导、院校和教研团队深入交流,协商制定三地职教战略合作框架,搭建了京津冀职业教育协同发展的交流合作平台。2015年5月,天津市教委与河北省教育厅签署了《天津市河北省关于加强津冀两地职业教育与职业培训合作协议框架》,确立了建立职业资格证书互认制度,共同开展职业技能竞赛、成果展示等技能交流活动、开展职业技能培训、建立职业院校和职业培训机构师资联合培养机制、搭建职业教育优质资源共享平台、建立职业教育国际合作交流平台、加强对口帮扶与支援工作等11项工作任务,全面推动两省市之间的职业教育协同创新。三是深入开展三地交流合作。开展三地职业院校间的校际交流;借助北京职业教育优质的人才资源,聘请专家学者,参与天津市职教领域重大项目的论证;开展了三地职业院校师生的交流活动,2015年在天津市高职高专院校技能大赛"护理技能""纯电动汽车装调与维护技术"等赛项中,举办京津冀高职院校友谊交流赛,促进京津冀三地职业院校相互学习、实现共同提高。

　　会议期间,天津市教育科学研究院职业教育与成人教育研究所、北京教育科学研究院职业教育与成人教育研究所、河北省职业技术教育研究所联合成立了"京津冀职业教育协同发展研究中心",签署了《京津冀职业教育协同发展组织合作协议》,发布了"国家现代职业教育改革创新示范区研究课题"。中心下设"京津冀职业教育协同发展研究中心(北京)""京津冀职业教育协同发展研究中心(天津)""京津冀职业教育协同发展研究中心(河北)"三个分中心。中心立足三地经济社会发展,以提高职业教育质量为核心,以改革创新为动力,以服务三地职业教育为导向,充分发挥科研先行的作用,围绕"国家现代职业教育改革创新示范区""首都非核心功能疏解"、职业教育支持扶贫开发、助推产业调整升级等重大项目,优势互补,错位发展,开展深入的理论和实践研究,搭建三地职业教育信息互通互联平台,推动三地资源共建共享,协同创新京津冀职业教育发展新路径,探索具有中国特色的京津冀现代职业教育发展模式,助力三地职业教育跨越发展。

　　会上,"京津冀协同发展·现代职业教育·产教对接平台(联盟)"建设代表单位天津城市职业学院、天津轻工职业技术学院分别介绍了养老服务业和新能源产业一年多来的建设进展情况,分享了建设经验。河北省的职业院校积极与天津、北京两地职业院校交流对接,共谋发展。

　　天津启诚伟业科技有限公司分享了"工程实践创新与鲁班工坊"项目建设。"鲁班工坊"以鲁班的"大国工匠"形象为依托,搭建天津职业教育与世界对话交流的桥梁,把天津国家现代职业教育改革创新示范区的优秀职业技术和职业文化,传播到世界。第一家"鲁班工坊"由天津渤海职业技术学院与泰国曼谷大城学院正式签订协议,将于3月初在泰国落成。

　　参会代表一致认为,这次会议的召开立足落实国家战略,回应三地发展需求,汇聚多方资源优势,是一次京津冀三地找共识、聚合力、谋发展的关键行动,切合京津冀职业教育发展的需要,是京津冀职业教育协同发展的一个重要里程碑。大家认为,天津国家职业教育改革创新示范区的先进理念、实践模式和创新举措,将厚植三地合作发展土壤,支撑三地职业教育协同创新,成为京津冀教育协同发展的"催化剂"与"助推器",是实现多方共建、共研、共用、共享、共赢的基础性平台。三地职业教育研究机构共同成立京津冀职业教育协同发展研究中心恰逢其时，为做好职业教育协同发展顶层设计提供了研究基础，三地研究机构人员聚力为三地职业教育改革创新提供了更高水平的决策支持、更高层次的智力支撑，必将为三地职业教育协同发展注入新活力。

（摘编自天津市教育科学研究院网站，2016 年 3 月）

京津冀职业教育协同发展中的天津实践

2017 年 2 月 24 日上午，由京津冀养老专业人才培养产教协作会主办，天津城市职业学院承办的"京津冀职成教育协同发展·老年服务与教育工作推进会"在本市召开。会议以"五业联动，协同发展，推进老年服务与教育工作"为主题，探讨现代职业教育与养老服务业产教对接，深化京津冀养老服务人才培养的协同发展。这也是三年来，本市职业教育在京津冀一体化发展进程中推出的系列主题活动之一。

实践表明，在构建京津冀职业教育协同发展、协同创新、有效合作方面，"天津实践"率先启动、步伐坚定、初见成效，在推进三地职业教育协同进行资源建设、协同实施人才培养、协同开展师资培训、协同改善院校管理等方面开创了良好的局面。

（摘编自《天津日报》，2017 年 3 月 1 日）

看天津怎样打造职业教育新优势

从天津中心城区沿海河顺流而下，一座崛起的津南新城蓦然映入眼帘——2008 年 9 月开始规划建设的海河教育园区，如今已是楼宇耸立，蔚然大观。更令人称道的是，在这片总面积 37 平方千米的沃土上，正在演绎着职业教育不断创新发展的故事。

职业教育"亮点频闪"

2011 年 4 月,天津海河教育园区在草长莺飞的季节盛装开园。五年里,从首个"国家职业教育改革试验区",到全国唯一的"国家职业教育改革创新示范区",再到去年 7 月升级为"国家现代职业教育改革创新示范区",天津海河教育园区一步一个脚印,摸索职业教育改革创新路。时至今日,天津市 13 所职业院校已整体搬迁至此,12 万名青年学子在课堂上或实训车间里为自己的理想打拼。

"我从未想过有一天,我们中职生也可以直接报考本科院校,甚至以后可以考硕士、博士。"不久前,在天津中德应用技术大学的招生咨询现场,正在查询"春招"成绩的南开区职业中专学生郑钧鸿特别开心。去年年底,教育部正式批复:同意在天津中德职业技术学院基础上,整合天津海河教育园区的教育资源,建立天津中德应用技术大学。"这是我国在职业教育体系内创新设立的第一所大学。以此为标志,天津市在职业教育体系中,彻底打通了从中职、高职到本科层次、专业硕士技术技能人才培养渠道,在我国职业教育史上是一大创举。"天津中德应用技术大学校长张兴会颇为兴奋。

近年来,天津市在职教领域改革创新之举颇多,可谓"亮点频闪":连续 9 年成功举办全国职业院校技能大赛;7 所国家示范骨干高职院校建设全部以优秀成绩通过验收,并在海河教育园区内实现资源共享、教师互聘、课程互选、学分互认;面向全社会启动了"百万技能人才培训福利计划",迄今已成功开发 242 个职业 1056 个培训包……

天津市教委副主任吕景泉说:"天津职教改革创新按照'四个同步'来实施——与经济社会同步转型,与产业建设同步实施,与技术进步同步升级,与产能输出同步布局,目前已在校企联办、中外合作等诸多方面创造出一大批可推广的经验和成果。"

将"天津特色"与世界分享

今年 3 月 8 日,由渤海职业技术学院在泰国大城府大城学院建立的"鲁班工坊"正式揭牌。这是我国在海外设立的首个职业教育领域的"孔子学院"。吕景泉自豪地告诉记者:"今年年底前,我们还将在印度、印度尼西亚以及俄罗斯再建 3 个'鲁班工坊'。"

作为一个历史悠久的工业基地,天津职业教育有传统、有特色。近代的"工学并举"教育模式、中华人民共和国成立之初的"半工半读"制度等,都曾在全国产生过重大影响。然而,随着工业技术的不断进步和生产方式的变革,旧有的一成不变的职业教育模式显得越来越力不从心。天津在职教改革过程中,如饥似渴地了解学习世界各国先进的职业教育模式,同时更加注重在其中注入"中国元素",使之具有"天津特色",一系列新举措相继开展。针对职校生渴盼"高技能+高学历"的愿望,实施了"文化素质+职业技能"招考方式改革,通过提高高职院校招收中职学校毕业生比例和本科高校招收职业院校毕业生比例,让职业学校与普通学校的毕业生拥有同样的升学机会。通过校企合作,推进"众创空间"建设,7 所高职院校入围天津市首批认定的 17 个高校众创空间。今年天津市财政还投入 9600 万元专项资金,支持 27 所职业院校"优质专业群对接优势产业群",以推动天津经济转型升级。

经过十多年的改革探索,职业教育的"天津模式"开始走出天津走向国际,逐渐获得世人的关注与认可。"京津冀职业教育协同发展研究中心"近日落户天津,以科研引领职教协同创新的思路跃然而出;精准帮扶中西部职业教育,职业院校互派校长、教师挂职支教的双向交流机制平稳运行;与教育部共建 7 个国家专业教学资源库,结合技术标准开发课程 1542 门、教材 813 种。在国际上,天津制订、开发的职业技能竞赛标准、竞赛装备、教学资源,已经被东盟十国历届技能大赛所采用。眼下,越来越多的留学生来到天津各职业院校学习进修,也为天津职教水平的提升作出了有说服力的诠释。

眼下,第九届全国职业院校技能大赛正在天津如火如茶地进行中。来自全国职业院校的一万多名顶尖技能高手正在这里一逞才智、各显身手。在这万马奔腾的恢宏气势中,渤海之滨,一座承载着中国现代职业教育改革创新示范使命的现代之城,正在迅速崛起。

(摘编自《光明日报》,2016 年 6 月 28 日)

协同与协作

【论坛】

京津冀职业教育如何协同发展

2016 年 2 月 26 日，是习近平总书记提出京津冀协同发展两周年的日子。两年前，习近平总书记在北京主持召开座谈会，提出京津冀协同发展将成为一个重大国家战略。

不久前，天津市《政府工作报告》中提到，2016 年天津市将全力推进京津冀协同发展重点领域对接合作。

近日，京津冀三地党委组织部召开的京津冀人才一体化发展部际协调小组第一次会议取得丰硕成果：审议通过了《京津冀人才一体化发展部际协调小组工作机制》《京津冀高级专家数据库管理办法》等文件，决定启动《京津冀人才一体化发展规划纲要》编制工作，为京津冀协同发展提供强有力的人才支撑。会议指出，推进京津冀协同发展，打破"一亩三分地"式的人才机制，实现三地人才一体化发展是关键一环。

京津冀协同发展首先是人才一体化。这些大胆的创新举措无一不让人赞叹。人才是生产力。国家发展靠人才，民族振兴靠人才。创新驱动实质上是人才驱动。改革创新是发展的不竭动力，对人才来说也是如此，于教育来说更是适用。

再次回到两年前的 2 月 26 日。当天，国务院总理李克强主持召开国务院常务会议，部署加快发展现代职业教育，会议认为，发展职业教育是促进转方式、调结构和民生改善的战略举措。以改革的思路办好职业教育，对提升劳动大军就业创业能力、产业素质和综合国力，意义重大。

2016 年 2 月 26 日，由天津市教育委员会、教育部职业技术教育中心研究所等共同发起，天津市教育科学研究院主办，天津商务职业学院承办，天津教委职教中心协办的"京津冀现代职业教育协同发展工作推进会"举行，会上成立了京津冀职业教育协同发展研究中心，发布了国家现代职业教育改革创新示范区重点课题概览等。

　　教育是发展的基础，人才是发展的根本。那么京津冀的教育如何协同发展？在协同发展中需要注重提升哪些内容？有什么模式和经验可供借鉴？针对诸多问题，本刊特邀天津市委教育工委委员、天津市教育委员会副主任吕景泉教授，天津市教育科学研究院党委书记、天津市高等职业技术教育研究会会长荣长海教授，天津机电职业技术学院院长、研究员张维津教授参与此次话题的讨论。

运用五大发展理念　引领职教协同发展

　　记者：党的十八届五中全会提出了"创新、协调、绿色、开放、共享"发展理念。从职业教育角度看，您对此有何解读？

　　吕景泉：2015年，天津继国家第一个职业教育试验区、国家唯一的职业教育示范区之后，天津市政府和教育部又签署了国家职业教育示范区升级版协议。"国家现代职业教育改革创新示范区"建设将会成为天津市职业教育"十三五"发展建设的重要任务和光荣使命。

　　在新常态下，我们要贯彻落实发展新理念、扎实推进工作新实践。

　　天津市职业教育站在了新的发展起点，面临新机遇和新挑战。制定并实施好"十三五"职业教育规划和国家示范区升级版建设方案，将国家战略需求、示范升级契机、职教探索需要、天津职教实际、区域产业转型、资源优化集聚，以国际化、校企化、体系化、系统化、终身化、协同化"六化"为视野，从职业院校品牌建设、专业组群建设、课程资源建设、师资团队建设、基地条件建设、赛项平台建设"六项建设任务"入手，形成整体合力，推进国家现代职业教育改革创新示范区又好又快建设发展，转变思想观念，学习贯彻落实"创新、协调、绿色、开放、共享"五大发展理念至关重要。

　　记者：那么如何用协调发展理念引领天津职教自身与外部的协调发展？

　　吕景泉：党的十八届五中全会提出，坚持协调发展，必须牢牢把握中国特色社会主义事业总体布局，正确处理发展中的重大关系，在增强国家硬实力的同时注重提升国家软实力，不断增强发展整体性。增强发展整体性，必须在协调发展中拓宽发展空间，在加强薄弱领域中增强发展后劲。

　　协调是持续健康发展的内在要求，现代职业教育体系的建设要求从教育事业发展的总体布局出发，正确处理发展中的重大关系，推动职业教育自身与外部的协调发展,这包含三层含义:不同层次职业教育之间的协调发展,职业教育与现代教育体系内部不同层次不同类型教育之间的协调发展,职业教育与经济社会发展之间的协调发展。

记者:那么,职业教育自身及其与各级各类教育之间如何协调发展?

吕景泉:《现代职业教育体系建设规划》提出,我国未来职业教育改革发展的目标是:形成适应发展需求、产教深度融合、中职高职衔接、职业教育与普通教育相互沟通,体现终身教育理念,具有中国特色、世界水平的现代职业教育体系。职业教育自身及其与各级各类教育之间的协调发展,关键是要明确不同层次职业教育的功能定位,搭建职业教育自身、职业教育与普通教育、职业教育与终身教育之间相互衔接与沟通的桥梁。

职业教育自身的协调发展。建立和完善从中职、高职、应用型本科到专业学位研究生教育的技术技能人才系统化培养体系,探索符合职业教育特点的学位制度和人才培养模式改革;深化招生考试制度改革,加快推进高等职业教育分类招考,探索和完善自主招生、中高职贯通培养等考试招生办法,以及多种模式的中、高、本、硕衔接培养机制,提高高等职业院校招收中等职业学校毕业生和本科高等学校招收职业院校毕业生的比例,使职业学校与普通学校毕业生拥有同等升学机会,打通职业院校学生从中职、专科高职、应用型本科到专业学位研究生的上升通道。

职业教育与普通教育协调发展。优化职业教育与普通教育比例结构,实现普通高中与中等职业学校招生规模合理配置。积极探索综合高中试点工作。通过建立弹性学制与学分转换制度,促进普通高中和中职教育学生的有序流动。

职业教育与终身教育协调发展。以开放大学为平台,以区县政府为责任主体,以社区型区域职教集团为骨架,以区县社区学院或职成教中心为骨干,以街道社区学校或乡镇街成人文化技术学校为支撑,形成时时能学、处处可学、人人皆学的终身教育体系。推动开放大学和职业院校向社会开放学习资源,与社区深度融合,建立职业院校与社区联动机制,促进职前教育和职后教育有效衔接。

记者:此外,您认为职业教育与经济社会之间如何协调发展,特别是在京津冀区域协调发展中,如何充分利用职业教育资源?

吕景泉:天津市职业教育与外部协调发展包含与天津市经济社会协调发展和与京津冀区域协调发展两个方面。

与天津市经济社会协调发展的重点在于,充分利用天津市的职业教育资源,围绕我市主导产业、现代服务业和战略性新兴产业的发展,对接重大工程、重大建设项目,强化专业群对接产业群建设,为天津市优势主导产业培养高素质应用型技术技能人才。围绕天津市新的城市功能发展定位,优化职业教育的专业结构和布局,加强服务类专业建设,解决目前服务类专业建设不足的问题。

与京津冀区域协调发展的关键在于,围绕《京津冀协同发展规划纲要》,加速推进京津冀三地职业教育在资源建设、人才培养、师资培训、质量评价和院校管理等方面的协同发展,有序承接北京的优质教育资源外迁,实现京津冀职业教育互利共赢、协同发展。主要任务包括:进一步完善和提升在天津构筑的京津冀协同发展装备制造业、现代服务业、养老健康业、新能源等 8 个现代职业教育产教对接平台,继续搭建区域间的文化产业、民族教育等 12 个产教对接平台;构建京津冀协同发展现代职业教育的对话交流合作机制、项目协同创新机制、校企合作联动机制,消除职业教育跨区域发展壁垒,推动三地在现代职教重大理论、发展战略、发展规划、关键举措和实践探索方面合作协商,建立共研、共建、共用、共享、共赢的协同机制和交流平台。

记者: 在天津职教如何加快开放办学与国际化进程方面,您觉得怎样提升职业教育国际化水平?

吕景泉: 职业教育作为与经济社会发展联系最为紧密的一种教育类型,人才培养目标、办学模式、教学内容等各个要素都要与经济结构、产业结构和职业结构的调整变化相适应,都要与技术进步、岗位升级、社会发展相协调,因此向全社会开放办学,建立广泛的国际交流与合作是职业教育的发展趋势和责任要求。

天津市职业教育经过国家职业教育改革创新试验区和示范区连续十年的建设,职业教育的国际化发展已走过了单纯借鉴引进、学习了解国外职业教育理念和教学经验模式的初级阶段,步入了从低水平国际交流与合作迈向高水平国际交流与合作的发展阶段,国际职业教育优质资源的输入和天津市职业教育优质资源的输出成为这一发展阶段的基本特征。

在输入方面,一是继续以提升国际化综合要素深度融入教育教学全过程为着力点,将国际先进工艺流程、产品标准、技术标准、服务标准等融入教学,推进国际化职业院校的建设。二是继续学习借鉴世界技能大赛、国际化技能赛事的比赛制度和运行模式,加强全国职业院校技能大赛国际化环境建设,把天津的全国职业院校技能大赛主赛场建设成为职业院校教学成果的展示中心、新技术新工艺新设备新技能的体验中心、产教融合校企合作的重要载体,提升大赛的国际参与度和影响力，并建设我国职业院校参加世界技能大赛的培训基地。到2020年，建设并实施100个国际化专业教学标准，培养大批具有国际竞争力的技术技能人才。

在输出方面，一是要围绕国家"一带一路"倡议，配合中国装备"走出去"和国际产能合作，开发配套教学标准和教学资源，培养具有国际视野、通晓国际规则的国际化技术技能人才，为国家海外发展战略输送人才。二是以天津市职业教育资源为依托，通过合作办学等形式将天津的优秀职业教育技术和职业文化，采取学历教育与职业培训的方式输出国门与世界分享，搭建天津市职业教育与世界对话与交流的桥梁；同时，借助海外办学，使其成为天津市职业教育在国外的一种技术技能服务、技术文化传承交流合作的展示窗口，直接促进输入国对我国技术技能、企业标准的认知、理解与接纳，助推中国企业提升国际竞争力，服务国家"一带一路"发展倡议。到2020年，通过鼓励有条件学校积极拓展海外职业教育市场，在境外建设10个左右"鲁班工坊"。

职业教育是重点　科研先行是关键

记者：两年来，京津冀三地就教育协同发展进行了广泛的理论与实践探讨，实现了良好开端，现在需向纵深推进。您曾提到过，深化京津冀教育协同发展，需要找准切入点，只有取得实实在在的进展，才能最终达成协同发展的目标。您觉得京津冀教育协同发展的重点领域是什么？

荣长海：我认为京津冀教育协同发展的重点领域是职业教育。京津冀协同发展是指在不改变既有行政管辖权限的前提下，在发展上开展协同行动，这是一件难度很大的事情。我国的教育机构基本上是由政府主办的，其经费来源也主要是政府财政拨款，因而在物质利益的区分上是非常明晰并受到严格管控的。基础教育、高等教育和职业教育三大教育门类之间相比较，基础教育因其主要由区县政府主办主管、自身规模有限、以传承知识为主，相互协同发展并无必要性和可能性，特别是在强制实行义务教育就近入学之后，这种省与省之间的协同发展更无必要性和可能性了。普通高等教育在培养创新性人才方面，既有其使命、又需要相互协作开展工作，但在我国现行教育体制下，高校之间在学科建设、人才引进、招生等方面存在着激烈的竞争，单个学校之间的协同发展都做不到，省与省之间的高校协同发展更不现实。我国倡导高校之间资源共享几十年了,除了图书馆资源初步做到了馆际共享外,其他领域迄今无任何进展,充分证明了高等教育协同发展的难度。

相比较而言,职业教育在协同发展方面更具有现实性。职业院校之间在学科建设、人才培养、招生等方面也存在着竞争,但其最大特点也是最大长处,是与经济结构之间存在着更加紧密的联系,而经济结构(主要是产业链)正是京津冀之间相互联系的根本方面。中央强调京津冀协同发展,就是要确定三地之间在经济、社会、文化、生态等方面各自发挥优势而实行必要的分工。紧密联系产业的职业教育将紧随这种分工和协作而采取相对有效的协同发展。所以,京津冀教育协同发展的重点领域应当是职业教育。

记者:您认为京津冀职业教育协同发展的主要内容有哪些?

荣长海:京津冀职业教育协同发展的最高境界,是在完全明晰三地产业结构及与之相对应的职业教育专业群的基础上,在教学科研、师资培训、课程研发、制度建设、国际发展、评价体系等方面,切实分工合作,真正合作共赢。具体来说——

推动京津冀职业院校集中学术力量建立教科研合作机制,特别是在重大理论问题、发展战略和发展规划问题上,开展具有主动性、前瞻性、系统性的决策与政策研究;同时,在三省市职业院校共同面对的产教融合、校企合作、工学结合、职业教育与普通教育融合、打通中高本硕上升通道、建立现代职业教育体系等管理体制和教育教学等理论与实践问题上,开展合作攻关,使科研和教研真正成为三省市职业教育建设发展的先导。

推进京津冀职业院校建立协调统一的师资培训体系,引导教师确立先进的教育理念,提升理论水平和教学技能;通过三省市之间的相互支持,建立校际教师学术交流、访问制度;通过三省市之间的产学研合作,提高"双师型"教师比例;通过三省市之间的兼职教师引进,导入企业文化,提升实训教学质量。

推进京津冀职业院校对接三省市优势产业、行业用人需求,建立课程合作研发制度,重塑职教理念,重构科学的课程体系;协调三省市职业院校根据企业需要,把职业标准融入课程,建立基于工作过程的课程体系;引导职业院校依据现代产业发展趋势调整专业设置,着重培养学生的操作能力、技术技能,着力培养学生对现代技术的掌握和运用能力。

推进京津冀职业院校根据三省市经济社会发展水平和地区特点,提炼区域性职业教育特色,彰显职业教育错位发展的独特区位优势;推动三省市职业院校贯彻落实全国职教会议精神,率先落实已制定的国家职业教育制度,率先开展专业教学的标准建设。

推进京津冀职业院校实施职业教育国际化发展战略,进一步深化职业教育国际交流合作;推动三省市职业院校率先开展具有实质内容的职业教育国际交流和合作项目,探索"请进来、走出去"的国际化发展路径。

推动京津冀职业院校联合研究制定科学规范、相互衔接的教学质量评价监测指标体系,对存在问题进行联席督导评估,使教学质量评价真正成为三省市职业教育发展的目标,使三省市职业教育质量在相互借鉴过程中,尽快得到有效提升。

记者:那么,京津冀职业教育协同发展的当务之急是什么? 您对此是如何解读的?

荣长海:京津冀职业教育协同发展的当务之急是科研先行。2014年国务院作出的关于加快发展现代职业教育的决定,对中等职业教育、高等职业教育和普通本科高等学校向应用技术类型高校转型等问题, 分别提出了具体要求——

巩固提高中等职业教育发展水平。各地要统筹做好中等职业学校和普通高中招生工作,落实好职普招生大体相当的要求,加快普及高中阶段教育。鼓励优质学校通过兼并、托管、合作办学等形式,整合办学资源,优化中等职业教育布局结构。推进县级职教中心等中等职业学校与城市院校、科研机构对口合作,实施学历教育、技术推广、扶贫开发、劳动力转移培训和社会生活教育。在保障学生技术技能培养质量的基础上,加强文化基础教育,实现就业有能力、升学有基础。有条件的普通高中要适当增加职业技术教育内容。

创新发展高等职业教育。专科高等职业院校要密切产学研合作,培养服务区域发展的技术技能人才, 重点服务企业特别是中小微企业的技术研发和产品升级,加强社区教育和终身学习服务。探索发展本科层次职业教育。建立以职业需求为导向、以实践能力培养为重点、以产学结合为途径的专业学位研究生培养模式。研究建立符合职业教育特点的学位制度。原则上中等职业学校不升格为或不并入高等职业院校,专科高等职业院校不升格为或不并入本科高等学校,形成定位清晰、科学合理的职业教育层次结构。

引导普通本科高等学校转型发展。采取试点推动、示范引领等方式,引导一批普通本科高等学校向应用技术类型高等学校转型,重点举办本科职业教育。独立学院转设为独立设置高等学校时,鼓励其定位为应用技术类型高等学校。建立高等学校分类体系,实行分类管理,加快建立分类设置、评价、指导、拨款制度。招生、投入等政策措施向应用技术类型高等学校倾斜。

实现这些要求中的任何一项,都具有很大的难度,因而必须先行做好研究,以为实践提供科学依据。

记者:下一步,天津市职业教育工作者需要提升哪些方面?

荣长海:天津市职业教育工作者要走在京津冀职业教育协同发展的前列。

自2010年教育部与天津市人民政府共建国家职业教育改革创新示范区以来,在国家的大力支持下,天津市紧紧围绕滨海新区开发开放等国家发展战略,坚持把发展职业教育作为战略重点,积极落实《国家职业教育改革创新示范区建设实施方案》任务要求,示范区建设取得明显成效。

为进一步贯彻落实《国务院关于加快发展现代职业教育的决定》精神,加快现代职业教育体系建设,更好地服务京津冀协同发展等重大国家战略,教育部与天津市人民政府协商确定,将国家职业教育改革创新示范区升级为国家现代职业教育改革创新示范区。

新一轮示范区建设将服务国家发展战略和区域经济社会发展需求作为重要任务,在健全职业教育体制机制、创新职业教育模式、完善职业教育制度、建设现代职业教育体系方面走在全国前列,努力实现职业教育与经济社会同步规划、与产业建设同步实施、与技术进步同步升级,创造可复制、可借鉴、可推广的经验做法,成为制度创新的新高地、体系建设的新引擎、国际合作的新窗口、区域协同的新平台、质量提升的新支点,为建设具有中国特色、世界水平的现代职业教育作出新的贡献。

做好这些工作,天津市的广大职业教育工作者责无旁贷,作为其中的研究人员,更应当先行一步,用高质量的科研成果为京津冀职业教育协同发展贡献力量。

发挥制造办学优势 推进职教协同发展

记者:两年来,京津冀协同发展逐步深入,三地的产业定位和方向也已明确,其中天津优化发展高端装备、电子信息等先进制造业。作为为先进制造业提供人才支撑的高等职业院校,如何发挥制造类专业优势,积极推进京津冀人才协同发展是当下需要深入研究的课题。在此方面,贵校有何经验,取得了哪些成效?

张维津: 天津机电职业技术学院依托天津百利机械装备集团有限公司,以培养高素质技术技能人才、服务天津发展为己任。京津冀协同发展战略确定以来,学院发挥专业优势,围绕人才培养、校企合作、师资队伍建设等方面做了尝试。

在全国职业院校技能大赛赛项资源转化方面,大赛引领高端技能人才培养的目标与方向,本质是以社会需求为导向来设计赛项,赛项设计与专业培养目标相结合,与专业教学相结合,与就业岗位相结合,与国家职业标准相结合,以实际的行动服务和支撑产业发展,为行业企业提供生产第一线急需技能型人力资源。天津机电职业技术学院连续八年承办全国职业院校技能大赛,其中承办的工业机器人技术赛项,竞赛内容要符合智能制造对人才的要求。学院通过发挥自身专业优势,与北京市、河北省职业院校、企业合作,围绕地区人才标准要求,将大赛赛项资源开发转化为可操作可实施的教学资源,并将其嵌入专业教学体系,融入日常教学过程中。与企业建立实训基地,企业人员担任实践课教师,引进企业实景,体验企业文化,学生培养与地区企业、行业需求"无缝对接"。

与行业协会合作共同培养京津冀需求技术技能人才方面,学院与中国锻压协会根据京津冀三地行业技术技能人才成长规律、工作岗位的实际需要,结合现代学徒制的特点,共同建立了教学运行与质量监控体系,共同加强过程管理。学院还与中国锻压协会签订合作协议,共同研制人才培养方案、开发课程和教材、设计实施教学、组织考核评价、开展教学研究。学院与协会承担了系统的专业知识学习和技能训练;企业通过师傅带徒形式,依据培养方案进行岗位技能训练,实现了校企一体化育人。

在发挥职教集团办学优势、促进系统化人才培养方面,学院与所属集团企业建立了职教集团,形成了以政府财政投入为主导、行业企业办学为主体、社会力量广泛参与的职业教育办学体制及与之相适宜的管理机制。通过职教集团建立了中、高职相互衔接、系统化培养,职业教育与普通教育、职业培训相互融通,体现终身学习理念的现代职业教育体系。学院依托职教集团优势,促进了产教融合的办学机制,促进了技术技能积累与人才系统培养,提升了学院的办学实力,有效促进了学院在京津冀协同发展战略下人才培养质量的提升。

此外,我们还依托国培项目,提升京津冀地区师资队伍水平。学院自 2012 年以来,积极筹备承接国培项目,以 2015 年为例,学院承担的计算机辅助设计与制造(3D 方向)项目,通过与北京三维天下科技有限公司合作,进行了为期 40

余天的师资培训,来自北京、河北以及天津的职业院校教师通过培训,进一步提升了专业能力,尤其是通过企业技术人员的培训,使教师理论知识进行了转化,有效提升了教师的能力和水平,对所属区域、院校学生的培养,将更有效果。

记者: 从学院角度,要做好对京津冀一体化人才支持,贵校还需要做好哪些工作?

张维津: 加强自身建设,形成特色专业。学院发展要根据京津冀协同发展的总体发展规划,立足学院装备制造业定位,根据不同地区行业、企业需求确定人才培养格局。寻求专业建设与市场需求的契合点,形成一种适应经济结构调整和产业布局背景下优势互补、相互分工的高职教育格局。同时,以人才培养对接用人需求、专业设置对接产业需求、课程内容对接职业标准、教学过程对接生产过程、毕业证书对接职业资格证书为目标,深化教学内容的改革,推行项目教学、案例教学、工作过程导向教学等多种教学模式。学院要在发展过程中重点发掘地区经济和社会紧缺的比较优势专业,积极拓展与智能制造等战略性新兴产业相关的专业,力争建立适合自身发展的重点专业和龙头专业,增强自身品牌效应和毕业生在市场上的竞争力,更好地为社会经济发展源源不断地输送高素质技术技能人才。

优化师资结构,奠定高职教育发展基石。高等职业教育办学水平的高低关键取决于师资力量,师资结构是教育资源当中最重要的资源。因此,学院要注重师资队伍的建设,制定相关政策保障现有师资的利益和稳定性,同时及时地根据经济的发展特点来提升教师的综合素质;以优惠政策吸引适合自身发展的新型技术人才,随时为院校发展增添新动力。另一方面,要继续完善专兼职结合教师队伍,既要有专业基础课教师为学生梳理系统的理论知识,同时还应聘请行业的领军人物、专业技术人员和实践经验丰富的能工巧匠担当实践指导教师。要不断提高教师动手操作、实践能力,强化职教专业教师的技能培训,建立教师到企业一线实践制度,为发展打牢坚固的基石。

转变观念,提升学院高职教育服务层次。提升高职教育服务层次是指学院在自身发展过程中,在完成帮助毕业生就业的基础上,同时引领区域经济社会的发展,主要包括技术引领、信息引领和示范引领三个方面。学院要不断调整,适应经济社会发展,寻求提高教育服务层次的渠道。要落实好职业教育科研和教学成果奖励,用优秀成果引领职业教育改革创新。要借助海河教育园区优势加强职业教育区域交流,积极寻求优质示范性教育合作项目。要开发与先进标

协同与协作

准对接专业标准的课程体系,积极开展京津冀职业教育交流与合作,促使学院与京津冀优质职业院校共建共享实习实训平台、数字化教学资源,开展多种形式的合作办学等。

记者:在京津冀职业教育协同发展方面,您有什么建议吗?

张维津:加强顶层设计,统筹规划区域职教布局。区域经济社会协同发展必将推进职业教育一体化发展。京津冀相关部门应在区域协同发展的战略框架内,加强统筹协作,搞好顶层设计,通过"有形的手"提供合理有效的制度安排,加快职业教育发展战略、规划、政策、标准的制定,统筹区域职业教育发展。针对当前京津冀区域职业教育空间布局不合理现象,在规划城市产业空间布局和功能定位的同时,统筹规划京津冀区域职业教育总体布局,优化功能定位。通过点、面、网状布局,选取相应产业发展的典型地区作为职业教育品牌发展的落脚点,同时加强地区之间、职业教育品牌之间的互动与联络,与行业、企业相互支撑,推进职业教育和地区经济发展的双赢。

建立先进制造京津冀跨地区职教集团联盟。在京津冀一体化形势下,京津冀地区战略侧重逐渐明朗,对人才的需求也将逐步明确,尤其面对"中国制造2025",组织以京津冀地区行业主导,院校、企业参与的跨地区职教集团联盟势在必行。要紧紧围绕行业和支柱产业,探讨跨地区职业教育集团联盟的组织形式和运作机制,通过人才培养模式的创新、师资队伍的培训和技能大赛的参与,进一步提升行业凝聚力和资源的有效共享。要围绕天津海河教育园区的办学优势,京津冀三方协同建设一批设备先进、管理一流的实训基地,面向区域所有职业学校开放,接纳异地学生实习实训。努力打造国内乃至世界一流的高技能人才培育基地,实现京津冀地区职业教育的全面发展。

完善层级结构,构建职业教育立交桥。2014年国务院颁布的《现代职业教育体系建设规划(2014—2020)》提出:"发展应用技术类型学校,培养本科层次职业人才。建立以提升职业能力为导向的专业学位研究生培养模式。"规划的实施将使中国高等教育发生革命性调整。在京津冀区域职业教育统筹布局、协同发展的形势下,应推进高职院校转升职业教育本科的试点工作;应加快中等职业教育、高等职业教育、研究生职业教育衔接和融通的立交互通体制机制建设,逐步完善现代职业教育体系。

(摘编自中国现代职业教育网,2016年3月29日)

第二章 |
京津冀职业教育协同发展的实践进程

京津冀协同发展重大国家战略实施四年以来,天津市教委率先谋划,坚持三地"一盘棋",以国家现代职业教育改革创新示范区建设为引擎,立足区域定位,聚焦协同目标,发挥比较优势,破解现实难题,在构建三地职业教育、继续教育协同创新的有效模式、支撑和服务京津冀协同发展重大国家战略的落实上取得了成效。截至目前,构建了三地产业、行业、企业、职业与专业的"五业联动"发展机制和政府、行业、企业、学校及研究机构的"五方携手"合作机制,形成了共研、共建、共用、共享、共赢的合作格局和氛围,形成了以引领示范辐射共享为主的京津冀职业教育协同发展"天津模式",以承德、雄安新区、威县青龙三大板块为基础,以 2 个科研教研联盟、12 个产教平台、3 个职业教育集团为支撑的京津冀职业教育协同发展"天津实践"不断深入,一批分校建设、专业建设、课程建设项目相继落地生根,协同发展步入快车道。

【协议】
天津市教委与北京市教委、河北省教育厅协商制定职教战略合作框架

2014 年 7 月,天津市教委主动邀请北京市教委、河北省教育厅,联动三地分管职业教育的领导、院校和教研团队深入交流,协商制定三地职教战略合作框架,搭建了京津冀职业教育协同发展的交流合作平台。

天津市教委与石家庄市教育局签署合作框架意向协议

2015年4月3日,天津市教委与石家庄市教育局签署了《职业教育合作框架意向协议》。两地将从职业院校合作办学、建立教师资格培养培训基地等方面入手,深入开展职业教育合作,探索打通两地从中职、高职、本科到研究生的上升通道。在现有政策下,探索开设与天津中职、高职院校进行"2+1+2"等形式的中高职衔接合作,或两地中职学校采用"1+2"或"2+1"合作办学,而后通过现有的天津中高职衔接贯通的机制,升入天津高等院校就读;利用现有职业学校资源,吸引天津职业学校来石市办分校或联合办学,探索为天津职业院校在石家庄定向组织生源,实现两地合作招生、天津培养、津石两地就业等。

天津市教委与河北省教育厅签署合作协议框架

2015年5月,天津市教委与河北省教育厅签署了《天津市河北省关于加强津冀两地职业教育与职业培训合作协议框架》,确立了建立职业资格证书互认制度、共同开展职业技能竞赛、成果展示等技能交流活动、开展职业技能培训、建立职业院校和职业培训机构师资联合培养机制、搭建职业教育优质资源共享平台、建立职业教育国际合作交流平台、加强对口帮扶与支援工作等11项工作任务,全面推动两省市之间的职业教育协同创新。

天津市教委与邯郸市教育局签订合作协议

2016年7月7日—8日,邯郸市9所中职学校与天津市中职学校签订了合作协议:峰峰矿区职教中心、馆陶县职教中心、磁县职教中心、成安县职教中心分别与天津市第一轻工业学校举行了签约仪式;邯郸市工业学校、邯郸市理工学校、武安市职教中心、永年县职教中心、鸡泽县职教中心分别与天津市仪表无线电工业学校举行了签约仪式。

天津市教委与雄安新区管委会签订"津雄"职业教育战略合作协议

2018年5月8日,天津市教委与雄安新区管委会签订《天津市教育委员会 雄安新区管理委员会关于职业教育战略合作协议》,河北省人民政府副省长徐建培,天津市人民政府副市长曹小红,天津市教育委员会主任杨庆山,雄安新区党工委委员、管委会副主任傅首清等领导出席见证。决定在新区终身职业技能培训、职业学校校际合作、数字资源应用、职业学校干部教师培养培训、新区职业教育规划等五个方面开展深入合作,创建区域社会培训新机制,探索区域校际合作新路径,搭建区域继续教育新方式,建立区域培养师资队伍新范式,构建雄安新区现代职业教育新体系,构建京津冀职业教育协同发展共同体,探索现代职业教育区域发展新模式,创造雄安职业教育质量,助力雄安新区高端高新产业发展。

【成立】
成立京津冀职业教育协同发展研究中心

2016 年 2 月 26 日,召开京津冀现代职业教育协同发展工作推进会,推进会由天津市教育委员会、教育部职业技术教育中心研究所、《中国职业技术教育》杂志社、国家职业教育研究院天津大学中心共同发起,天津市教育科学研究院主办,天津商务职业学院承办,天津教委职教中心协办。会上,天津市教育科学研究院职业教育与成人教育研究所、北京教育科学研究院职业教育与成人教育研究所、河北省职业技术教育研究所联合成立了"京津冀职业教育协同发展研究中心",签署了《京津冀职业教育协同发展组织合作协议》。中心下设"京津冀职业教育协同发展研究中心(北京)""京津冀职业教育协同发展研究中心(天津)""京津冀职业教育协同发展研究中心(河北)"三个分中心。

成立京津冀职业教育教学协同发展联盟

2016 年 10 月 26 日,京津冀职业教育教学协同发展联盟成立大会暨京津冀职业教育教学协同发展论坛在北京召开。联盟由北京教育科学研究院职成教研中心、天津市教育委员会职教中心、河北省职教研究所共同发起,制定了《京津冀职业教育教学协同发展章程》。

2018 年 5 月 9 日上午,由京津冀职业教育教学协同发展联盟主办,天津市教委职业技术教育中心承办的京津冀职业教育教学协同发展天津论坛在天津市仪表无线电工业学校举行。来自京津冀三地的职业教育主管部门、教研机构、中职和高职院校以及相关行业、企业的代表 200 余人参加了会议。

图 1　京津冀职业教育教学协同发展天津论坛成功召开

本次会议的主题为"创新、质量、共赢",旨在进一步加强京津冀职业教育的合作与交流,更好地发挥职业教育教研机构服务京津冀经济社会发展的功能,促进和带动三地城市群中各区域职业教育教学改革与发展,从而全面提升职业院校的人才培养质量和内涵建设水平。

天津市教委副主任吕景泉在发言中指出,天津市以"京津冀职业教育教学协同发展论坛"为平台,建立起三地政–行–企–校–研"五方携手",共研、共建、共用、共享、共赢的"职成教"合作格局,不仅创设了国家认可的天津品牌——"职继协同、双周推进",还有效推进了京津冀职继教育的协同发展。他强调,在构建具有中国特色、世界水准、服务现代产业体系、服务经济社会发展的现代职教体系过程中,应进一步加强职业教育的国际化、校企化、体系化、系统化、终身化和协同化。

论坛分三大模块,来自北京、天津、河北三地的职业院校、科研研究所等单位的领导和专家,分别展示和分享了各自所在地区职教研究部门在现代职业教育人才培养创新与发展实践中的经验与成果。北京电子科技职业学院院长孙善学、北京教育科学研究院职业教育研究所副所长吕良燕、唐山工业职业技术学院副院长张建军、衡水职业技术学院院长麻士琦、天津轻工职业技术学院院长戴裕葳、天津市仪表无线电工业学校校长张丹阳,分别围绕校企合作、鲁班工坊建设、深化产教融合的"三化"模式研究与实践等主题进行了发言。

协同 **与** 协作

成立京津冀养老专业人才培养产教协作会

2015 年 5 月 30 日，召开"京津冀协同发展现代职业教育，养老服务业产教对接论坛"，天津城市职业学院和天津市河北区民政局承办了本次主题论坛。论坛期间，成立了"京津冀养老专业人才培养产教协作会"。2016 年 5 月 15 日，召开第二届京津冀协同发展现代职业教育·养老服务业产教对接国际论坛，同时成立了"中国养老产教联盟（中国养老职教集团）"，成员达 340 家，正式组建"全国民政行指委京津冀养老专业人才培养产教协作会"，将京津冀院校的教育资源和全国养老产业企业进行对接，开启京津冀不同院校相同专业群对接多企业、多岗位的产教融合模式。2017 年 2 月 25 日，"京津冀老年服务与教育推进会"在津召开，京津冀养老专业人才培养产教协作会第三次会议也同期召开。

成立京津冀模具现代职业教育集团

2016 年 5 月 12 日，在天津轻工职业技术学院召开的第二届京津冀模具行业协同创新发展论坛上，京津冀模具现代职业教育集团正式揭牌成立。集团由 65 个理事单位组成，其中包括京津冀三地模具协会、三地院校及训练（培训）中心 24 所（个）、三地企业及科研院所 38 家。天津汽车模具股份有限公司为常务理事单位，秘书处设在天津轻工职业技术学院。2017 年 5 月，第二届"京津冀模具行业协同创新发展论坛"在津举行，推动三地模具产业结构优化和转型升级。2016 年 5 月 12 日，召开第二届京津冀模具行业协同创新发展论坛，会议由京津冀三地模协主办，天津轻工职业技术学院协办。在此论坛上，京津冀模具现代职业教育集团正式揭牌成立。

成立京津冀现代制造业职教集团

2014 年 8 月 23 日，在天津中德职业技术学院召开"京津冀协同发展现代职业教育 装备制造业产教对接会"，来自京津冀三地的 22 家企业和 26 家职业院校达成"天津共识"，建立全面战略合作伙伴关系。会上达成"天津共识"，要共同建立"京津冀一体化"四大合作平台：一是共建人力资源需求信息共用共享平台。加强区域人力资源需求信息资源的共建共享，以寻求空间要素和资源集聚，最大限度地满足社会各界对人力资源信息资源的需求。二是共建产教融合校企合作区域性平台。充分整合京津冀区域内政府、行业、企业、高校、科研机构优质资源，组建"京津冀一体化现代服务业与职业教育产教融合校企合作联盟"，定期开展"产教融合、校企对话"高端论坛活动。三是共建师资与学生交流交换平台。共同建立京津冀地区区域性师资与学生的交流交换机制，实现教师区域间优势互补（互派教师或培训师），强化教育教学技术交流（深入企业实践、商讨学术科研），打造"京津冀一体化"师资互融、学生互学交流平台。四是共建现代服务业区域性研究平台。依托天津中德职业技术学院在国际合作方面的优质资源，引入国际上最先进的发展理念与实践经验，整合区域内的优质科研资源，共同开展"京津冀一体化"现代服务业前瞻性研究。

2017 年 5 月 8 日下午，"'中国制造 2025'现代职业教育 装备制造业产教对接会暨京津冀现代制造业职教集团成立大会"在天津机电职业技术学院举行。该集团由天津百利机械装备集团有限公司牵头，联合京津冀三地企业、知名大学、职业院校、科研机构等 60 余家单位，以服务京津冀协同发展为宗旨，促进"政、行、企、校、研"五方合作，紧密围绕"中国制造 2025"对制造业技术技能人才培养的新要求，深化产教融合，不断推动制造业技术技能人才培养升级，为区域装备制造业培养具有良好职业道德素质的技术技能人才。来自教育部及三地教委、教育厅相关领导为集团成立揭牌，京津冀三地职业院校与企业签署了校企合作协议。

协同与协作

成立京津冀协同发展口腔职业教育合作共同体

2016 年 3 月 4 日,由天津医学高等专科学校发起并牵头,三地十所院校口腔医学及相关专业参加。2017 年 12 月 1 日,京津冀口腔职业教育合作共同体"信息化教学"研讨会在津举行。

成立京津冀卫生职业教育协同发展联盟

2015 年 5 月 30 日,联盟由天津医学高等专科学校发起并牵头,联合三地 18 家卫生职业院校、医疗机构和企业组成。2016 年 3 月,由天津医学高等专科学校发起,经京津冀卫生职业教育协同发展联盟批准,京津冀地区 10 所院校口腔医学及相关专业成立"京津冀协同发展口腔职业教育合作共同体"。2017 年 12 月,在津举行京津冀口腔职业教育合作共同体信息化教学研讨暨"十三五"口腔高等职业教育"医教协同、产教融合"发展论坛。

【对接】
召开京津冀协同发展现代职业教育·现代服务业产教对接会

2014 年 8 月 23 日，由教育部职业技术教育中心研究所、天津市教育委员会主办，天津中德职业技术学院、用友新道科技有限公司、国际货代职业教育与职业发展集团承办的"京津冀协同发展现代职业教育·现代服务业产教对接会"在天津中德职业技术学院隆重召开。来自京津冀三地的 26 家职业院校和 22 家企业达成了"天津共识"——以服务京津冀协同发展为宗旨，促进区域现代服务业发展，培育创新创业型技术技能人才，共同致力于现代职业教育的创新发展。

2016 年 5 月 12 日，在天津商务职业学院召开第二届京津冀协同发展现代职业教育·现代服务业产教对接会。天津商务职业学院与京津冀三地的职业院校、行业企业及研究机构建立全面战略合作关系，并签署校企战略合作协议。根据协议，天津商务职业学院与京津冀三地的职业院校、行业企业及研究机构将积极服务国家发展战略和区域经济社会发展需求，到 2020 年，建立京津冀现代服务业职业教育协调与合作机制，深化产教融合、校企合作，形成目标同向、协同创新的现代职业教育·现代服务业发展共同体，实现三省市职业教育优势互补、互利共赢的局面，培养符合国家和区域经济发展需求的技术技能人才。

协同 与 协作

召开京津冀协同发展现代职业教育·食品安全与营养产教对接会

2016年5月9日,京津冀食品产业协同发展高峰论坛·产教融合对接会在天津召开。大会由天津市食品工业协会、全国食品工业职业教育教学指导委员会、天津市教育委员会、北京市食品学会、北京市食品工业协会、河北省食品工业协会主办,天津现代职业技术学院承办。天津市食品工业协会、全国食品工业职业教育教学指导委员会、北京食品学会、河北省食品工业协会、中国食品添加剂和配料协会等京津冀地区62家企业、全国42所院校参加会议,共同探讨京津冀及周边地区食品产业协同发展的方向和趋势,推进产教融合共促职业教育发展,全面推进京津冀食品产业协同发展。

召开机械行业智能制造技术京津冀职业教育协同发展高峰论坛

2016年5月10日,会议由全国机械职业教育教学指导委员会、北京市教育科学研究院、天津市教育科学研究院、河北省教育科学研究院主办,在天津机电职业技术学院召开。

召开京津冀·晋甘蒙职业教育与新能源汽车产业对话高峰论坛

2017年1月18日,"京津冀·晋甘蒙职业教育与新能源汽车产业对话高峰论坛"在天津城市职业学院举行。2017年5月,京津冀新能源协同创新中心成立。

【建立】

建立中德应用技术大学承德分校

　　天津市教委于 2016 年 3 月 31 日,与河北省达成在承德市建设一所高水平高职院校的初步计划;11 月 8 日,签署《天津市教委承德市人民政府关于对口支援建设高等职业院校框架协议》,确立建设中德应用技术大学承德分校,通过引入天津中德应用技术大学的职业教育品牌、教育教学指导和专业建设标准,将分校建设成服务京津冀乃至全国的技术技能人才培养基地、区域性职业院校技能大赛承办基地和技术技能创新创业孵化基地,面向京津冀的职业训练中心和职业技能鉴定中心。分校设计办学规模为在校生 10000 人,预计 2018 年暑期完成一期工程,建筑面积 13.1 万平方米,开设装备制造类、电子信息类、交通运输类、现代服务类四大专业组群 20 个专业,一期规模在校生 5000 人。

建立天津市第一商业学校雄县分校

　　2017 年 9 月 8 日,经天津市教委与雄县人民政府、保定市教育局协商,天津市第一商业学校雄县分校正式揭牌。以雄县分校为合作平台,整合天津市职业教育的优质资源,为雄安新区打造适应其产业发展的职业教育专业组群。同时,借鉴、分享国家现代职业教育改革创新示范区经验,探索并推进职业教育"中高本硕"贯通的技术技能人才培养模式,为雄安新区建设服务。

建立天津交通职业学院青龙分校

　　2017 年 10 月 13 日,天津市教委副主任吕景泉一行赴河北省青龙县就对口帮扶职业教育发展进行专题调研。此次调研活动,是深入贯彻习近平总书记系列重要讲话精神,落实《中共中央办公厅国务院办公厅关于进一步加强中央单位定点扶贫工作的指导意见》,发挥天津国家现代职业教育改革创新示范区资源优势,支持做好教育部定点扶贫河北省青龙县、威县的帮扶工作,进一步完善《天津对口帮扶青龙县、威县职业教育发展工作方案(2017—2020年)》的具体行动。

2017年10月20日,天津交通职业学院与河北省青龙满族自治县职业技术教育中心签署框架协议;11月20日,在教育部孙尧副部长的见证下,天津交通职业学院青龙分校正式揭牌。青龙分校深入实施"六个一"工程,即帮建一所分校、打造一支专业师资团队、策划一组专业、提供一批课程资源、引进一套管理模式、打造一个产教校企对接平台。同时,探索"3+3"中高职衔接办学模式,拓展青龙县特色资源对外输出渠道,提高教育扶贫的有效性和精准性。

【开展】
开展职业教育与职业技能培训

    天津职业院校发挥自身优势,搭建紧密型共同体,不断输出优质资源,先后与河北石家庄、唐山、邯郸、保定、承德、雄县、威县、青龙县、廊坊、曹妃甸等多地开展合作与交流。据不完全统计,四年来先后为河北省培养培训职业院校管理干部、骨干教师约2000人,学生约3000名,劳动力培训近千人次。

    2014年11月28日,天津职业大学与唐山市教育局正式签署发展职业教育战略合作框架协议。一是联合开展津唐职业教育发展研究。天津职业大学充分发挥作为中国高等职业技术教育研究会会长单位、国家首批高等职业教育示范校的优势, 与唐山市教育局联合开展职业教育改革、服务区域经济社会发展的研究, 探索津唐两地跨区域职业教育合作模式。组织开展职业技能大赛的相关研究,定期举办交流论坛机制。二是开展职业教育干部教师培训和交流。积极选派唐山市职业院校管理干部到天津职业大学职能管理部门、二级院系挂职锻炼;委托天津职业大学为唐山市职业院校干部、教师举办各类培训;天津职业大学将不定期向唐山市职业院校派驻干部、教师,对唐山市职业院校管理及教育教学进行指导。三是积极开展校际间联合共建。天津职业大学协助唐山市相关院校开发适应唐山区域经济社会发展需求的新专业,编制新专业人才培养方案。帮助唐山市提升实训室和实训基地建设水平。利用天津的地域优势, 为唐山市联系合作企业。四是建立津唐劳动力输转平台。天津职业大学与唐山市中高职院校签订《劳动力输转培训校校合作协议》,建立津唐两地劳动力输转平台,天津职业大学组织唐山市富余劳动力和大中专院校毕业生输转到天津, 通过岗前培训、技能培训、技能鉴定以及在自愿基础上的学历教育等,提升综合素质,并在天津就业。

    2016年4月,天津职业大学与石家庄教育局签署了中职校长、骨干教师培养合作协议。自2016年3月起至2017年3月,天津职业大学对石家庄市教育局所属的中职中专校长、骨干教师近 200 人进行职教培训,涉及津冀职教合作、职教理念、课程改革、校企合作、创新创业教育等内容。

2017 年 7 月 20 日,天津职业大学与雄安新区签订合作协议,与雄安新区管委会城乡统筹组签订战略合作协议,开展新区筹建工作中搬迁人口培训再就业工作和产业布局建设中急需高素质技术技能人才培训,做好人力资源和智力支持,推动雄安新区筹建阶段搬迁工作中的劳动力输出就业培训、职业学校师资和学生技能培训,以及职业技能鉴定,举办对口专业成人高等教育学历班,增加单列招生计划,为新区重点产业紧缺职业岗位培养专业技术技能人才,联合制定“订单式人才培养计划”,为新区重点产业建设做好技术技能人才储备。

2017 年 12 月 1 日,天津职业大学与雄安新区容城职教中心签订战略合作协议。

2018 年 1 月 5 日,天津市第二商业学校与河北省安新县文德职业培训学校联合主办的雄安新区就业创业培训班在容城县南张镇北张村大礼堂举行开班仪式。天津市第二商业学校将集合天津市经济贸易学校的资源优势,全面推进雄安新区就业创业培训,确保实现全年 3000 人次的培训任务,力争达到 4000 人次。同时,积极推进集学历教育和社会培训于一体的雄安新区分校建设,开拓人才孵化基地建设,建成食品集团雄安新区市场建设的桥头堡和前沿阵地。

开展津冀职业学校校际间合作

2016 年 4 月 7 日,天津第一商业学校与保定市职教中心签署了《2016 年联合办学协议》,确定了机电一体化、会计电算化和计算机应用联合招生 180 名。

2016 年 5 月 20 日,天津第一商业学校与邯郸市第二职业中学签约联合办学。合作办学模式为“2+1”,即邯郸学子在邯郸二职学习两年,第三年到天津第一商校学习,参加天津市春季高考,并且学生就业后可转为天津户口。这就意味着,从 2016 年秋季开始,邯郸市第二职业中学将招收第一批天津第一商校“对口直升生”。8 月 21 日,“天津市第一商业学校邯郸实验学校”揭牌仪式在邯郸市第二职业中学隆重举行。

2016 年 6 月 17 日,天津第一商业学校与保定市雄县职教中心签约深度联合办学。2014年两校开展企业会计专业联合办学,2016年春季,两校签订了"3+2"分段式培养协议,建立了中职、高职衔接培养模式。本次深度合作,将实现教师、学生与学校发展等多层次的融合,促进学校办学模式、师资培养、教育教学与评价方式等内核性资源供给的分享合作,逐步构建中、高职教育的有机结合,构建通向本科及研究生教育的人才培养立交桥。

2017年7月1日,天津职业大学与北京曹妃甸职教城投资有限公司、曹妃甸职业技术学院签订校企、校校战略框架合作协议,联手打造"一带一路"上的人才培养高地。

2016年7月3日,天津第一轻工业学校与邯郸市第六职业中学,成立"天津市第一轻工业学校邯郸分校"并举行揭牌仪式。

2016年7月7日—8日,天津市第一轻工业学校与峰峰矿区职教中心签订计算机网络技术(春季高考班)、美术设计与制作(春季高考班)联合办学协议;与馆陶县职教中心、磁县职教中心、成安县职教中心签订联合办学协议。

2016年7月7日—8日,天津市仪表无线电工业学校与邯郸市工业学校、邯郸市理工学校、武安市职教中心、永年县职教中心、鸡泽县职教中心签约联合办学协议。

2017年10月1日,天津市园林职业学校与雄县职教中心商定合作。

开展对口帮扶河北省青龙县职业教育发展调研

2017年10月13日,天津市教委副主任吕景泉一行赴河北省青龙县就对口帮扶职业教育发展进行专题调研。此次调研活动,是深入贯彻习近平总书记系列重要讲话精神,落实《中共中央办公厅 国务院办公厅关于进一步加强中央单位定点扶贫工作的指导意见》,发挥天津国家现代职业教育改革创新示范区资源优势,支持做好教育部定点扶贫河北省青龙县、威县的帮扶工作,进一步完善《天津对口帮扶青龙县、威县职业教育发展工作方案(2017—2020年)》的具体行动。

在天津市教委与青龙县政府举行的工作会上,吕景泉副主任强调,要进一步落实中央关于打赢脱贫攻坚战的决策部署,发挥职业教育在实施"五个一批"工程中的重要作用,结合青龙县经济社会发展实际,以促进就业脱贫为导向,以帮扶县职教中心增强自身发展能力为重点,以专业建设为抓手,聚集天津国家现代职业教育改革创新示范区优势资源,建立帮扶工作机制,倾心、聚力、精准、重效帮扶青龙县发展职业教育。要将帮扶青龙县职教中心发展作为工作重点,实施"六个一"工程,即建立一个分校,要在县职教中心建立天津交通职业学院青龙分校,对口招收县职教中心毕业生,开展"1+2"联合培养,接受天津优质高职教育;打造一个团队,天津国家中西部职业教育师资培训中心,每年接纳青龙县职教中心6个专业的10~12名教师进行跟岗培训;建设一组专业,由天津机电职业技术学院、天津交通职业学院和天津市交通学校帮扶县职教中心的加工制造类、交通运输类、商贸物流类等相关专业建设;搞好一批资源,天津国家职业教育教学资源开发与制作中心,每年帮扶青龙县职教中心10名教师,学习运用天津国家现代职业教育改革创新示范区的优质教学资源;引进一个模式,分享天津市中职学校教学工作诊断与改进工作的先进经验,促进县职教中心教学管理工作再上新台阶;打造一个平台,推进县职教中心融入京津冀职业教育合作交流平台,在青龙县政府整合相关资源的基础上,探索实施电商扶贫项目,推进产教融合、校企合作,形成产业、行业、企业、职业、专业的"五业联动",推动职业教育教学改革与产业转型升级的衔接与配套。

开展对口帮扶河北省威县职业教育发展调研

2017年10月18日,天津市教委高职高专处杨荣敏处长一行赴河北省威县就对口帮扶职业教育发展进行专题调研,并参加了向教育部孙尧副部长一行汇报威县扶贫攻坚工作汇报会。会上,杨荣敏处长汇报了近来天津职业教育、国家现代职业教育改革创新示范区建设情况,以及向扶贫地区整体输出天津优质职业教育资源情况。阐述了天津对口帮扶威县的"六个一"合作计划:一是建立一个分校,要在县职教中心建立天津职业大学威龙分校,对口招收县职教中心毕业生,开展"3+2""3+4"联合培养,接受天津优质高职教育;二是培养一批师资,结合威县当地发展,天津国家中西部职业教育师资培训中心,每年接纳县职教中心6个专业的10~12名教师进行跟岗培训;三是共同建设一批新专业,由天津职业大学、天津机电职业技术学院、天津交通职业学院和天津市交通学校等帮扶县职教中心的学前教育、电子商务等相关专业建设;四是开发一批新项目,天津高等医学专科学校、天津城市职业学院等与威县 11 个乡镇进行合作,进行就业培训、扶贫培训;五是打造一个平台,将帮扶威县职业教育纳入到京津冀职业教育协同发展大平台中,共享、共建、共赢;六是培养一批高素质技能人才,天津各职业院校均将脱贫帮扶工作纳入到学校考核指标体系中,力促帮扶工作作为任务落实到位,确保帮扶高质量。

开展津雄职业教育合作

2018 年 4 月 27 日,在天津机电职业技术学院召开了"津雄合作天津与雄安新区职业教育协同发展工作第一次研讨会"。会上重点讨论了《天津市教育委员会雄安新区管理委员会关于职业教育战略合作协议》。会上,天津市教委吕景泉副主任强调雄安新区主动与天津开展职业教育合作,是对天津职业教育的认可与认同,此次与雄安合作,是在京津冀协同发展战略实施四年、雄安新区规划刚颁布之际,各方都在与雄安开展积极合作,天津职业教育要发挥示范区作用,凝聚示范区力量,要紧紧围绕雄安新区的生态宜居新城区、创新驱动发展引领区、协调发展示范区、开放发展先行区的定位,在合作项目、合作内容上不搞大而全。各校要有大局意识、全局意识,合而不争,辩证处理好"我有什么给什么""他需要什么给什么"的关系,谋定而动;与雄安新区职业教育合作必须做好,要百分之百地做,扎扎实实地做,像做"鲁班工坊"一样做,要充分发挥优势力量和优质资源的作用,作出效果,作出质量,作出品质,让合作方满意;与雄安新区职业教育合作不是短期的、暂时的合作,要有长远谋划,谋划好、确定好近期、中期和长期合作的内容。

开展京津冀职业院校技能大赛赛项建设工作

自 2014 年开始至今,在天津市职业院校技能大赛"护理技能""纯电动汽车装调与维护技术"等赛项中,连续举办京津冀院校师生交流切磋赛,探索三地职业院校技能大赛的新模式。

中篇 协作

2015 年
11 月 27 日

中央扶贫开发工作会议在北京召开。中共中央总书记、国家主席、中央军委主席习近平出席会议并发表重要讲话。他强调，消除贫困、改善民生、逐步实现共同富裕，是社会主义的本质要求，是我们党的重要使命。全面建成小康社会，是我们对全国人民的庄严承诺。脱贫攻坚战的冲锋号已经吹响。我们要立下愚公移山志，咬定目标、苦干实干，坚决打赢脱贫攻坚战，确保到 2020 年所有贫困地区和贫困人口一道迈入全面小康社会。

2015 年
12 月 27 日

国务院发布《关于打赢脱贫攻坚战的决定》。《决定》指出，确保到 2020 年农村贫困人口实现脱贫，是全面建成小康社会最艰巨的任务。实现到 2020 年让 7000 多万农村贫困人口摆脱贫困的既定目标，时间十分紧迫、任务相当繁重。必须在现有基础上不断创新扶贫开发思路和办法，坚决打赢这场攻坚战。

2016 年
7 月 20 日

习近平总书记在银川主持召开东西部扶贫协作座谈会，发表重要讲话，回顾总结我国东西部扶贫协作和对口支援的实践，全面安排部署"十三五"期间东西部扶贫协作和对口支援工作，对扎实推进中央脱贫攻坚决策部署提出明确要求。总书记指出，"东西部扶贫协作和对口支援，是推动区域协调发展、协同发展、共同发展的大战略，是加强区域合作、优化产业布局、拓展对内对外开放新空间的大布局，是实现先富帮后富、最终实现共同富裕目标的大举措，必须长期坚持下去。"同时，对进一步提高东西部扶贫协作工作水平提出了四条重要指示，要求提高认识，加强领导；完善结对，深化帮扶；明确重点，精准聚焦；加强考核，确保成效。总书记强调，新形势下，东西部扶贫协作和对口支援要注意由"输血式"向"造血式"转变，实现互利双赢、共同发展。

2016 年
11 月 27 日

中共中央办公厅、国务院办公厅印发《关于进一步加强东西部扶贫协作工作的指导意见》。《指导意见》是贯彻党中央去年年底召开的中央扶贫开发工作会议和习近平总书记重要讲话、李克强总理重要批示的一个重要文件，是新形势下进一步加强和改进东西部扶贫协作工作的一个重要遵循，也是东西部扶贫协作工作开展20年后中办、国办首次印发专门文件推动这项工作。文件有四章十四条，包括总体要求、结对关系、主要任务和保障措施。

2017 年
6 月 23 日

中共中央总书记、国家主席、中央军委主席习近平主持召开深度贫困地区脱贫攻坚座谈会并发表重要讲话，就攻克坚中之坚、解决难中之难、坚决打赢脱贫攻坚战作出部署安排。中共中央办公厅、国务院办公厅印发了《关于支持深度贫困地区脱贫攻坚的实施意见》，对深度贫困地区脱贫攻坚工作作出全面部署。《意见》指出，西藏、四省藏区、南疆四地区和四川凉山州、云南怒江州、甘肃临夏州（以下简称"三区三州"），以及贫困发生率超过18%的贫困县和贫困发生率超过20%的贫困村，自然条件差、经济基础弱、贫困程度深，是脱贫攻坚中的硬骨头，补齐这些短板是脱贫攻坚战决胜的关键之策。

第三章|
东西部协作职业教育帮扶的天津实践

【导文】
职业教育推进区域协调发展的有效途径

党的十九大报告全面深刻阐释了"贯彻新发展理念,建设现代化经济体系",将"实施区域协调发展战略"作为重点内容之一。进入新时代,该战略是不断化解人民日益增长的美好生活需要和不平衡不充分发展之间的矛盾的重要路径。

作为与现代经济社会发展最为密切的教育类型——职业教育,通过培养高素质技术技能人才,能够从根本上推动区域协调发展,提升欠发达地区社会生产力,培育其可持续发展能力,从而缩小区域间不平衡、不充分的发展差距。因此,在区域协调发展战略思维下,精准落实职业教育提升人力资本的有效功能和作用,并且在实践中找准职业教育促进区域协调发展的定位,是当前宣传贯彻落实党的十九大精神、提升职业教育服务经济社会发展能力的关键性要求。

一、新时代开启职业教育推进区域协调发展的新征程

在新时代中国特色社会主义伟大事业中,区域协调发展被赋予新的时代使命。一切发展最终都取决于人的发展,党的十九大报告明确指出"人民是历史的创造者,是决定党和国家前途命运的根本力量"、要"着力加快建设实体经济、科技创新、现代金融、人力资源协同发展的产业体系"。也正是立足于此,明

确强调建设教育强国是中华民族伟大复兴的基础工程，必须把教育事业放在优先位置。可以说，在新时代，通过职业教育提升人力资源水平，对于落实区域协调发展具有重要的基础性作用。

（一）职业教育必须推进"五业联动"，立足需求、服务发展

区域协调发展，必须实事求是，立足于不同区域的发展现状、发展需求，破解不同的发展难题，抓重点、补短板、强弱项。因此，职业教育必须紧贴当地经济社会转型需求，紧跟改革创新发展步伐，紧扣民生服务改善脉搏，紧随城市品牌提升节奏，面向人人、强化服务意识和服务功能。尽管不同区域差异明显，但职业教育在服务发展时，必须强调"支撑经济转型，服务支柱产业；支撑创新发展，服务中小企业；支撑民生改善，服务技能培训；支撑城市品牌，服务国内国际"的理念和模式，不断推进产业、行业、企业、职业和专业相互联动、协同发展，通过"五业联动"实现职业教育与经济、社会同步规划，与产业建设同步实施，与技术进步同步升级，落实"产教融合、校企合作"，推进区域发展。

（二）职业教育必须实现"五方携手"，持续培养多样化技术技能人才

区域协调发展的根本在于差异化共同发展，任何不切实际、理想化的趋同都不符合区域协调的要求。因此，根据不同区域的发展要求，职业教育要在技术技能人才保障、人才转型、人才转移、人才升级方面发挥其不可替代的培养多样化技术技能人才的作用。党的十九大报告中明确指出："使绝大多数城乡新增劳动力接受高中阶段教育、更多接受高等教育"，就是进一步明确中、高等职业教育在城乡新增劳动力入职、转型、转移等方面的重要作用。

与其他教育类型不同，经过多年的实践探索和理论研究，应该说，政府、行业、企业、院校、研究机构"五方携手"是落实好职业教育人才培养功能的核心机制。通过这一有效机制，能更好地判断不同区域产业发展趋势及技术技能人才需求，分析产业结构调整与升级状况，把握技术技能人才需求类型变化，实现职教专业群对接产业群；切实推行校企联合招生、联合培养的"现代学徒制"；切实激发职业教育集团和院校联盟的活力；切实创新校企合作育人的途径与方式，建立多方参与、双元主体、校企联动机制，从而使不同区域的职业教育培育出适应当地发展需求的多样化人才。

（三）职业教育必须构建"五共机制"，形成区域职业教育协调发展新机制

区域协调发展要建新机制，也要求职业教育促进区域协调发展必须构建自身的新机制。建立共研、共建、共用、共享、共赢的职业教育协同机制和交流

平台是多年来经过证实的有效途径。

实践证明,不同区域,如革命老区、民族地区、边疆地区、贫困地区,京津冀、长江经济带等,各地推动、支撑职业教育发展的资源和基础各有特点、存在差异,甚至还各有优势。职业教育在推进区域协调发展进程中,就是要充分整合不同区域的需求和特色,如天津在建设"鲁班工坊"时,就将地处东北老工业基地、长江经济带等区域的职业教育设备充分吸收纳入,实现了区域职业教育优质资源的共用,只有这样,才能真正地促进共同发展。

二、脱贫攻坚、职教帮扶:职业教育东西协作的关键

党的十九大报告将加大对短板区域的扶持摆在重要位置。明确提出"加大力度支持革命老区、民族地区、边疆地区、贫困地区加快发展""深入实施东西部扶贫协作",要坚定不移实施精准脱贫,确保到 2020 年解决区域性整体贫困,不断增强落后地区的自我发展能力。

职业教育具有消除贫困,增强落后地区自我发展能力的功能,这已经得到世界公认。联合国教科文组织在世界欠发达地区坚持推进职业教育,旨在提高当地技术技能水平不断消除贫困。根据我国目前的发展需求,在当前及今后一段时间内,脱贫攻坚、职教帮扶必将是职业教育东西协作的关键。为此,东部发达地区务必要强化认识、提高站位、深度谋划、注重实效,严格按照"六个精准,五个一批"的要求,充分借助自身在职业教育改革发展中积累的成果和优质资源,以"倾心、聚力、精准、重效"作为指导思想,全力实施"脱贫攻坚、职教帮扶"。

(一)加强顶层设计、汇聚优质资源、形成帮扶模式

职教帮扶要坚持大格局,全面加强顶层设计,汇聚优质资源,抓重点、强弱项、补短板,形成富有成效的帮扶模式。

如果剖析此方面的天津经验,可以看到,天津市教委在落实职教帮扶任务时,充分汇聚国家现代职业教育改革创新示范区的优质资源和建设成果,全面对口帮扶疆、藏、青、陇等地职业教育,通过精准设计帮扶方案,分类实施帮扶计划,力求做到针对性强、实际效果好。

在帮扶过程中,天津市针对帮扶对象,首先进行"五层次"设计,即分析当地产业结构、谋划专业组群布局、制订专业建设方案、培养专业骨干教师、共享优质教育教学资源。从"有啥给啥"转变为"缺啥补啥",从"授人以鱼"转变为

"授人以渔",从"理念分享"到"成果共享",从"自主行动"到"系统推动",从"分散帮扶"到"聚力帮扶",从"挂职支教"到"整体输出"。

依托天津"国家现代职业教育改革创新示范区"的整体实力,充分发挥"国家中西部地区职业教育师资培训中心"的作用,构建起区域系统援建、品牌整体输出、专业结对共建、师资轮岗培训、学生订制培养等 5 种有效职教帮扶模式。针对中西部职教师资的培训需求和特点,我们探索并实施了标准化教授、定制化传授、岗位化实授、转岗化选授、跟踪化精授等"五授"方式,将外部"输血式"扶贫与内部"造血式"脱贫相结合,使其通过自身"造血",巩固"输血"成果,激发中西部职业教育发展的内生动力。

可以说,天津在实施"脱贫攻坚、职教帮扶"中走出了一条具有天津特色的"一中心、五层、五式、五授"的职教精准扶贫之路。

(二)搭建优质平台、扶教先扶师

职业教育落实东西协作,必须要将扶贫同扶志、扶智相结合,在这方面职业教育也大有可为。天津市明确提出职教帮扶必须要实施"扶贫先扶教、扶教先扶师"的策略。为从根本上落实此项工作,2016 年 5 月,在教育部的大力支持下,天津市教委推动"国家中西部地区职业教育师资培训中心"在天津建成并正式启用。同年底,教育部等六部委印发《教育脱贫攻坚"十三五"规划》,从单纯扶贫转向综合扶智,国家中西部地区职业教育师资培训中心可谓生逢其时,也成为天津落实职教扶贫的一个重要抓手。

为了做实职教帮扶、师资先行,必须构建坚实的服务平台,并且不断强化其职能和作用,"国家中西部地区职业教育师资培训中心总服务平台"投入 2 座独体建筑,总计 1.4 万平方米,配套设施健全,可同时为 400 名学员提供培训服务,具有课程设计、资源开发、音视制作、师资培训等服务职能,可开展"菜单式""定制式"和"模块式"灵活多样的标准化培训,借助全国及区域内教育资源优势,形成"1+N"的"中心 + 分中心"培训服务运行模式,截至当前已培训中西部地区职教师资超过万人次。

为了强化这一平台的作用,天津市财政专项支持 480 万元,建设"国家职业教育中西部师资培训管理服务平台"。该平台利用网络技术、数据库技术与云计算技术,整合天津职教优质资源,汇集全国职教名师和企业专家,从时间上贯穿培训全过程,空间上联结各分中心和中西部地区各教育部门,是集管理、服务、展示、学习于一体的跨区域、多层次、全天候的综合信息平台,将大幅提高中西部师资培训中心的管理水平、服务能力,全面展示中心的创新模式与培训效果,充分发挥中西部师资培训中心的示范作用和辐射效应。

(三)精准重效、助力帮扶地区能力提升

在东西协作的职教帮扶工作中,绝不能"头痛医头,脚痛医脚",而要针对不同地区研究长期帮扶对策,建立长效机制,着眼着力于帮扶地区的能力提升。天津就构建起区域系统援建等五种职教帮扶模式,有效地提升被帮扶地区职业教育的育人能力,从而提升服务产业发展的能力。

在区域系统援建方面,天津市在津疆协作扶贫攻坚工作中,从发展规划、基础建设、专业设置、师资队伍、实训基地建设等方面提供全方位系统帮扶援建,天津市教委组织专家组五赴和田推进新疆和田职业技术学院建设。

在品牌整体输出方面,天津市教委与承德市政府签署了《对口支援建设天津中德应用技术大学承德分校》协议,承德分校整体移植天津中德应用技术大学"中国特色、双元特点"办学理念、办学模式和管理模式。第 2 期 30 名来自承德技师学院的教师和管理者在天津中德应用技术大学接受为期半年的沉浸式培训。

在专业结对共建方面,天津职业院校与中西部地区院校在专业层面进行优势互补,在联合招生、师资培训、专业建设、技能大赛、校企合作等方面开展教育扶贫对口支援。如天津交通职业技术学院结对帮扶共建西藏昌都市职业技术学校汽车检测与维修技术专业。

在师资定制培训方面,天津针对西部需求,以"需求为导向"进行教师定制培训,培训中西部地区职教师资近万人次,对宁夏 37 所职业院校教师的培训实现全覆盖。

在学生定向培养方面,天津市牵手中西部地区中职学校、重点缺工企事业单位,创新"以招生促招工、稳就业"的学生定向培养模式。如 2014 年来,天津职业大学为西部的 600 余名学生进行岗位技能培训;天津职业院校引导近200 名新疆学生学成后回疆从事双语教学工作。

不久前,在教育部职成司召开的"京津冀对口帮扶青龙县、威县职业教育与成人教育发展工作对接会"上,天津市教委与两县达成深度合作意向。目前,天津交通职业学院青龙分院已经挂牌;为落实职业教育东西协作行动计划滇西实施方案,天津市对口帮扶红河哈尼族彝族自治州、怒江傈僳族自治州工作正在进行中。

职业教育落实东西协作任务，重中之重就在于提升西部地区技术技能人才的培育水平，增强当地职业教育支持产业发展的能力。可以说，在打赢脱贫攻坚的战役中，职教帮扶是最具有可持续发展功能的途径。

三、先动先行、服务支撑：京津冀协同发展中的职教作为

在京津冀协同发展方面，以疏解非首都功能为"牛鼻子"，明确在交通互联、生态环保、产业转移三个重点领域率先协同，北京城市副中心建设加快推进，高起点规划、高标准建设雄安新区。

推动京津冀协同发展是重大国家战略，职业教育的协同发展既是京津冀协同发展应有的题中之意，更是京津冀协同发展战略得以落实的重要支撑。在全力推进京津冀职业教育协同发展的过程中，天津坚持三地"一盘棋"的指导思想，以区域整体定位为基础，以国家现代职业教育改革创新示范区建设为引擎，发挥区域职业教育的比较优势，聚焦协同发展亟待解决的现实问题，着力构建京津冀职业教育协同发展的有效模式。

（一）构建京津冀职业教育行政部门协作机制

政府引导是三地职业教育协同发展的关键。为此，天津会同京、冀，商定职业教育协同发展规划。天津市教委在 2014 年 7—8 月间，率先邀请北京市教委、河北省教育厅分管职业教育的领导、院校和教研团队深入沟通对接，协商制订了三地职教战略合作框架，初步形成了京津冀职业教育协同发展的交流合作机制。

2014 年 8 月 23—24 日，由天津发起，京津冀三地教育行政部门"搭台"，来自京津冀三地的政府、行业、企业、高校、科研机构等 140 余家机构共同"唱戏"，"京津冀协同发展现代职业教育·现代服务业产教对接会"在天津举行。会议最终达成共识：决定通过共建"京津冀一体化"人力资源需求信息共用共享平台、共建"京津冀一体化"产教融合校企合作区域性平台、共育"京津冀一体化"现代服务业创新创业型人才、共建"京津冀一体化"师资与学生交流交换平台、共建"京津冀一体化"现代服务业区域性研究平台五大举措，建立"京津冀协同发展现代职业教育与现代服务业"对话机制、"京津冀一体化现代服务业"区域项目协同创新机制、"京津冀一体化现代服务业"科学研究区域共研机制、"京津冀一体化现代服务业"校企合作区域联动机制等四项机制，共同促进京

津冀现代职业教育协同发展。

对接河北省,确定全面合作框架,开展具体协作。2015年5月,天津市教委与河北省教育厅签署《天津市河北省关于加强津冀两地职业教育与职业培训合作协议框架》,双方根据协议将搭建产教对接平台,鼓励支持有条件的优质职业院校到相应的产业转移地开展跨区域联合办学,探索组建跨区域职教集团,积极推进两地构建现代职业教育体系。

与此同时,天津市教委与河北省石家庄市签订职业教育合作协议,双方商定,发挥天津市国家职业教育改革创新示范区的辐射引领功能,合作培养区域产业发展急需的技术技能人才,天津将石家庄作为国家职业教育改革创新示范区建设成果推广的合作区,在职业教育领域开展全方位合作,带动石家庄市现代职业教育加快发展;天津市教委还与邯郸市教育局签订合作协议,全面支持两地职业院校协同发展。

(二)搭建京津冀职业教育科研、教研协同发展平台

实践探索、理论研究、经验总结、成果推广是京津冀职业教育协同发展的必然路径。因此,职业教育的协同创新要求科研、教研的协同创新先行。

在纪念习近平总书记发表京津冀协同发展重要讲话两周年之际,由天津市教委推动,在2016年2月由天津市教育科学研究院职业教育与成人教育研究所、北京教育科学研究院职业教育与成人教育研究所和河北省职业技术教育研究所共同签署了《京津冀职业教育协同发展科研组织合作协议》,联合成立"京津冀职业教育协同发展研究中心",并设置北京、天津和河北3个分研究中心,在建立三地职业教育科研合作机制的前提下,围绕国家现代职业教育改革创新示范区任务,在重大理论、发展战略和发展规划上,开展具有实证性、前瞻性、系统性研究,指导三地发展现代职业教育的实践探索。

京津冀职业教育的协同发展,要科研先行,教研紧随,在构建区域现代职业教育体系的基础上,全面深入推进现代职业教育教学和课程体系的研究与构建。为此,北京、天津和河北联合于2016年10月发起成立了京津冀职业教育教学协同发展联盟,由北京教育科学研究院职成教研中心、天津市教委职教中心、河北省职教研究所共同发布了《京津冀职业教育教学协同发展章程》,启动了教学领域的三地协同发展进程。

(三)"五业联动""五方携手"推进京津冀产教深度融合

天津围绕三地产业布局的调整和定位,找准各方利益结合点,确立产业、

行业、企业、职业与专业的"五业联动"大思路,全面推进政、行、企、校、研"五方携手",有效推进产教融合,全面提升京津冀职业教育协同发展的水平。

天津首创"五业联动"职业教育发展思路。从 2014 年 8 月开始,天津市教委定期举办"五业联动"高端讲堂共 16 期,研判产业、行业发展趋势,分析企业、职业人才需求,明确学校、专业建设规划,构建产教、校企、工学的多元、深度融合新机制。

"五方携手"的落实有效地促进了三地多个产业的校企深度融合。2014 年 8 月,以"京津冀协同发展现代职业教育·现代服务业产教对接会"的召开作为标志,天津率先在现代服务业开启了京津冀职业教育产教对接的先声。之后,"京津冀协同发展现代职业教育·养老服务业产教对接活动"于 2015 年 5 月在天津举行,成立了"京津冀养老专业人才培养产教协作会",在相关政府部门和科研院所的支持下,京津冀职业院校、养老企业在养老人才、智力、技术、设备等方面进行资源共享和优势互补;同月,"京津冀卫生职业教育协同发展联盟"由天津医学高等专科学校发起,并联合三地 18 家卫生职业院校、医疗机构和企业成立;"京津冀模具现代职业教育集团"于 2016 年 5 月在天津成立,天津轻工职业技术学院作为院校牵头方,天津汽车模具股份有限公司为常务理事长单位,包括京津冀三地模具协会、院校及训练(培训)中心、企业及科研院所共 65 家理事单位,全面深化了三地模具行业的产教融合程度;"中国养老产教联盟(中国养老职教集团)"于 2016 年 5 月借"京津冀协同发展现代职业教育·养老服务产教对接会"在天津城市职业学院成立,联盟单位达 340 家,并正式组建"全国民政行指委京津冀养老专业人才培养产教协作会",发挥平台作用,将京津冀院校的教育资源和全国养老产业企业进行对接,搭建京津冀不同院校相同专业群对接多企业、多岗位的产教融合模式;"京津冀·晋甘蒙职业教育与新能源汽车产业对话高峰论坛"于 2017 年 1 月在天津举行,来自甘肃、内蒙古等中西部省份的新成员加入中国北方科教科普仪器产业创新联盟,京津冀新能源产业和职业教育一体化建设加速,建设成果辐射周边省份,三地协同发展的模式拓展为更多省份间的共建、共享和共同发展。

经过天津市教委的大力推进,京津冀相继构筑了装备制造业、养老服务业、新能源产业、石油化工产业、生态环保产业、健康卫生、交通运输等 12 个产教对接平台,初步形成三地协同发展现代职业教育的对话交流、项目协同、校企合作的联动机制,形成了共研、共建、共用、共享、共赢的合作格局和氛围,有效地推进三地之间实现产业、行业、企业、职业与专业的"五业联动"格局。

(四)建立京津冀职业院校间互通、共建、共享机制

天津高职院校发挥自身优势,面向河北输出优质培训资源。2014 年 11 月,天津职业大学与唐山市教育局正式签署战略合作框架协议,在联合开展津唐职业教育发展研究和校际共建的同时,着力开展职业教育干部教师培训和交流,并建立津唐劳动力输转平台,通过岗前培训、技能培训、技能鉴定等做法转移唐山市富余劳动力和大中专院校毕业生到天津就业。2016 年 4 月,天津职业大学与石家庄市教育局签署了中职校长、骨干教师培养培训合作协议,对石家庄市教育局所属的中职学校校长、专业骨干近 200 人进行专项培训。

津冀两地中职学校构建紧密型共同体。天津市第一轻工业学校与邯郸市第六职业中学、峰峰矿区职教中心、馆陶县职教中心、磁县职教中心、成安县职教中心,天津市仪表无线电工业学校与邯郸市工业学校、邯郸市理工学校、武安市职教中心、永年区职教中心、鸡泽县职教中心,天津第一商业学校与保定市职教中心、邯郸市第二职业中学、保定市雄县职教中心等,相继建立了校际合作共同体,探索中职学校跨省联合培养人才和中高职衔接的创新模式。

启动京津冀职业院校技能大赛赛项建设工作。自 2014 年开始,在天津市职业院校技能大赛"护理技能""纯电动汽车装调与维护技术"等赛项中,连续举办京津冀院校师生交流切磋赛,尝试探索三地职业院校技能大赛的新模式,取得初步成效。

京津冀职业院校间互通、共建、共享机制的构建,实现了三地跨区域教师、学生与学校发展等多层次的融合,有效地推进了学校办学模式、师资培养、教育教学与评价方式等领域的内涵式互鉴。

针对雄安新区建设需求,天津职业教育积极发力。2017 年 7 月,天津职业大学与雄安新区管委会城乡统筹组签订战略合作协议,挂牌建设"天津职业大学雄安新区培训基地",开展多方面的职业教育合作;2017 年 9 月,天津市第一商业学校与河北省雄县职业技术教育中心签署协议,双方将共建天津市第一商业学校雄县分校,并在办学模式、专业设置、师资培养、教育教学等方面进行全方位合作;天津市第二商业学校也积极参与承担雄安新区职业教育师资培训工作。

在构建京津冀职业教育协同发展协同创新、有效合作方面,"天津实践"率先启动、步伐坚定、初见成效;在推进三地职业教育协同进行资源建设、协

同实施人才培养、协同开展师资培训、协同改善院校管理等方面开创了良好的局面。

未来,京津冀职业教育协同发展面临更多的任务和挑战,需要三地在共识的基础上,以党的十九大精神为指引,抓住协同要义,突破协同瓶颈,创新协同路径。

第一,要统筹规划,推进协同持续发展。协同发展的关键是持续。京津冀职业教育协同发展不仅关系到三地职业教育自身发展,而且关系到三地产业结构调整和产业布局,关系到三地技术技能人力资源的供给,将影响京津冀城市群建设。既是当务之急,又是长远大计。要从国家层面统筹设计,整体规划,设立协调机构,建立协同机制,形成联动制度;要进一步厘清三地职业教育发展的融合点,明确三地职业教育协同发展的路线图,组织编制《京津冀职业教育协同发展中长期规划》,实现职业教育与产业转型升级发展的联动和同步。

第二,要加强监测,推进协同深度发展。协同发展的生命是质量。要将协同发展的质量放在首位,加强质量监测。建立三地职业教育协同发展数据研究与监测中心,研制三地职业教育协同发展监测指标体系,即时采集三地职业教育发展情况,进行数据挖掘,对三地职业教育协同发展进程、协同程度、发展质量、协同效益进行跟踪、监测、评估,形成《京津冀职业教育协同发展年度报告》。整合行业、行政部门信息资源,研究建立三地职业教育人才需求预测、就业预警管理信息系统,及时传递产业发展变化及岗位要求信息,预测产业发展对技术技能人才需求变化,提高三地职业教育人才培养的前瞻性,增强职业教育协同效应。

第三,要协同创新,推进协同健康发展。健康发展的基础是共赢。凝聚三地职业教育的合力,发挥三地职业教育的内在动力,推进协同健康发展。深化"五方携手""五业联动"机制,加大职业教育与产业发展的深度对接,加大职业院校与企业需求的深度对接,加大职业课程与岗位要求的深度对接,在构建现代职业教育体系和完善终身教育体系方面持续创新。充分发挥已有协同平台、资源与联盟的作用,加强三地科研、教研与职业院校教育教学的联动,实施职业教育信息化、国际化合作,围绕三地职业院校间学分互认转换、三地联合招生等方面开展试点探索、联合攻关,使科研和教研真正成为三地职业教育协同发展的先导。

四、沿线布点、人文职教:"一带一路"建设中的"鲁班工坊"

实施区域协调发展,要坚持陆海统筹,加快建设海洋强国。而"一带一路"倡议成为我国全面提升开放型经济水平、构建新型国际关系和打造人类命运共同体的重要支撑,也是打通海洋强国之路的重要部分。它对于我国推进区域协调发展战略也具有重要意义和价值。职业教育在推进"一带一路"建设中也具有重要作用。随着"一带一路"建设,一批重大工程和国际产能合作项目相继在沿线国家落地和发展,迫切需要中国职业教育走出去,支撑和服务"一带一路"建设对技术技能人才的需求。

由天津率先建成的职业教育国际合作的新模式——"鲁班工坊",就是在教育部的指导下,为响应国家"一带一路"倡议,配合中国装备"走出去"和国际产能合作,探索创建的职业教育国际合作交流新窗口。"鲁班工坊"秉持"和平合作、开放包容、互学互鉴、互利共赢"的"一带一路"理念,探索实践,先行先试,输出中国职业教育优秀成果,服务中国企业走出去,探索"职业教育+国际产能合作"的新途径,是独具中国特色的、具有国际影响力的现代职业教育品牌。

在教育部指导下,2016 年,天津渤海职业技术学院率先提出并在泰国建成我国首个境外"鲁班工坊",全方位探索并初步形成输出职业教育优质资源、服务"一带一路"建设的有效路径;2017 年,天津市第二商业学校在英国建立我国首家由中等职业学校输出的"鲁班工坊",并将专业人才培养标准纳入英国国家职业资格框架体系,成功实现职业教育标准的境外输出与国际认证;2017 年 12 月 8 日,由天津轻工职业技术学院和天津机电职业技术学院共同建立的中国—印度"鲁班工坊",在印度金奈理工学院正式揭牌启运。印度"鲁班工坊"还与在印度五家中资企业签订订单培养协议,培养企业急需的技术技能人才,真正实现了职业教育伴随中国企业走出去,服务国际产能,深化国际校企合作功能;2017 年 12 月 12 日,由天津市东丽区职教中心与东爪哇省波诺罗戈市第二职业技术学校共建的中国—印度尼西亚"鲁班工坊"正式启运,该工坊将围绕着汽车维修专业、智能制造、新能源技术、工程实践创新项目(EPIP项目)共同交流和学习,提升教学质量和人才培养水平,服务当地经济发展。

"鲁班工坊"建设得到党和国家领导人的高度肯定,已成为我国对外人文交流机制的重要组成部分。在推进人文交流内涵发展,强化教育对外开放高端引领方面,需要创新载体。"鲁班工坊"在传播中国职业教育和工匠精神、共同提升技术技能人才培养质量、构建中国特色职业教育话语体系等方面承担重要使命;发挥"鲁班工坊"在"一带一路"建设中提供技术技能人才支撑作用,深入实施"一带一路"教育行动,助推国际产能合作,必将产生良好的国际影响;"鲁班工坊"是促进职业教育国际化的重要措施:它围绕"一带一路"建设需求,在境外建设"鲁班工坊",输出天津职业教育优质资源和教学标准,将开启职业教育国际合作交流中构建和打造"中国模式"的新时代。"鲁班工坊"是做大做强天津职业教育优势的重要抓手:在境外设立"鲁班工坊",作为"国家职教示范区"的重要建设成果,坚持"以用立业"汇聚职教优势,对接国家重大战略、服务国内国际、支撑城市品牌,必将不断叫响叫亮天津职业教育品牌;"鲁班工坊"也是多样文明交流互鉴的重要方式,是一个国家开放包容的重要体现,是培养高素质技术技能人才、服务国家战略的重要途径,也是深化中外人文交流、提升国家软实力的重要载体。

未来,将进一步做实做强泰国"鲁班工坊",将其作为境外"鲁班工坊"的首席基地,全方位探索"鲁班工坊"发展模式、路径,切实使之发挥旗舰与标杆作用;巩固推广英国、印度和印度尼西亚"鲁班工坊"的建设成果。并且持续支持在"一带一路"沿线继续建设"鲁班工坊"。

蓝图已绘就、奋进正当时。党的十九大报告指出,历史车轮滚滚向前,时代潮流浩浩荡荡,职业教育应当在推进区域协调发展中发挥更大的作用,这不仅是职业教育的功能,更是职业教育肩负的历史使命!

（摘编自《中国职业技术教育》,作者吕景泉,2017 年第 34 期）

【回顾】
倾心 聚力 精准 重效
——"脱贫攻坚·职教帮扶"协同创新发展论坛
暨国家现代职教示范区东西部协作工作纪实

2017年5月8日,全国职业院校技能大赛天津主赛区同期活动的国家示范区职业教育东西部协作行动计划建设纪实,在天津机电职业技术学院与天津市机电工业学校拉开了帷幕,刘延东副总理、教育部领导、天津市委市政府领导观看了工作纪实,与新疆和田职业技术学院在津培训教师进行了交流。

5月12日上午,由教育部职业教育与成人教育司、教育部职业技术教育中心研究所、天津市人民政府教育委员会主办的"'脱贫攻坚·职教帮扶'协同创新发展论坛"开幕,论坛中宁夏教育厅与天津市教委签署了合作协议,鄂尔多斯多所职业学校与天津渤海职教集团、天津职业技术学院签署了合作签约书。在经验分享交流环节,发言代表分享了许多在职教帮扶过程中令人感动的故事。天津交通职业技术学院介绍了交通职院对口西藏昌都、云南怒江、内蒙古鄂尔多斯等地做法与经验;天津中德应用技术大学介绍了中德对口帮扶贵州毕节地区及河北承德地区现代职业教育案例;天津机电工业学校进行了中职西藏班学生培养优秀成果分享;天津医学高等专科学校分享了医专对口支援青海职教的项目经验。新疆和田教师赵春丽作为在津培训代表分享了在津培训学习体会。

一、智拔穷根,国家大计

治贫先治愚,扶贫必扶智,阻断贫困代际传递,教育当先行。党的十八大以来,以习近平总书记为核心的党中央将打赢脱贫攻坚战作为治国理政的重大战略决策之一,制定了脱贫攻坚纲领性文件《中共中央国务院关于打赢脱贫攻坚战的决定》,把精准扶贫、精准脱贫作为基本方略。

习近平总书记在 2014 年全国职业教育工作会议前对职业教育发展作出重要指示,强调"要加大对农村地区、民族地区、贫困地区职业教育支持力度,努力让每个人都有人生出彩的机会";并在给"国培计划(2014)"北京师范大学贵州研修班参训教师的回信中写道:"扶贫必扶智。让贫困地区的孩子们接受良好教育,是扶贫开发的重要任务,也是阻断贫困代际传递的重要途径。"

2016 年底,教育部等六部门为落实国家脱贫攻坚战略,印发了《教育脱贫攻坚"十三五"规划》,提出了"一个目标、两个重点、五大教育群体、五项重点任务",力争实现贫困地区"人人有学上、个个有技能、家家有希望、县县有帮扶",要求在教育扶贫工作中,着力实施"两个转变"。一方面从单纯扶贫转向综合扶智,通过发展教育,隔断贫困代际传递;另一方面是由大水漫灌改为精准滴灌。

贫困地区之所以贫困,有自然条件、生产资料和人的能力等各方面因素。区域性的自然条件如果利用得好,可以转换成优势,生产资料在现有经济条件下也不是难题,唯有人是最根本、最重要的因素。而教育是决定人能力大小的核心要素,因此,教育扶贫在脱贫攻坚战中肩负着"拔穷根"的重任。而在各种教育类型中,职业教育、职业技术技能培训是最能见效果的一种扶贫方式。职业教育是距离农村贫困人口和底层打工族最近、最能直接提升其就业能力和收入水平的教育类型。"一个孩子接受职业教育,提高就业创业能力,就可使一个家庭摆脱贫困,就是为社会和谐稳定增添一份正能量。"刘延东副总理在推进职业教育现代化座谈会上如是说。

二、职教帮扶,统筹推进

在天津市委市政府的统一部署下,天津以国家现代职教示范区独具的优势,全面落实《中共中央国务院关于打赢脱贫攻坚战的决定》,以脱贫攻坚为己任,敢于担当,勇于作为,对口帮扶疆、藏、青、陇等地职业教育,携手连心,扶智共赢,精准设计帮扶方案,积极调动天津各方优质职教资源,"脱贫攻坚、职教帮扶"工作在实践中形成了自己的模式。从"有啥给啥"转变为"缺啥补啥",从"授人以鱼"转变为"授人以渔",从"理念分享"到"成果共享",从"自主行动"到"系统推动",从"分散帮扶"到"聚力帮扶",从"挂职支教"到"整体输出",服务于中西部地区职业教育发展。凭借国家现代职业教育改革创新示范区建设成果，携全国职业教育优势资源，建成"国家中西部地区职业教育师资培训中心"，构建起区域系统援建、品牌整体输出、专业结对共建、师资轮岗培训、学生定向培养等多种职教帮扶模式。

天津市职业教育智扶西部实行"五层次"的顶层设计方案：分析当地产业结构、谋划专业组群布局、制订专业建设方案、培养专业骨干教师、共享优质职业教育教学资源。在针对中西部的职教师资培训中，通过标准化教授、定制化传授、岗位化实授、转岗化精授、跟踪化讲授等"五授"予以"渔"，即送派培专业带头人、跟培专业骨干教师、信息技术应用培训、专业核心技能培训、教学组织方法培训、教学方案设计培训。将外部"输血式"扶贫与内部"造血式"脱贫相结合，使其能通过自身"造血"巩固"输血"成果，激发中西部职业教育发展的内生动力，通过有精准的设计与发力，聚力实施，倾心、聚力、精准、重效地开展了系列职教帮扶工作，走出了一条有天津特色的"一中心、五模式"职教精准扶贫特色之路。

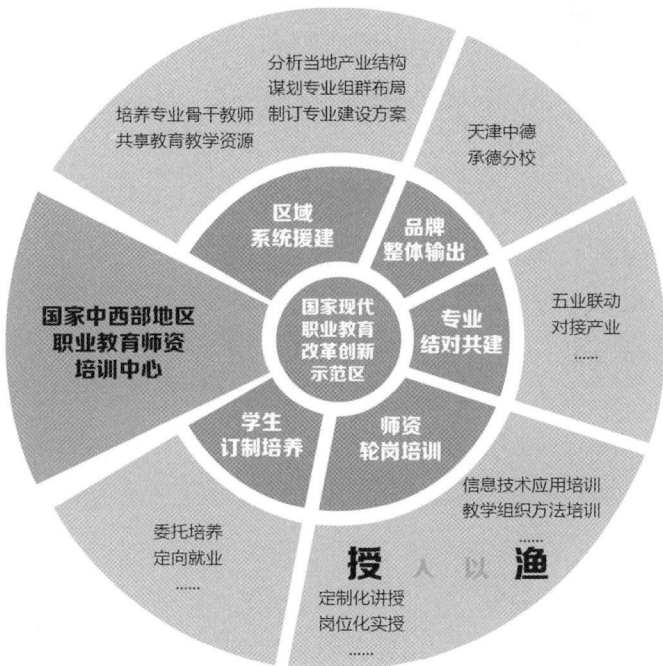

图2 "五层次"的顶层设计方案

三、搭建平台，聚力实施

扶贫先扶教，扶教先扶师。凭借国家现代职业教育改革创新示范区建设成果,携全国职业教育优势资源,天津认真贯彻《关于进一步加强东西部扶贫协作工作的指导意见》,2016年5月,"国家中西部地区职业教育师资培训中心"建成并正式启用,时任教育部副部长朱之文与天津市副市长曹小红共同为"国家中西部地区职业教育师资培训中心"揭牌,可谓应运而生。同年底,教育部等六部委印发《教育脱贫攻坚"十三五"规划》,从单纯扶贫转向综合扶智,中心可谓生逢其时。

"中心"有培训楼14000平方米,配套设施健全,可同时为400名学员提供培训服务,具有课程设计、资源开发、转化制作、师资培训等服务职能。可开展"菜单式""定制式"和"标准模块式"灵活多样的培训。发挥区域职业教育资源优势,形成"1+N"的"中心"培训服务运行模式。总部服务平台设于天津机电职业技术学院,截至当前已培训中西部地区职教师资近万人次。

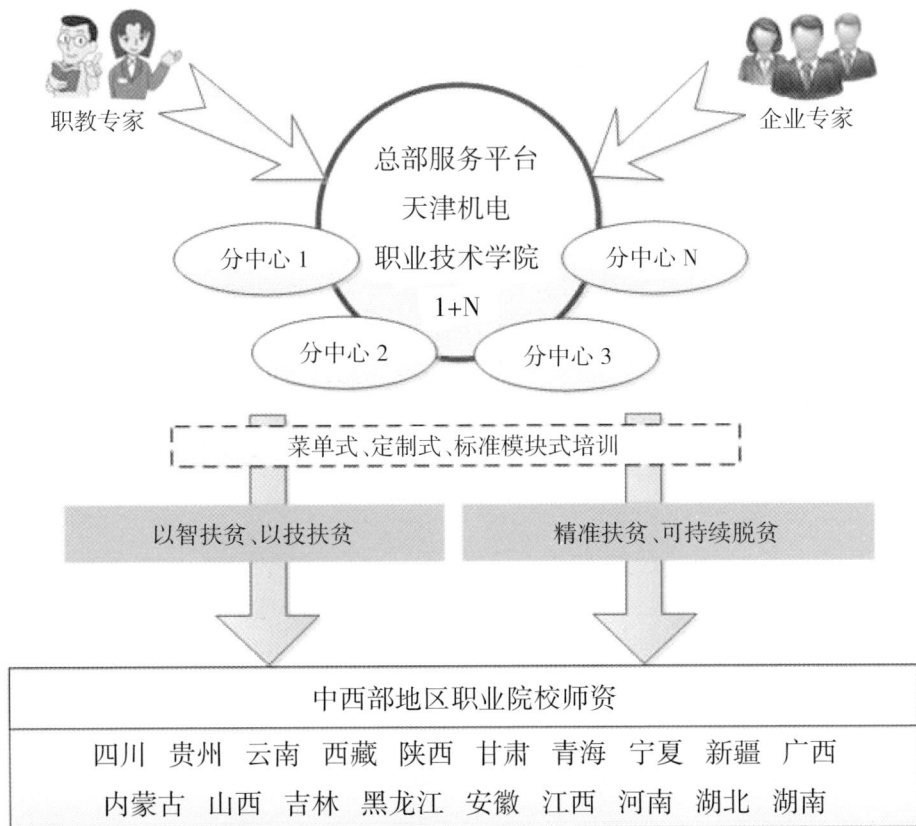

图3 "1+N"培训服务运行模式

2017年市财政专项支持480万元建设的国家职业教育中西部师资培训管理服务平台正式上线。该平台利用网络技术、数据库技术与云计算技术,整合天津职教优质资源，汇集全国职教名师和企业专家，从时间上贯穿培训全过程，空间上联结各分中心和中西部地区各教育部门，是集管理、服务、展示、学习为一体的跨区域、多层次、全天候的综合信息平台，将大幅提高中西部师资培训中心的管理水平、服务能力，全面展示中心的创新模式与培训效果，充分发挥中西部师资培训中心的示范作用和辐射效应。

图4 国家职业教育中西部师资培训管理服务平台启动

四、造血助能，构建模式

天津市在东西部协作的职教帮扶工作中，致力于精准设计，并非"头痛医头，脚痛医脚"，而是针对不同地区研究长期帮扶对策，建立长效机制，构建起区域系统援建、品牌整体输出、专业结对共建、师资轮岗培训、学生定制培养等多种职教帮扶模式。

（一）区域系统援建模式

天津市在津疆协作扶贫攻坚工作中，从发展规划、基础建设、专业设置、师资队伍、实训基地建设等方面提供全方位系统帮扶援建，支持和田地区筹建和田职业技术学院。

天津市教委组织专家组五赴和田推进新疆和田职业技术学院建设。天津教委工作组"一赴"和田地区进行分析产业发展，谋划职教发展布局；"二赴"和田进行院校选址调研，商定学校专业规划；"三赴"和田进行师资队伍调研，制定教师培训规划；"四赴"和田职院提供专业建设方案，共商实训基地建设；"五赴"和田商定骨干教师、专业带头人到津跟岗培训。系统援助和田地区建设高职学院，从对和田地区职教的外部"输血"使其逐步具备内部"造血"功能，目前

图5　新疆和田职业技术学院4个专业12名教师在天津开展为期一年的师资培训

已经全面启动新疆和田职业技术学院建设。

（二）品牌整体输出模式

天津市在国家现代职教改革创新示范区的过程中，汲取国内外的优质资源和先进经验，形成了天津特色的职业教育品牌，并在与中西部地区的协作帮扶中探索整体输出，深入挖掘东西部职业教育跨区域合作的发展潜力。

为服务国家京津冀协同发展战略，2016年11月，李鸿忠书记率天津市党政代表团赴河北省学习考察，两省市召开经济协作和对口帮扶承德市第一次联席会议，天津市与河北省签署了《对口帮扶承德市贫困县框架协议》，天津市教委与承德市政府签署了《对口支援建设天津中德应用技术大学承德分校》。

承德分校借鉴天津中德应用技术大学办学理念和管理模式，整合承德工业学校现有办学资源和基础设施，定位为"三基地、两中心"，即服务京津冀并辐射全国的综合型技术技能人才培养基地、职业院校技能大赛承办基地、技能创新创业孵化基地、综合型公共职业训练中心、职业技能鉴定中心。

为加快天津中德应用技术大学承德分校的建设步伐，首期30名来自承德技师学院的教师和管理者在天津中德应用技术大学接受为期一个学期的沉浸式培训。培训紧扣承德分校发展需求和中德发展特色，中德教师与承德分校的教师拜师结对子，将天津中德"中国特色、双元特点"的教学特点移植到承德分校。这是天津在京津冀协同发展战略中职业教育一体化的先行探索，将"中国特色、双元特点"的办学模式及中德职教品牌整体输出到河北承德。

（三）专业结对共建模式

天津职业院校与中西部地区院校在专业层面进行优势互补，在联合招生、师资培训、专业建设、技能大赛、校企合作等方面开展教育扶贫对口支援。比如，天津职业大学发挥学校生物制药技术专业资源优势定向帮扶石屏职高利用"组培实验室""多媒体教室"等实训室开发实训项目，发挥实训设备使用效能，不仅提升了石屏职高服务区域经济发展和农业种植产业的能力，还推进了铁皮石斛、金线莲等种植物、果树、药材的组培研发工作，形成了组织培养与无土栽培的对照试验，其中脱毒草莓实现了工厂化生产。再如，天津交通职业技术学院根据昌都社会经济发展，结对帮扶共建西藏昌都市职业技术学校修订汽车检测与维修技术专业。指导西藏昌都市职业技术学校修订汽车检测与维修技术专业人才培养方案，完善课程设置，协助制订专业教学计划、教学大纲和实训室建设方案。先后选派六个批次汽车检测与维修技术专业骨干教师赴西藏昌都市职业技术学校承担教学任务。接受西藏昌都市职业技术学校的汽车专业教师到汽车工程学院进行汽车检车与维修技术专业深入学习。抽调汽车专业骨干教师对来自西藏昌都的参加全国中职学生技能大赛的师生团队在比赛规范、竞赛流程、技能强化、心理辅导等方面进行全程指导。

（四）师资订制培训模式

天津将多年来职教改革发展经验总结提炼，形成18个经典案例。赴宁夏、河北、辽宁和内蒙古等中西部10多个省区，围绕着职业教育专业建设、国际交流与合作、职业素养以及社会培训等内容，立足于解决问题、传授经验、成果分享，从实操层面进行详细的剖析和分享。以"送""派""请""访"开展"有来有往、有讲有练、有说有看"的以"需求为导向"的教师定制培训。

"示范区"对中西部地区职教专业骨干、带头人主要采取定制集中和分散跟岗式结合的培训形式。集中式聘请全国职业教育教学著名专家、学者、一线名校长讲座，从宏观理论、管理实际、实践教学等方面进行讲座，解读职业院校治理、院校长领导力建设以及课程改革中的难点与热点问题；分散跟岗式则根据受培教师各自所在专业的不同，分组进行学习、听课、试讲、考察、观摩、实训、教研与活动，采取"师带徒"，开展"手把手"培训服务。

根据津宁教育领域项目合作协议，以"三完善、三深化"为工作主线，2015和2016年，天津市分两批先后选派12名高职教师、41名中职教师赴宁夏职业院校支教。同时接收安排宁夏39名教师在我市职业院校学习培训，他们以"影子干部"和"影子教师"的方式全程参与挂职院校的教学、管理、科研等工作，通过跟岗学习，提高自身管理教学能力，实现了对宁夏37所职业院校教师培训的全覆盖。

(五)学生定向培养模式

天津市牵手中西部地区中职学校、重点缺工企事业单位,创新"以招生促招工、稳就业"的学生定向培养模式,开展"一对一"及"一对多"的支持援助,为西部地区调结构、补短板等进一步增添动力。2014年来,天津职业大学为来自重庆万州平湖技师学院、陕西榆林职业技术学院、宁夏工商学校、内蒙古包头轻工职业技术学院附属中专等学校的600余名学生进行岗位技能培训,鸿富锦、柯顿电子、神州租车、英利新能源、长城汽车等企业全部吸收培训后学生实习和就业,为中西部地区职业院校学生搭建了培训就业平台,解决了天津重点缺工企业初、中级技术技能人才供给问题。

双语教育一直是和田地区的大难题,天津职业院校在引导新疆学生学成后回疆从事双语教学工作做了大量工作,最终实现了学生培养两地协同定向就业。引导中德学院首届"新疆班"30名和田籍毕业生成为和田各小学双语教学骨干;通过实施"2+1"模式,使得天津北辰职专培养的143名和田毕业生走上幼教岗位。

天津海运学院对口支援延安职业技术学院,量身定制教学模式委托培养轮机工程专业、航海技术专业学生,与天津海事局联合举办了"延安及周边地区海员就业'双选'推介会",所有毕业生都与中远散货运输有限公司、华洋海事中心、中国海运、中外运国际经济技术合作公司等国内著名航运企事业签订

图6　新疆和田地区学生在津学习生活

图 7　西藏昌都学生在津学习生活

就业协议,一次性就业率达 100%。

来自西藏昌都的 60 名艺术特长生在天津艺术职业学院学习 5~7 年,主修舞蹈基本功和西藏民族舞蹈,考试合格者将获得教育部认可的大专毕业证书,并进入昌都康巴文化艺术团,成为当地民族艺术中坚力量。

五、职教帮扶情洒西部

天津"国家现代职业教育改革创新示范区",承载着新时期职业教育改革发展的历史使命,我们将秉承职业教育服务发展的宗旨,不断扩大国家现代职业教育改革示范区东西部协作成果。促进职业教育优质资源共享,不断提升中西部职业教育水平,为到 2020 年实现中西部地区全面脱贫贡献智慧与力量。

职教帮扶工作,情洒西部院校,勾画了天津职教帮扶的聚力和倾心。在祖国大美的中西部,情谊染绿千山,职教富民万家。

（摘编自国家中西部地区职业教育师资培训中心,2017 年 12 月）

【报道】
天津市持续打好职教扶贫攻坚战　落实落小落细

打赢脱贫攻坚战是党对人民的庄严承诺。《教育脱贫攻坚"十三五"规划》《职业教育东西协作行动计划（2016—2020年）》《职业教育东西协作行动计划滇西实施方案（2017—2020年）》都赋予职业教育在精准扶贫中的特殊使命。党的十八大以来，天津作为国家职业教育改革创新示范区、国家现代职业教育改革创新示范区，既要当好职业教育的"领头羊"，也要发挥示范区改革创新优势资源和建设成果的作用，做"脱贫攻坚"的"急先锋"；以"倾心、聚力、精准、重效"作为指导思想，不断强化认识、提高站位、深度谋划、注重实效，全力写好"脱贫攻坚、职教帮扶"这篇大文章。

加强顶层设计，汇聚优质资源，形成帮扶模式

天津市教委先后对口帮扶新疆、西藏、青海、宁夏、甘肃、河北、内蒙古、陕西等十多个省市、自治区的职业教育发展，提升当地培育技术技能人才、支撑产业发展的能力。

在帮扶过程中，针对帮扶对象职业教育发展特点和需求，首先进行"五层次"顶层设计，即分析当地产业结构、谋划专业组群布局、制订专业建设方案、培养专业骨干教师、共享优质职业教育教学资源。从"有啥给啥"转变为"缺啥补啥"，从"授人以鱼"转变为"授人以渔"，从"理念分享"到"成果共享"，从"自主行动"到"系统推动"，从"分散帮扶"到"聚力帮扶"，从"挂职支教"到"整体输出"。

天津依托"国家现代职业教育改革创新示范区"的整体实力，在教育部支持下，建成"国家中西部地区职业教育师资培训中心"，以之作为中心，构建起区域系统援建、品牌整体输出、专业结对共建、师资轮岗培训、学生定制培养等

五种有效职业教育帮扶模式。每种模式中又形成了扎实有效的做法,如针对中西部的职教师资的培训工作,就探索并实施了标准化教授、定制化传授、岗位化实授、转岗化精授、跟踪化讲授等"五授"方式,将外部"输血"式扶贫与内部"造血"式脱贫相结合,使其能通过自身"造血"巩固"输血"成果,激发中西部职业教育发展的内生动力。

经过探索,天津在实施"扶贫攻坚、职教帮扶"中走出了一条具有天津特色、行之有效的"一中心、五模式"职业教育精准扶贫之路。

搭建优质服务平台,扶教先扶师

扶贫先扶教、扶教先扶师。2016年5月,在教育部的大力支持下,"国家中西部地区职业教育师资培训中心"建成并正式启用。同年底,教育部等六部委印发《教育脱贫攻坚"十三五"规划》,从单纯扶贫转向综合扶智,国家中西部地区职业教育师资培训中心可谓生逢其时。"中心"有2座独体建筑,配套设施健全,形成"1+N"的"中心"培训服务运行模式,可开展"菜单式""定制式"和"标准模块式"灵活多样的培训。

天津市财政专项投入480万元支持建成"国家职业教育中西部师资培训管理服务平台"。该平台利用网络技术,数据库技术与云计算技术,整合天津职教优质资源,汇集全国职教名师和企业专家,从时间上贯穿培训全过程,空间上联结各分中心和中西部地区各教育部门,集管理、服务、展示、学习为一体,形成跨区域、多层次、全天候的综合信息平台,在提高中西部师资培训中心的管理水平、服务能力,全面展示中心的创新模式与培训效果的同时,充分发挥了中西部师资培训中心的示范作用和辐射效应。

精准重效,着重提升帮扶地区育才能力

天津市在东西协作的职教帮扶工作中,并非"头痛医头,脚痛医脚",而是针对不同地区研究长期帮扶对策,建立长效机制,着力提升帮扶地区在技术技能人才方面的培育能力,从根本上支持帮扶地区脱贫。

在区域系统援建方面,天津市在津疆协作扶贫攻坚工作中,从发展规划、基础建设、专业设置、师资队伍、实训基地建设等方面提供全方位系统帮扶援

建,天津市教委组织专家组五赴和田推进新疆和田职业技术学院建设。

在品牌整体输出方面,天津市教委与承德市政府签署了《对口支援建设天津中德应用技术大学承德分校》协议,承德分校整体移植天津中德应用技术大学"中国特色、双元特点"的办学理念、办学模式和管理模式。为此,首期30名来自承德技师学院的教师和管理者在天津中德应用技术大学进行一个学期的沉浸式培训。

在专业结对共建方面,天津职业院校与中西部地区院校在专业层面进行优势互补,在联合招生、师资培训、专业建设、技能大赛、校企合作等方面开展教育扶贫对口支援,天津院校与多所西部院校结对共建专业。

在师资定制培训方面,天津针对西部需求,以"需求为导向"进行教师定制培训,有些省份,如宁夏,实现了对其37所职业院校教师培训的全覆盖。

在学生定向培养方面,天津市牵手中西部地区中职学校、重点缺工企事业单位,创新"以招生促招工、稳就业"的学生定向培养模式。如2014年以来仅天津职业大学一校就为西部的600余名学生进行了岗位技能培训;天津职业院校引导近200名新疆学生学成后回疆从事双语教学工作。

日前,在教育部职成司召开"京津冀对口帮扶青龙县、威县职业教育与成人教育发展工作对接会"上,天津市教委与两县达成深度合作意向,对接支持的工作已经全面启动;为落实《职业教育东西协作行动计划滇西实施方案》,天津市对口帮扶红河哈尼族彝族自治州、怒江傈僳族自治州工作已经开始,超过千名的当地中职学生即将到天津职业院校学习。

天津市职业教育战线将继续砥砺前行,倾心精准、落实落小落细,持续打好职教扶贫的攻坚战。

(摘编自《天津日报》,2017年10月19日)

天津精准帮扶中西部职业院校 共筑职教梦

天津作为"国家现代职业教育改革创新示范区",以脱贫攻坚为己任,先后为新疆和田、宁夏、内蒙古鄂尔多斯等19个省市、自治区培训管理干部、职教师资近万人，走出了一条职教精准扶贫的特色之路。

赵丽春是新疆和田职业技术学院的一名老师，去年7月22日，她同其他11名教师一起乘坐天津至和田首航班机抵达天津，接受为期一年的专业带头人培养。"我们接受的培训分两个阶段，第一阶段是在国家中西部地区职业教育师资培训中心进行四十天的高职政策解读培训；第二阶段我们会被分派到4所院校接受培训，天津轻工承担纺织专业培训，天津青年承担中餐培训，天津商务承担商务培训，天津交通承担汽车运用与维修的培训。"赵春丽说。和赵春丽不同的是，李红月老师则带着"示范区"经验走了出去。她到新疆策勒县职中支教，指导服装设计等专业建设，培训教师9人，学生200人，带领学生获得多项技能大赛奖项。配合当地企业建立工作室，为企业创收百万元。

经过多年建设，天津总结了一批典型经验，提炼形成了18个示范区建设典型案例。建设成果分享活动走入青海、新疆、宁夏、内蒙古等中西部10多个省、市、自治区。实现了从"理念先行"到"示范共享"，从"自主行动"到"高位推动"，从"分散援助"到"全方位援助"，从"挂职支教"到"整体输出"。天津市教育委员会副主任吕景泉说，在中央和天津市委市政府的指导和统一部署下，天津实施"扶贫先扶教，扶教先扶师"行动，精准设计、成立了国家中西部地区职业教育师资培训中心，以"聚、送、派、请、访"为主要形式，构建起区域系统援建、品牌整体输出、专业结对共建、师资轮岗培训、学生定制培养等多种职教帮扶模式。全方位服务中西部地区职业教育发展，与中西部地区职业教育师生"共筑职教梦"。

未来，天津将发挥示范区的作用，在国际视野、信息化建设方面，特别是在人才培养和当地产业区域经济发展方面，更契合和紧密地对中西部地区职业教育实施帮扶。"倾心、聚力、精准、重效地开展职教扶贫五大模式，加强大赛成果转化才能构建职业教育话语权。职业教育核心竞争力是人，职业院校的核心竞争力是老师，所以，建设国家职业教育发展博物馆，国家职业教育质量评价中心是近期的设想。"吕景泉说。

（摘编自央广网，2017年5月12日）

脱贫攻坚 职教帮扶
——天津职教与中西部师生"共筑职教梦"

　　作为国家现代职业教育改革创新示范区,天津正在积极铺设一条"脱贫攻坚·职教帮扶"——全方位服务于中西部地区职业教育发展的"天津之路"。

　　按照中央和市委、市政府的要求,近年来,本市积极调动各方优质职业教育资源,从"理念先行"到"示范共享",从"自主行动"到"高位推动",从"分散援助"到"全方位援助",从"挂职支教"到"整体输出",全方位服务于中西部地区职业教育发展,与中西部地区职业教育师生"共筑职教梦"。

扶贫先扶,教扶教先扶师

　　教师是教育之本,对中西部职业教育的帮扶,师资是关键。为了提升帮扶的可持续性,把"输血"变为"造血",本市在传统支教模式的基础上,对中西部教师进行立体化培训。

　　作为国家示范区升级版重点建设的 6 个国字号重大项目之一,去年,国家中西部地区职业教育师资培训中心建成并正式启用。"中心"总部服务平台设在天津机电职业技术学院,拥有 2 栋 14000 平方米独立培训楼,建有数十个理实一体的培训基地,开发了近百个实训模块,可同时为 400 名学员提供培训服务。同时,"中心"搭建"一主多辅"的集散式师资培养培训服务结构,确立了"菜单式""定制式"和"标准模块式"等灵活多样的培训模式。根据相关承办单位的专业特色和培训资源情况,按照制造类、商贸类、服务类等专业类别,遴选出 15 个中西部师资培训分中心,形成"1+N"的"中心"培训服务运行模式。

　　据了解,成立一年以来,"中心"为甘肃、青海、新疆、西藏、宁夏、内蒙古等 19 个省、市、自治区,培训管理干部、职教师资近万人次;完成了宁夏 37 所职业院校"双向挂职全覆盖",对鄂尔多斯 357 名师资培养效果进行了回访评价,全面启动了援建新疆和田高职学院、援建河北承德高职学院的重点专业带头人培养计划,启动了青海黄南、西藏昌都、甘肃甘南等中职院校骨干教师培训项目。

带着"示范区"的经验走出去

经过多年建设,本市作为国家职业教育改革创新示范区,总结了一批典型经验,提炼形成了 18 个示范区建设典型案例。建设成果分享活动走入青海、新疆、宁夏、内蒙古等中西部 10 多个省、自治区,围绕着职业教育专业建设、国际交流和合作、职业素养以及社会培训等方面,立足于解决问题、传授经验、成果分享,从实操的层面进行了详细的剖析和宣讲。

本市分两批先后选派 12 名高职教师、41 名中职教师赴宁夏职业院校挂职支教。并接收安排宁夏 39 名教师在本市职业院校学习培训,他们以"影子干部"和"影子教师"的方式全程参与挂职院校的教学、管理、科研等工作,通过跟岗学习,提高自身管理教学能力,实现了对宁夏 37 所职业院校教师培训的全覆盖。

本市还利用天津市职业教育优质教学资源共享服务平台和国家中西部地区职业教育师资培训管理服务平台,将优质课程、精品课件、网络教学等教学资源以远程方式提供给中西部地区职业技术学校,共享信息化教育教学。

据了解,自新疆、宁夏等地与市教委签订职业教育战略合作协议以来,市教委三次组织帮扶项目回访研讨,进行项目质量跟踪评价,深化与中西部职业教育合作,从共研、共建、共享、共用走向共赢。

"目前,在全力打造'国家中西部师资培训中心'这一平台的同时,本市还积极推出了国家现代职业教育改革示范区建设成果分享、教师与管理干部培训培养的全覆盖双向交流、职业教育优质教学资源开放共享和帮扶项目回访与质量评价四项机制。"市教委副主任吕景泉介绍说。

推出个性化精准帮扶模式

5 月的承德,花红柳绿。在美丽的滦河岸边,天津中德应用技术大学承德分校筹建工作正在紧张进行中。"明年,这座职教新校园将正式建成招生,5000名学生将在这所高水平的高职院校中共享来自天津的优质职教资源。"中德应用技术大学校长张兴会说。

同样是在这个月,来自西藏昌都市职业技术学校的师生团队顺利抵津,在天津集训后,他们将代表西藏参加在本市举办的全国职业院校技能大赛(中职组)汽车运用与维修赛项。而他们在西藏的专业老师,正是天津交通职业学院派出的教师团队。

输出职教品牌、派驻教师对口帮扶,这些都是本市在服务中西部地区职业教育发展中的一个个缩影。

"脱贫攻坚·职教帮扶",需要统一思想、统筹安排,更需要根据当地的实际需求制定最适合的"帮扶方案"。为此,本市推出了"一地一策、一项目一招法"的精准帮扶模式。

翻开这份特殊模式的帮扶"菜单",上面有针对新疆和田地区的"院校援建实行优质基因嫁接与全程监控",也有针对新疆、西藏等地的"学生培养两地协同定向就业",当然还有像中德应用技术大学承德分校这样的"职教品牌整体输出"和天津交通职教集团对滇西职业学校开展的对口帮扶等。个性化的菜单服务也让职教帮扶的"天津故事"更显生动。

同享一片蓝天,技筑美好未来

在为中西部职业教育发展提供优秀师资的同时,天津也在张开臂膀,敞开大门,为中西部学子来津求学提供最优质的教育资源和生活环境。

第十届全国职业院校技能大赛开赛在即,天津机电职业学校的 103 名学生志愿者成为大赛服务中的一道别样风景。据了解,这些学生志愿者全部来自于学校的西藏班和青海班。"感谢天津给了我们这样好的学习机会,我们想用自己的实际行动为学校、为天津出一份力。"志愿者加参说。

今年是天津机电职业学校开办西藏班的第 6 年,从 2011 年至今,共有 145 名藏区学生来津求学。2014 年该学院又在海河教育园区首开青海中职班,至今已招收了 3 届学生,首届学生将于今年毕业。

近年来,越来越多的天津职业院校开设了西藏班、青海班、新疆班。通过与西藏、青海、新疆、甘肃等地的联合招生、合作办学,一批批西部学子来到天津,共享天津优质的职教资源。在这里,老师们也用一颗颗"爱子之心",温暖着这些远道而来的学生。

"学校自开设'青海班'以来,项目共惠及 120 名学生,其中 46 名学生经过两地的合作培养已经顺利毕业并服务于西部地区医疗卫生岗位,还有 40 名学生已进入临床实习阶段。"天津医学高等专科学校校长张彦文说。

在祖国大美的中西部,情谊染绿千山,职教富民万家……

（摘编自《天津日报》,2017年5月8日）

"脱贫攻坚"职教帮扶　共享示范区建设红利

天津市职业教育在精准扶贫上下功夫,积极对接中西部,让中西部越来越多地共享示范区建设红利。2016年5月,天津市和教育部有关领导在全国职业院校技能大赛举办期间,共同为建立在天津机电职业技术学院的"国家中西部地区职业教育师资培训中心"揭牌,中心汇集示范区优秀职业院校、优质骨干专业,构建了一主多辅、集散式师资培养培训新模式。至2016年底,培训了内蒙古鄂尔多斯、宁夏、新疆和田等多地师资。

自2016年以来,先后与新疆和田、西藏昌都、甘肃甘南、宁夏回族自治区、内蒙古鄂尔多斯、湖北省、河北承德等建立东中西部协作机制,在资源建设、成果分享、管理团队、教学团队、专业提升等方面精准帮扶,本市职业院校专业教师的对口支持全覆盖了宁夏37所职业院校,宁夏派教师来津接受专项系统培训也实现了37所职业院校全覆盖。"送果"分享、双向挂职和两个"全覆盖",成效显著,反响很好。与新疆和田职教开展深入对口合作,与河北省及各地市建立广泛合作,筹建中德承德分校,与甘肃、青海、西藏合作并建立班级,取得了丰硕成果。

作为大赛永久主赛区,大赛资源同步支撑本市对口帮扶中西部地区,成为提升当地技术技能人才培养水平的重要依托。2016年,本市全面开展津承对口帮扶,共同建设区域性职业院校技能大赛承办基地成为重要的帮扶内容。

（摘编自《天津日报》,2017年5月4日）

实施精准帮扶 服务中西部地区发展

2015 年,天津市全面启动"国家现代职业教育改革创新示范区"建设,积极开展"脱贫攻坚、职教帮扶"工作,实施"扶贫先扶教、扶教先扶师"行动,精准设计、成立"国家中西部地区职业教育师资培训中心",培训中西部地区职业院校教师。积极调动天津各方优质职业教育资源,从"理念先行"到"示范共享",从"自主行动"到"高位推动",从"分散援助"到"全方位援助",从"挂职支教"到"整体输出",形成了"一平台、四机制"的格局和"一地一策、一项目一招法"的精准帮扶模式,全方位服务于中西部地区职业教育发展,与中西部地区职业教育师生"共筑职教梦"。

2015 年,教育部与天津市政府签署《关于共建国家现代职业教育改革创新示范区协议》,提出在天津重点建设 8 个国字号重大项目。经过一年的筹备与建设,作为 8 个项目其中之一的"国家中西部地区职业教育师资培训中心"建成并正式启用。中心有培训楼 14000 平方米,建有 12 间数字化课程资源制作室、10 间多媒体教学工作室、3 间大型机房、10 个专家工作室及工程实践创新项目基地等培训设施,可同时为 400 名学员提供培训服务。中心具有课程设计、资源开发、转化制作、师资培训等服务职能,可开展"菜单式""定制式"和"标准模块式"灵活多样的培训。目前已完成中西部职业院校师资培训 20000 余人次。2017 年,市财政专项支持 480 万元建设国家职业教育中西部师资培训管理服务平台。

2015 年、2016 年,本市分两批先后选派 12 名高职教师、41 名中职教师赴宁夏职业院校挂职支教。接收安排宁夏 39 名教师在本市职业院校学习培训,以"影子干部"和"影子教师"的方式全程参与挂职院校的教学、管理、科研等工作,实现了对宁夏 37 所职业院校教师培训的全覆盖。此外,本市利用天津市职业教育优质教学资源共享服务平台和国家中西部地区职业教育师资培训管理服务平台,将优质课程、精品课件、网络教学等教学资源以远程方式提供给中西部地区职业技术学校,共享信息化教育教学成果。

(摘编自《天津日报》,2017 年 5 月 4 日)

倾心 聚力 精准 重效:努力做好滇西学生来津就读工作

"同学,叫什么名字? 多大了? 你来自什么地方? 在这里生活学习还习惯吗?""住的地方冷不冷? 晚上休息得好不好? 食堂的饭菜还吃得惯吗?""我叫张洪泽,来自云南曲江,住的地方很好,这里的老师同学们对我们挺好,在这里学习生活感觉很温暖。"

在天津一轻学校的体育馆里, 天津市教委副主任吕景泉关切地问正在体育馆排练节目的从云南滇西贫苦地区来津就读的孩子们的有关情况。12 月 25 日一大早,吕景泉副主任来到学校后,没有到学校已经安排好的会议室,在市教委中职处处长狄建明、副处长张峰、耿昊伟老师,以及天津一轻学校校长王建军、书记刘红卫等的陪同下径直去了学校的宿舍楼,亲自考察体验云南滇西贫困生的学习和住宿环境,他一边看一边不停地交代学校的领导,学校一定要尽最大的努力,以最大的能力、最真的感情做好滇西贫困生来津就读的工作。

图 8 市教委领导与滇西班学生共进午餐

在了解到李涛举同学是这个班里年龄最大的孩子, 而且来津之前已经参加过工作,吕景泉副主任来到李涛举面前,拉住小伙子的手语重心长地说,"做好带头作用,带着这帮弟弟妹妹们利用这个机会多学一些东西,如果对学校的哪个实训室或专业感兴趣,特别想学的话,就跟学校老师主动提出来,争取学到一技之长。"

吕景泉副主任鼓励滇西班的同学们,利用好在天津学习的宝贵时间,利用好所在学校优质的软硬件条件,学到新知识,掌握新技能,认识新老师,结交新

图 9　市教委领导为滇西学生捐赠助学金

同学,开启一段难忘的新的学习经历。他还用自己第一次到外地甚至出国求学的经历和体会跟同学们交心,勉励同学们要勇敢地面对眼前的问题和困难,勇于克服,学会适应新的环境。还要学会坚持,做学问做工作做事业都不能半途而废不能打退堂鼓,要学有所成,能够回报社会,能够带着自己的家庭脱贫致富,做一个对社会有用的人。最后,他还要求同学们,要遵守校纪校规,听老师的话,守规矩,听指挥,讲文明,讲礼貌,与各地区各民族的同学友好相处,多交流多沟通,建立深厚的同窗友谊。

随后,在一轻学校会议室,召开了职业教育东西行动协作计划云南滇西建档立卡学生来津就读工作座谈会,10所承接滇西扶贫助教任务的中职学校负责人参加了本次座谈会。会上,吕景泉副主任再次强调职教扶贫这项工作的重要性,要求各校满怀政治热情、民族感情,高度重视这项工作,做好这项工作,守住学生安全这条底线,要以学生的身心健康作为保障,既要平等友爱,又要谆谆教诲,用耐心、细心和真心,做好启迪和引导工作。同时,对每个孩子的背景情况要调研、熟悉、摸透,根据不同的情况因材施教,提升孩子们的自信,开阔孩子们的眼界。总之,要"倾心聚力、精准重效",力求使得每一个来津就读的滇西的孩子,因为在天津的这段经历有所收获有所成长,甚至成为个人人生出彩的一个起点和转折点。

狄建明处长主持了座谈会,相关学校负责人就如何做好这项工作积极建言献策,进行了热烈的交流和讨论。各学校参会代表纷纷表示,以高度的责任感,十二分的工作热情,用真心真情,胸怀大爱,做好滇西建档立卡学生来津就读工作,为职教帮扶工作,职业教育东西行动协作计划作出贡献。

（摘编自天津职业教育与成人教育网,2017年12月28日）

协同与协作

第四章 |
东西部职业教育协作的实践进程

【列入】
职教帮扶列入示范区重点任务

2010年教育部与天津市人民政府签署《关于共建国家职业教育改革创新示范区协议》，并制订《国家职业教育改革创新示范区建设实施方案》。方案中明确提出要"大力推进国家职业教育改革创新示范区与中西部，尤其是西部少数民族地区的合作"；提出了"支持西部地区职业教育计划。鼓励天津职业学校与西部地区合作办学、对口支援；发挥天津职业教育示范、引领作用，建设国家职业教育中西部地区师资培训中心"。

2015年教育部与天津市人民政府签署《关于共建国家现代职业教育改革创新示范区协议》，明确新一轮示范区建设将加大对中西部地区职业教育的支持和辐射力度。其中，加大对中西部地区职业教育的支持和辐射力度，继续建设国家中西部地区职业教育师资培训中心，被列为新一轮示范区重大项目。

在教育部、天津市人民政府主导下，天津7个职教集团、21所职业院校与23家企业合作开展扶教项目72个。在承德、雄县、青龙、威县设立了4所分校，1所培训中心；与新疆和田共建了1所高职学院；对口指导36所职业院校建设42个专业；派出援教管理干部、教师320人次；援建27个专业实训室，支援教学设备百台套；建立"雪莲花"等贫困助学基金，累计资助资金7.8亿元。同时，还发挥了搭建天津双创公司等企业支持受援地区产业经济建设的桥梁作用。

【建立】
建立"多元聚力、五径施策"精准扶教模式

在"方略—策略—实施—保障—目标"五维一体顶层设计下,立足"创新、协调、绿色、开放、共享"五大发展理念,以立德树人为目标,以"学校运行稳定、专业运行稳定 + 保证 100% 初始就业"为职教脱贫标准,以"1+N"中西部培训服务平台为载体,以"教育部与天津市人民政府、国家示范区、职教集团、合作企业、对接院校与受援地区"多元聚力机制为保障,从"区域系统援建、品牌整体输出、人才定向培养、专业校企共建、师资综合培训"五个路径实施帮扶策略,并以五径下"复制、创建、提质"三级菜单式扶教项目为基础,针对受援地区职业教育需求、建设和发展,提供与实施个性化建设方案。

2014 年以来,天津职业院校以基金会向学生发放助学资金、过冬衣物等,保障无人因困退学;通过开展爱党爱国教育、志愿者活动等,有 78 名学生申请入党;通过合作办学培养中西部学生 1 万余名,9 名学生在各类专业技能大赛获奖。四届 317 名毕业生中,56 名继续升学、261 名回乡就业,支持了当地人才紧缺状况改善,实现了家庭脱贫增收。

天津近百名校级领导带队深入中西部地区开展项目调研与跟踪、教师慰问、特困学生家访等,带去示范区改革经验,带回对国家扶贫战略的使命;数百名援教教师及开展社会实践的学生们在体验贫苦生活的同时, 深切感受到知识改变命运的力量,纷纷立下为祖国、为人民奉献的信念和志向,思想境界、团队协作能力等明显提升。天津职业院校、扶教教师和培养的民族学生获得教育部、天津市人民政府等荣誉达百余项。

建立政府统筹"多元聚力"扶贫机制

目前,天津职教扶贫已集合了天津交通职教集团、佰利职教集团等7个职教集团,一汽大众、丰田等23家企业,天津交通职业学院、天津机电职业技术学院等21所职业院校与新疆、西藏、青海、甘肃、云南等19个地区开展东西协作。

天津交通职教集团、天津交通职业学院发挥行业办学优势,接受教育部、交通部、天津市人民政府等下达的援教任务,携手集团内企业及一汽大众、双创公司等合作企业,先后对口支援了西藏昌都市职业技术学校、云南怒江职业教育中心、河北省青龙职业教育中心等学校。

中共中央政治局委员、国务院副总理、时任天津市委书记孙春兰同志赴新疆维吾尔自治区考察,对天津职业院校援疆工作予以了充分肯定。天津市教委副主任吕景泉教授应邀出席2017减贫与发展高层论坛并做主旨发言,介绍了天津市以服务脱贫攻坚为己任,贡献优质职教资源,对口帮扶西藏、新疆、云南、宁夏、河北等地职业教育,精准设计帮扶方案,全力实施扶贫项目,在实践中形成了特色模式。发言引发强烈反响,得到教育部领导高度认可。

天津交通职业学院、天津机电职业技术学院等扶贫经验与成果被人民日报、中国教育报、天津日报等主流媒体宣传报道达103次,接待来访学习院校百所以上;天津职业院校联合在全国职教周期间做"职业教育与精准扶贫"专题展览;天津交通职业学院、天津职业大学等校长携带天津经验分享团走入中西部20个省区,从实操层面对精准扶贫等典型案例进行宣讲,受众近万人。

建立"五径三级"扶贫项目菜单

2010年以来,天津市21所职业院校承接72个帮扶关键任务,结合职业院校学生成长、教师发展、专业竞争力提升要求,归纳与设计的"区域系统援建、品牌整体输出、专业校企共建、师资综合培训、人才定制培养”五个路径，“复制、创建、提质”分级设计了扶贫项目菜单。

表 1 “五径三层”菜单式扶贫项目

	五径	区域系统扶建	品牌整体输出	专业校企共建	师资综合培训	人才定制培养
三级	复制	校标扶建	共建“分校”	开发新专业	新教师上岗培训	受援学生培养
	创建	职教集团扶建	帮建“新校”	共建专业资源	骨干教师适岗培养	定向培养培训就业
	提质	示范区扶建	助建“优质校”	助建示范专业	专业带头人领岗培养	技能竞赛专训

建立“一校一策”个性化服务方案

依据区域教育帮扶框架协议，由教育主管部门、对接院校以及合作企业的代表与受援地区教育行政部门、院校组成项目调研团队，基于区域教育规划、

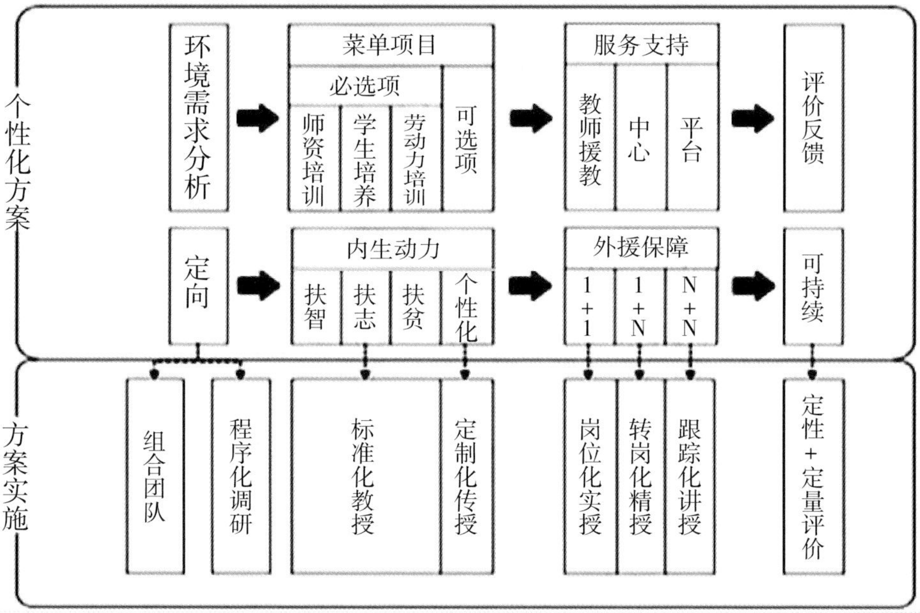

图 10 个性化方案制定流程

院校专业规划及区域经济发展需求,进行受援院校专业建设需求评价,援建院校团队遴选任务模块形成"个性化"草案;受援院校团队对援建院校基本办学情况、专项资源质量、实施保障条件等实地考察;确定"一地一策、一项目一招法"实施方案,并以"任务清单、绩效评价、责任协议"方式实施。

建立"八个模块"师资培训项目

积累多年天津职业院校对口培训师资的做法,建设了"面向校长、专业带头人、骨干教师、管理人员"培训项目,包括国家示范区、专业带头人领军能力、双师型教师专业技能、优秀青年教师跟岗访学、卓越校长培训、中高职衔接专业教师等协同研修、紧缺专业教师技艺技能传承创新和其他八大模块109门课程,通过跟踪回访,受访教师的满意度达98%以上。

【建设】
建设"1+N"国家中西部师资培训中心

基于教育部与天津市政府签署的《关于共建国家现代职业教育改革创新示范区协议》，成立"国家中西部地区职业教育师资培训中心"。2016 年 5 月，教育部副部长朱之文与天津市副市长曹小红共同为"国家中西部职业教育师资培训中心"揭牌(中心设立在天津机电职业技术学院)。中心搭建了"1+N"集散式师资培养培训服务结构，即总部实施基础培训，各院校为培训分中心按制造、商贸、服务等类别承办专业培训。并按照标准化教授、定制化传授、岗位化实授、转岗化精授、跟踪化讲授等"五授"模式，以"聚、送、派、请、放"等形式，面向校长、教师、管理人员开展"八个模块"课程培训。

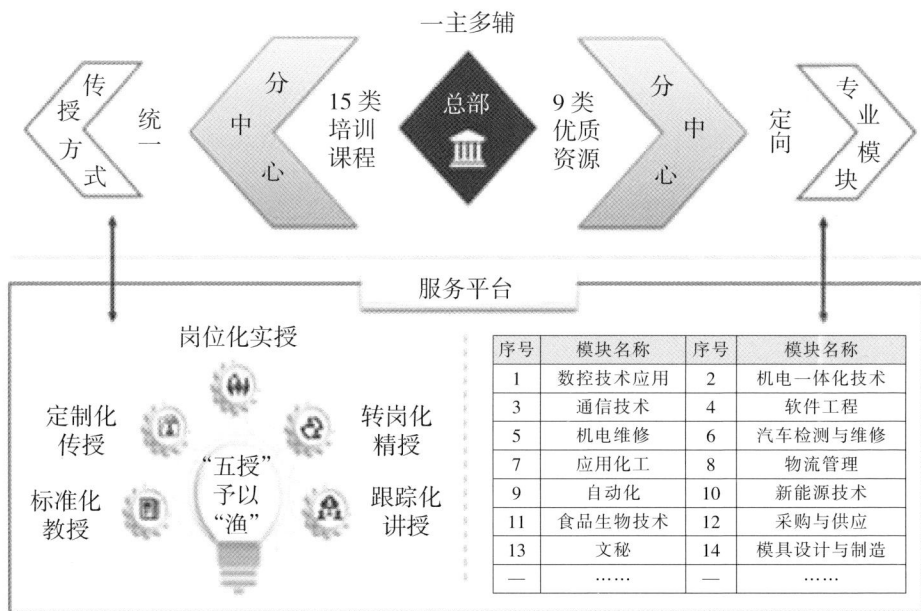

一主多辅

序号	模块名称	序号	模块名称
1	数控技术应用	2	机电一体化技术
3	通信技术	4	软件工程
5	机电维修	6	汽车检测与维修
7	应用化工	8	物流管理
9	自动化	10	新能源技术
11	食品生物技术	12	采购与供应
13	文秘	14	模具设计与制造
—	……	—	……

图 11　中西部师资培训模式

协同与协作

依托"1+N"师资培养培训平台，天津职业院校以"聚、送、派、请、放"等形式，为西藏昌都、新疆和田、宁夏、内蒙古鄂尔多斯等院校培训校长、管理干部、教师9787人次，完成宁夏37所职业院校"双向挂职全覆盖"，带动了中西部职业院校建设。其中，西藏昌都中等职业学校成为"国家中等职业教育改革发展示范学校"，7个专业成为示范/重点专业，23名培训教师在各类赛项获奖，撰写教材27本，教研课题5项。

建设"服务+管理"线上支持平台

搭建国家示范区（天津）优质教学资源共享服务平台。由天津市教委主办、天津交通职业学院承建的国家示范区（天津）优质教学资源共享服务平台汇聚了全国技能大赛博物馆、职业教育活动周等五类天津职业教育改革创新转化的优质成果；汇聚天津职业院校创建的49种60余万条优质教学资源；提供以网络平台和手机移动端两种方式支持受援师生开设班级群组与课程群组；通过平台"课程应用情况、资源使用情况、教师能力值、学生经验值"等在线课程教学管理数据，支持与指导中西部职业院校师生利用信息化资源开展"教、学"活动，实现跨地域优质教育资源共享。

搭建国家中西部师资培训平台。国家职业教育中西部师资培训平台利用网络技术，数据库技术与云计算技术，链接国家示范区（天津）优质教学资源共享服务平台，汇集全国职教名师和企业专家，从时间上贯穿培训全过程，空间上联结各分中心和中西部地区各教育部门，是集管理、服务、展示、学习为一体的跨区域、多层次、全天候的综合信息平台，支持一次培训终身受教，全面记录中心的培训过程与培训效果，发挥中西部师资培训中心的示范作用和辐射效应。

【开展】
开展示范区建设成果分享活动

　　天津市作为全国唯一的国家职业教育改革创新示范区,在天津市委市政府的领导下,在教育部的指导下,经过多年建设,取得了显著成绩。在圆满完成国家职业教育改革创新示范区评估验收的基础上,总结了一批典型经验,提炼形成了 18 个示范区建设典型案例。为贯彻落实全国职业教育会议精神,充分发挥示范区的示范引领作用,按照教育部有关要求,先后在宁夏、河北、辽宁和内蒙古等省、市、自治区开展示范区建设成果分享汇报系列活动。2015 年 5 月,在宁夏首次报告中,宁夏回族自治区各级教育行政部门、各中高职院校 260 多人现场分享了宣讲团的建设成果。2016 年 5 月,在内蒙古鄂尔多斯分享期间,我委与鄂尔多斯市签订了《深入推动职业教育改革发展战略合作协议》。

图 12　云南省教育厅副厅长郑毅一行考察天津"脱贫攻坚 职教帮扶"工作成果

【帮扶】
帮扶西藏

2010 年以来，为西藏加快培养一大批技能型人才和高素质劳动者，天津市机电工业学校、天津市仪表无线电工业学校、天津市幼儿师范学校、天津铁道职业技术学院附属天津铁路工程学校、天津市物资贸易学校、天津市交通学校等 6 所中职学校先后承担起西藏中职班的办学任务。八年来，培养来自西藏拉萨、昌都、阿里、日喀则、山南、林芝等地学生近千名。

天津交通职业学院与西藏昌都市职业技术学校签订协议，双方在人才培养、师资队伍建设、培训教学、科研合作和改革发展等领域开展交流与合作。一是协助西藏昌都市职业技术学校完善"十三五"职业教育发展规划，加快昌都市职业技术学校科学发展。二是结合昌都社会经济发展，指导昌都市职业技术学校修订汽车检测与维修技术专业人才培养方案，完善课程设置，协助制订专业教学计划和教学大纲。三是根据昌都学校现有的实训条件和设备，对汽车检测与维修实训室建设方案进行了初步规划，并制订了详细的执行计划。四是安排教师入藏支教，选派汽车检测与维修技术专业骨干教师到西藏昌都市职业技术学校承担教学任务。目前，已有史懂深等 4 位教师承担了 6 门专业课程，每周 14 课时的授课任务。同时为昌都市职业技术学校培养汽车检车与维修技术专业教师 2 名，并安排 2 名管理人员在学院学工部和后勤部进行挂职锻炼。五是将优质课程、精品课件、网络教学等教学资源以远程方式提供给昌都市职业技术学校，与西藏昌都市职业技术学校共享信息化教育教学。

帮扶新疆

按照教育部、国家发展和改革委员会、财政部的有关文件,自 2011 年天津市民族中等职业技术学校开始接收新疆籍学生,学制三年,截至目前共招收 480 名。详见"天津市民族中等职业技术学校帮扶新疆案例"。

对口帮扶新疆和田职业教育。天津市教委与市政府合作交流办、天津对口支援新疆工作前方指挥部、和田地区教育局密切配合,多次派出职业教育专家,深入和田地区受援县的职业院校,帮助和田地区制定职业教育"十三五"规划,深入指导和田职业学院筹建工作,对学院设置的可行性、学院章程、学院发展规划、专业建设规划及服装设计与制作、烹饪工艺与营养、汽车运用与维修技术、现代园艺技术、设施农业技术等 5 个起始专业人才培养方案进行现场指导。2016 年 4 月,在市教委统筹下,天津交通职业学院、天津轻工职业技术学院、天津商务职业学院、天津青年职业学院分别提交了汽车检测与维修技术、服装设计与加工、电子商务、烹饪工艺与营养等 4 个专业人才培养方案和校内实训基地建设建议方案,并确定了 8 位院校专家全程指导筹建工作。

2016 年 7 月,组织协调了天津市相关职业院校为和田地区遴选的 12 名教师开展为期一年的专业培训,并于 8 月 3 日在国家中西部职业教育师资培训中心(天津机电职业技术学院)召开了"天津和田交流季系列活动之和田职业技术学院师资赴津培训班开班仪式"。2017 年 6 月 15 日,在国家中西部地区职业教育师资培训中心,召开了和田地区师资培训班总结交流会,12 位和田职业技术学院专业教师分 4 组汇报和展示了在津一年来的学习和培训成果。总结会的成功举办得到了参加会议的教育部职成司教学处张磊副处长(河北省威县挂职副县长)和天津市合作交流办对口援建一处王建处长的高度赞誉。和田 12 位专业教师培训任务的圆满完成,架起了天津与和田两地人民友谊的桥梁,实现了对口帮扶、援建和田职业技术学院的良好开端。

协同与协作

帮扶宁夏

2013 年,天津与宁夏签订《天津宁夏职业教育合作办学协议书》,加强职业院校合作办学,并在协议书基础上,提出了双方合作"三完善、三深化"的原则,进一步完善两地职业院校互派校长、教师挂职支教的双向交流机制,借助天津市优质职教资源,为宁夏职业院校在津开展"双师型"教师业务培训。2015 和 2016 年,天津市分两批先后选派 12 名高职教师、41 名中职教师赴宁夏职业院校挂职支教,接收安排宁夏 39 名教师在我市职业院校学习培训,实现了对宁夏 37 所职业院校教师培训的全覆盖。天津与宁夏职业院校互派教师交流合作的做法受到两地党政主要领导同志的高度肯定。

帮扶青海黄南

2015 年,为更好发挥职业教育精准扶贫作用,在天津市教委、天津市援青指挥部、青海省黄南州教育局指导下,东丽区教育局的指导下,天津市东丽职业教育中心学校开办青海省黄南州藏族会计班,三年来,共招收藏族、蒙古族学生 66 名。同时,还承担了两批次汽车维修、计算机专业共 98 名学生两个月的培训。学校以团结和谐、安全健康、技能提升为着力点,对接青海省黄南州职业学校,用精心、精准和精细的态度和行动,实现了"津青职教融合、共育专业人才、感恩回报家乡"的目标。

帮扶滇西

2017 年 11 月—12 月,为落实教育部《职业教育东西协作行动计划滇西实施方案(2017—2020 年)》要求,天津市 10 所中职学校承接滇西学生 306 人,学生分别来自红河州 13 个县的 11 所中职学校、怒江州的 4 个县 2 所中职学校,民族包括哈尼族、瑶族、彝族、苗族、壮族、傣族、布依族、拉祜族、白族、傈僳族、独龙族和汉族 12 个民族。入校后,顺利完成建档立卡、招生入学和第一学期教学工作安排。

协同与协作

下篇 协同与协作

第五章 |
京津冀协同简报与东西部协作记述

简报

京津冀职业教育协同发展简报(节选)
(2016 年 1 月—2018 年 3 月)

《京津冀职业教育协同发展简报》
2016 年第 01 期(总第 001 期)

新闻动态

唐山市与北京市教委积极开展
京津冀协同发展教育合作对接

2015 年 7 月 29 日,唐山市委、曹妃甸区区委等有关领导带领唐山市教育局、曹妃甸区有关负责同志赴北京市教育委员会开展教育协同发展对接活动,双方就加强京津冀协同发展教育合作进行了座谈交流,并达成四点共识:一是建立两地教育合作固定联络和对接机制, 建立常态化联络沟通机制,统筹协调京津冀协同发展教育合作有关事宜。二是扎实推进现有合作项目。利用北京优质教育资源,面向唐山需求,开展有针对性的骨干教师、名师培训;积极推进北京

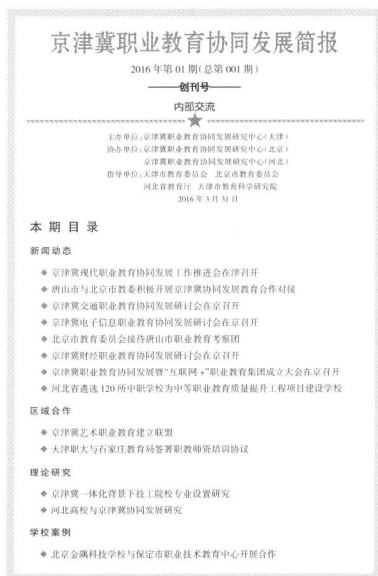

京津冀职业教育协同发展简报

2016 年第 01 期(总第 001 期)

——创刊号——

内部交流

★

主办单位:京津冀职业教育协同发展研究中心(天津)
协办单位:京津冀职业教育协同发展研究中心(北京)
指导单位:京津冀职业教育协同发展研究中心(河北)
指导单位:天津市教育委员会 北京市教育委员会
河北省教育厅 天津市教育科学研究院
2016 年 3 月 31 日

本 期 目 录

新闻动态
◆ 京津冀现代职业教育协同发展工作推进会在天津召开
◆ 唐山市与北京市教委积极开展京津冀协同发展教育合作对接
◆ 京津冀交通职业教育协同发展研讨会在京召开
◆ 京津冀电子信息职业教育协同发展研讨会在京召开
◆ 北京市教育委员会接待唐山市职业教育考察团
◆ 京津冀职业教育协同发展暨"互联网+"职业教育集团成立大会在京召开
◆ 河北省遴选 120 所中职学校为中等职业教育质量提升工程项目建设学校

区域合作
◆ 京津冀艺术职业教育建立联盟
◆ 天津职大与石家庄教育局签署职教师资培训协议

理论研究
◆ 京津冀一体化背景下技工院校专业设置研究
◆ 河北高校与京津冀协同发展研究

学校案例
◆ 北京金隅科技学校与保定市职业技术教育中心开展合作

与唐山优质数字教育资源共享与合作。三是着手研究谋划各级各类学校对接思路。将基础教育作为长期合作领域,谋划在曹妃甸举办一所幼儿园、小学、中学的一体化学校,鼓励唐山市及曹妃甸区学校加入北京名校集群。加强中等职业教育合作,实施京唐两地联合培养,为曹妃甸区培养应用技术型人才。高等教育重点推动北京市属高校落户曹妃甸。四是适时开展考察活动。北京市教育委员会将组织考察团赴曹妃甸实地考察。

(侯兴蜀)

区域合作

天津职大与石家庄教育局签署职教师资培训协议

随着京津冀一体化国家战略的逐步推进,京津冀间合作日益紧密。天津职业大学在京津冀职教合作方面坚持"走出去"战略,2016年4月与石家庄市教育局就中职中专校长、骨干教师培养签署了合作协议。根据协议有关规定,天津职业大学是石家庄市职业教育师资培养培训基地,是职教师资提升和骨干专业建设的平台。自2016年3月起至2017年3月,天津职业大学对石家庄市教育局所属的中职中专校长、骨干教师近200人进行职教培训,涉及津冀职教合作、职教理念、课程改革、校企合作、创新创业教育等内容。此外,天津职业大学与唐山市教育局开展职教师资合作培养,截至目前已经承办两期培训班,共培训中等职业学校校长和骨干教师等150余人。

(耿洁)

《京津冀职业教育协同发展简报》
2016年第02期(总第002期)

新闻动态

天津现代职业技术学院举行京津冀
食品产业协同发展
高峰论坛·产教融合对接会

5月9日,京津冀食品产业协同发展高峰论坛·产教融合对接会在天津现代职业

京津冀职业教育协同发展
简报

2016年第02期(总第002期)
——2016年职业教育活动周专刊——
内部交流
★

主办单位:京津冀职业教育协同发展研究中心(天津)
协办单位:京津冀职业教育协同发展研究中心(北京)
　　　　　京津冀职业教育协同发展研究中心(河北)
指导单位:天津市教育委员会　北京市教育委员会
　　　　　河北省教育厅　天津市教育科学研究院
2016年5月17日

本 期 目 录

新闻动态

◆ 天津现代职业技术学院举行京津冀食品产业协同发展高峰论坛·产教融合对接会产教融合对接会观察:谁来为百姓把好入"口"关

◆ 第二届京津冀协同发展 现代职业教育·养老服务产教对接国际论坛在津举办教育部启动全国教育信息化管理干部专题培训工作

◆ 天津商务职业学院携京津冀职业教育院校

◆ 我院协办第二届京津冀模具行业协同创新发展论坛

◆ 我院参加机械行业智能制造技术职业教育协同发展高峰论坛

热点追踪

◆ 京津冀职业教育如何协同发展

技术学院报告厅召开。大会由天津市食品工业协会、全国食品工业职业教育教学指导委员会、天津市教育委员会、北京市食品学会、北京市食品工业协会、河北省食品工业协会主办,天津现代职业技术学院承办。天津市食品工业协会理事长赵国瑞,全国食品工业职业教育教学指导委员会主任朱念琳,北京食品学会常务副理事长徐开生,河北省食品工业协会副会长兼秘书长吴龙妹,全国食品工业职业教育教学指导委员会副主任逯家富,天津渤海轻工投资集团有限公司副总经理郭学波,天津科技大学食品工程与生物技术学院副院长、中国食品添加剂和配料协会副理事长张泽生,天津市山海关饮料有限公司党委书记庞建国,天津现代职业技术学院党委书记佘清武、院长李国桢以及来自加拿大的教授 Stefan Bracher、Edward William Awad、Micheal Sendbuehler 出席会议。天津市食品工业协会副理事长兼秘书长张媛主持,京津冀地区 62 家企业、全国42 所院校参加会议。

会上,在全国食品工业职业教育教学指导委员会推荐下,逯家富、庞建国、张泽生分别以"中国啤酒工业现状展望及人才培养需求对接""传承山海关品牌文化,搭建校企合作的平台,开创全新发展路径""新食品安全法解读与科学认知食品添加剂"为题做精彩报告。

同日下午,"生物工程学院食品专业产教对接分会"在天津现代职业技术学院如期举行。赵国瑞、徐开生、吴龙妹、张媛,天津现代职业技术学院副校长王鹏、生物工程学院院长王芃出席会议。京津冀地区 62 家企业、4 所院校参加会议。会上,王鹏主持大会并致辞,王芃做题为"天津现代职业技术学院食品专业产教对接"的报告。赵国瑞、徐开生就"食品专业产教对接"问题发言,以专业的角度做详细分析。部分企业代表畅谈食品专业校企合作人才培养前景。

本次会议在京津冀协同发展上升为国家战略,京津地区食品产业面临结构调整和产业转移,京津冀在食品领域的跨地区合作成为解决问题的必然选择这样一个大背景下,汇集京津冀三地食品界的精英,为各级主管部门、科研机构、各级院校及国际组织提供交流沟通的平台,增进学校与企业之间、学校与学校之间、学校与食品工业协会之间、学校与政府之间、科研院所与企业之间的了解与合作,共同探讨京津冀及周边地区食品产业协同发展的方向和趋势,推进产教融合共促职业教育发展,全面推进京津冀食品产业协同发展,促进文明建设,实现共同发展、协调发展、持续发展,为京津冀目标同向、措施一体、优势互补、互利共赢的协同发展新格局贡献自己的一份力量。

(耿洁)

《京津冀职业教育协同发展简报》
2016 年第 03 期(总第 003 期)

新闻动态

京冀职业教育协同发展战略合作协商会在河北省怀来县举行

2016 年 4 月 28 日,京冀职业教育协同发展战略合作协商会在河北省张家口市怀来县举行, 京冀两地教育行政部门有关负责人分别介绍了北京市和河北省职业教育现状与发展形势, 并就两地职业教育协同发展战略、合作项目和合作形式进行了讨论。北京市教委委员黄侃、职成处处长王东江、北京教科院职成教

京津冀职业教育协同发展
简报

2016 年第 03 期(总第 003 期)
内部交流

★

主办单位:京津冀职业教育协同发展研究中心(天津)
协办单位:京津冀职业教育协同发展研究中心(北京)
京津冀职业教育协同发展研究中心(河北)
指导单位:天津市教育委员会　北京市教育委员会
河北省教育厅　天津市教育科学研究院
2016 年 6 月 30 日

本 期 目 录

国家战略
◆ 国务院关于京津冀系统推进全面创新改革试验方案的批复

新闻动态
◆ 北京外事服务职业教育集团成立,协同为 2022 年冬奥会储备人才
◆ 天津职大与石家庄教育局签署职教师资培训协议
◆ 016 北京商贸职业教育集团产教融合活动聚焦创业教育
◆ 京冀职业教育协同发展战略合作协商会在河北省怀来县举行
◆ 津冀职教协同发展 —— 天津职大与石家庄教育局开展师资培训合作
◆ 廊坊市召开京津冀协同发展职业教育校(院)长座谈会
◆ 京冀教育合作项目签约仪式在京举行
◆ 北京城市建设与管理职业教育集团成立大会暨京津冀协同发展背景下深化校企合作论坛在京举行

图 13　京冀职业教育协同发展战略合作协商会在河北省怀来县举行

研究所副研究员侯兴蜀、河北省教育厅副厅长贾海明、职成处副调研员安顺英、河北省职业技术教育研究所副所长孙志河,张家口市教育局局长冯文利、副局长陈红梅,怀来县副县长朱群德等出席了本次协商会。会前,贾海明副厅长和王东江处长还一同考察了张家口市职业教育中心和张家口机械工业学校。

（侯兴蜀）

津冀职教协同发展
——天津职大与石家庄教育局开展师资培训合作

2015年4月,石家庄市教育局与天津市教育委员会签署了《职业教育合作框架意向协议》,标志着津石两地的职业教育开启了协同发展的序幕。天津职业大学主动了解石家庄市职业教育发展需要,于2016年3月17日与石家庄市教育局签署《开展中职学校师资培训合作协议》,并于4月22日—28日顺利完成首批106名管理人员培训工作。

图14 天津职业大学承办石家庄市中职教育管理人员培训班

2015年4月,石家庄市教育局与天津市教育委员会签署了《职业教育合作框架意向协议》,标志着津石两地的职业教育开启了协同发展的序幕。天津职业大学主动了解石家庄市职业教育发展需要,于2016年3月17日与石家

图15 天津市教委副主任吕景泉作题为《中国特色、世界水平的现代职业教育探索与思考——京津冀协同发展,创新发展现代职业教育》的开班报告

庄市教育局签署《开展中职学校师资培训合作协议》，并于 4 月 22 日—28 日顺利完成首批 106 名管理人员培训工作。

图 16　天津职业大学前任校长现任全国高职高专院校校长联席会主席董刚教授作报告

　　天津市教委对石家庄市教育局首次组织的职业教育管理人员培训工作给予了高度重视，市教委副主任吕景泉在开班仪式后作了题为《中国特色、世界水平的现代职业教育探索与思考——京津冀协同发展，创新发展现代职业教育》的第一次开班报告。

　　天津职业大学精心设计培训方案，集中了包括前任校长、现任全国高职高专院校校长联席会主席董刚教授在内的优质教师资源，与石家庄市各区县教育局局长、中职学校校长们分享天津职业教育改革与发展建设的经验做法。培训内容涉及了津石协同发展职业教育的思考，中等职业教育改革发展的现状与举措，专业人才培养方案与课程建设的内涵，以及校企合作、产教融合的思考与实践，现代学徒制的思考与实践，创新创业教育等。他们把双方合作的目标定位为：适应经济新常态，打造职业教育合作高层次平台，为津石两地经济与社会发展互联互通作出积极的贡献。

　　天津职业大学校长刘斌教授说，天津职业大学是教育部授牌的全国职业教育师资培训基地，近几年来已面向全国中、高等职业院校培训师资10000 余人次，涉及广西、福建、重庆、山东、河北、内蒙古、辽宁、新疆等近 30 个地区。师资培训已经成为天津职业大学服务社会的一项常态工作。

　　培训期间，除了安排高层次讲座、报告，天津职业大学还带领学员参观考察了海河教育园区职业技能公共实训中心、国家中职示范校天津市仪表无线电工业学校以及天津商务职业学院。全体学员对天津市在发展职业教育进程中表现出来的大手笔、大气魄表达了由衷的赞叹!

培训班结业仪式上,石家庄市第一职业中专学校校长姚雨红说,培训班安排的培训内容丰富,层次高端,针对性强。通过培训,无论是职业教育理论武装还是改革创新顶层设计都有了很大提高。他表示,参加培训达到了"学习""思考"的目的,返回石家庄以后还要在"领悟""升华"方面下功夫。新乐市教育局副局长韩会永表示,希望两地今后多组织一些职业教育学习、交流活动,及时充电,扩大视野,提高职业教育的领导水平和高端设计水平。

石家庄市教育局副局长李立水在讲话中总结了学员们的学习感受:解放了思想,引发了思考,创新了理念。他强调,培训的关键是落地,要把他山之石用来攻玉,要把天津的经验引入到石家庄落地生根。他指出,石家庄作为省会城市,职业教育有亮点,有可圈可点之处,但随着各地区布局调整、资源整合速度的加快,石家庄在许多方面已经落后。目前,全国职业教育发展形势喜人,大发展、快发展的环境已经形成。党中央、国务院及地方领导从未像今天这样高度重视职业教育,文件这么多,支持力度这么大。他要求全体学员,学贵用,思贵行,回去后不求多,只求精,每个学校落实一项措施、做好一件事情就是收获。大家一定要开阔眼界,借势借力,紧密围绕国家发展战略,瞄准石家庄市"十三五"规划,做好石家庄市职业教育园区规划与实施工作,推进资源整合,加快专业建设,精准供给人才,为石家庄经济与社会发展作出积极贡献。

(耿洁摘编)

廊坊市召开京津冀协同发展职业教育校(院)长座谈会

为推动廊坊职业教育在京津冀协同发展大背景下快速发展,根据廊坊市政府冯韶慧市长的批示精神,廊坊市教育局 2016 年 5 月 10 日组织召开了"京津冀协同发展职业教育校(院)长座谈会",来自全市中、高职院校的 30 名校长、院长参加了会议。廊坊市政协教科文卫委员会张加得主任和杨晓东科长参加了座谈会,会议由市教育局职成教科科长张学军主持,市教育局副局长陈宝刚出席会议并与大家分享了重要信息和工作感想。与会人员就职业教育如何适应京津冀协同发展大势,结合各自的实际,就发展职业教育的思想认识、基础建设、资金投入、师资配备及专业设置等问题,提出了各自发展职业教育的具体思路、设想和举措,交流了各校前一段的具体做法和收获,同时,对全市职

业教育发展提出了许多很好的意见和建议。 　　　　　　　　　（刘冬摘编）

2016 年上半年超过 10 对京冀职业学校签署了合作协议（意向书）

据不完全统计,2016 年上半年超过 10 对京冀职业学校签署了合作意向书或合作办学(框架)协议。比如,北京市昌平职业学校与河北省巨鹿县职业教育中心、北京市延庆区第一职业学校与河北省涿鹿县职教中心、北京市求实学校与河北省迁安职教中心、北京市密云区职业学校和河北省涞源县职教中心、北京市经济管理学校与河北省涞源县职教中心、北京市怀柔区职业学校与河北省丰宁满族自治县职教中心、北京市电气工程学校和唐山市第一职业中等专业学校、北京新城职业学校与河北省三河市职教中心、北京市劲松职业高中和唐山市第一职业中等专业学校、北京市房山第二职业高中与河北省保定市职教中心、北京市大兴区第一职业学校与河北省邯郸理工学校分别结对签署了合作意向书或合作办学(框架)协议。

合作两方地理空间相近,大体沿着京张(海淀、昌平、延庆、密云——张家口)、京承(怀柔——承德)、京唐秦(朝阳——唐山)、京津塘(通州——廊坊)、京保石(大兴、房山——保定、石家庄、邯郸)方向展开。合作涉及专业有烹饪、楼宇智能、客户信息服务、汽车运用与维修、旅游服务与管理等。合作内容包括技能人才培养、教师队伍建设、学生互访、科教研合作等。 　　　　　　（侯兴蜀）

重点关注

天津渤海职业技术学院建立的我国海外
第一家"鲁班工坊"正式授课

"这个照片是一个比赛的小案例,你要做一个自动化的小车,沿着设计的轨道行驶……"在泰国大城技术学校"鲁班工坊"里,来自天津渤海职业技术学院的教师正在向 23 名泰国学生讲解能源生产线的设计原理。日前,由天津渤海职业技术学院建立的我国海外第一家"鲁班工坊"正式授课。

在教学过程中老师们更加重视对学生的实践动手操作,232 平方米的实训基地里,设有仿生机器人体验区、电脑鼠走迷宫竞赛区、自动化生产线教学区,学生可以边听讲边动手操作。19 岁的泰国小伙柴维龙说:"今天我们学习了能力原配件的安装以及软件的程序编写,激发了我们的创造思维,同时也大大提高了实际操作的动手能力,上课的形式也很新颖,非常易于我们接受新知识,我们也会非常珍惜这次的学习机会。"

据介绍,从 5 月 26 日起,天津渤海职业技术学院的 4 名教师将在泰国鲁班工坊进行为期一个月的教学。"因为'鲁班工坊',泰国学生乃至老师都能接触到最新的科技,这对大城这个制造业城市,有着不同寻常的意义。目前,大城急需具有高技术的人才,所以和天津先进的职业教育合作、资源共享,是非常有利于大城积极发展的。同时,我们也希望通过'鲁班工坊'这样的项目吸引中国先进的制造业来泰国来大城。"对于中国教师的到来,泰国大城府省长布拉雍先生表示非常欢迎。

天津渤海职业技术学院党委书记芮福宏介绍,在国家"一带一路"的战略大背景下,"鲁班工坊"的模式有利于促进中国和东南亚国家间的交流,并将为中国企业走出国门打下了良好基础,"今年 5 月 9 日,我们召开了国际产教对接会,泰方和我们签署了协议。希望通过'鲁班工坊'这样的形式,把我们的培训技术和相关企业推出去。"

(耿洁摘编)

《京津冀职业教育协同发展简报》
2016 年第 04 期(总第 004 期)

新闻动态

CNKI 第十一届全国高职院校长
高峰论坛在津召开

2016 年 9 月 23 日,CNKI 第十一届全国高职院校长高峰论坛在天津召开。天津市教育委员会副主任吕景泉出席并作主旨报告,中国高等教育学会职业技术教育分会会长、浙江金融职业学院党委书记周建松,北京师范大学职业与成人教育研究所所长赵志群,天津市教委高职高专处

京津冀职业教育协同发展
简报

2016 年第 04 期(总第 004 期)
内部交流
★

主办单位:京津冀职业教育协同发展研究中心(天津)
协办单位:京津冀职业教育协同发展研究中心(北京)
京津冀职业教育协同发展研究中心(河北)
指导单位:天津市教育委员会　北京市教育委员会
河北省教育厅　天津市教育科学研究院
2016 年 9 月 30 日

本 期 目 录

新闻动态
◆ CNKI 第十一届全国高职院校长高峰论坛在津召开
◆ 天津市第一轻工业学校邯郸分校成立
◆ 邯郸市教育局领导及部分中职校长赴天津洽谈联合办学
◆ 峰峰职教与"天津一轻"开启合作办学
◆ 唐山市第一职业中专参加北京市吕平职校专业共建
◆ 北京现代院校与唐山市第一职业中专联合为河北培养电商专业人才
◆ 北京劲松职高与唐山市第一职业中专开展专业建设研讨

区域合作
◆ 北京市朝阳区教委与唐山市教育局签署职教育战略合作协议
◆ 承德市教育局与北京市朝阳区教委签署职业教育战略合作协议

校企合作
◆ 北京市保安服务总公司安检专业培训基地落户张家口市职教中心

长杨荣敏,同方知网董事长王明亮,天津轻工职业技术学院书记曹燕利、院长戴裕崴等专家领导,以及来自全国155所高职院校及相关单位代表、媒体记者共计300余人参加会议。论坛以"创新技术技能积累,提升院校核心竞争力"为主题,并首次发布了职业院校应用技术协同创新平台。

图 17 天津市教委副主任吕景泉作主旨报告

吕景泉副主任在报告中围绕国家现代职业教育改革创新示范区建设,以国际化的视野、深厚的理论思考和扎实的实践探索,阐述了天津职业教育的发展目标、战略部署和重点任务。他介绍,天津的职业教育是有历史、有基础的,发端于100多年前的洋务运动时期。20世纪50年代,刘少奇提出两种教育制度两种劳动制度,即半工半读的学校教育制度和半工半读的劳动制度,并首先在天津国棉一厂半工半读教育学校进行试点。从21世纪初开始历经国家职业教育改革试验区和示范区两个阶段,形成了政府主导、行业办学为鲜明特色的发展优势。目前正在进行的国家现代职业教育改革创新示范区建设,以职业教育科研和现代化实训装备及教学资源为支撑,以国际化和信息化为手段,到2020年,将高水平完成示范区建设任务,形成具有天津特点、中国特色、世界水平的现代职业教育体系。

他说,技术技能积累是国家在教育领域的五大战略之一,这就需要用最新的技术和最好的装备,在职业院校创设综合实训教学场景,在情景化的现场对学生进行实习实训。同时,职业院校要积极开展国际合作,把国际上好的专业、课程和教学组织形式、教学评价体系、师资建设标准、人才培养过程等方面的优质资源、成果和精华引进来,根据本地区本学校的实际进行分解、消化和吸收,最终形成自己的特色和优势。应鼓励有条件的职业院校以质量为核心竞争力,总结提炼出中国职业教育的优质资源,带着自己的技术技能和职教文化走出国门,为我国优质产能输出培养国际化技术技能人才,为"一带一路"的国家战略服务。

他强调,职业院校应从实际行动上重视产教融合、校企合作。在天津,通过现代学徒制试点、成立行业教学指导委员会、开发技能培训包、成立特色职教集团、开展"双师""双证"制度五个方面有力推进职业教育的校企化进程。

他指出,职业院校应围绕以下六项任务进行建设:一是院校品牌建设,品牌战略是一个学校从低层次走向中高层次的重要手段和标准;二是专业组群建设,一个学校的专业组群建设就相当于一个国家或地区的产业布局,应充分重视,科学合理规划;三是课程资源建设,充分利用现代信息技术,进行实用的课程资源开发;四是师资建设,人的因素永远是第一位的,师资水平代表着一个学校的核心竞争力水平;五是条件建设,一个学校必须"有理有面",天津的职业院校正在开展"四个一"工程,即在校园建设一道靓丽的风景线、一系列彰显产业文化的实景实物、一个颇具特色的校史馆、一个对外开放的实训体验中心;六是赛项平台建设,今后应该将国际上知名的赛事引进国内落地,通过"国赛"对接"世赛",最终将世界技能大赛的精华吸收并转化到职业院校的日常教学中来。

赵志群所长对新形势下高职院校的技术技能积累与创新的任务和举措进行了解读。他认为,加强职业教育的技术技能积累,首先是要服务于工业4.0背景下的产业转型升级,服务于"中国制造2025"国家战略。在这个过程中,要特别注重技术技能人才培养课程的系统性和整体性,这也是培养职业院校学生综合工作能力的必由之路。其次是开展现代学徒制,深化校企合作。通俗地讲,现代学徒制就是制度化的校企合作。具体表现在要让学生在真实的工作环境中进行实践,对其进行综合职业能力的培养,从而促进学生职业认同感的建立和发展,并获得相应的职业资格证书。建立健全学生从新手、生手、熟手、能手到高手的现代学徒制培养体系。

他以中德职业教育合作为例介绍了职业院校国际合作现状,并指出了存在的问题。他认为开展国际交流合作应讲求质量和效益,要以效果为导向。应该注重对国际交流合作过程进行实证研究和调查,对合作项目的结果和影响进行总结、统计、分析、评价和评估,这些工作往往比合作本身更具有意义。

周建松会长说,加强技术技能积累是高等职业教育发展的重要内容,特色办学是重要路径,探索职业教育品牌建设是推动高职教育又快又好发展的必然选择。

同方知网董事长王明亮表示,高职教育是我国培养技术技能型高端人才的中坚力量。本次论坛推出的应用技术协同创新平台,将会促进学校和企业在专业、课程、教材、教案、师资、实训等方面进行高效率的战略协同和创新,为学校培养高素质的技术技能人才提供了有力支撑。

戴裕崴院长做了学校开展"三级贯通校企合作模式"的案例分享,他说,通过深化校企合作,进行协同创新,能有力促进高职院校的创新发展,将高职院校打造成技术技能积累的资源聚集地。

据悉,CNKI 全国高职院校长高峰论坛连续举办了十一届,如今已经成为职业教育领域具有重要影响力的会议。本次会议由中国高等教育学会职业技术教育分会、北京师范大学职业与成人教育研究所、天津市教育委员会职业技术教育中心、《中国学术期刊(光盘版)》电子杂志社有限公司主办,天津轻工职业技术学院和同方知网(北京)技术有限公司承办。　　　　(耿洁摘编)

天津市第一轻工业学校邯郸分校成立

7月3日上午,"天津市第一轻工业学校邯郸分校"揭牌仪式在邯郸市第六职业中学隆重举行。市教工委书记、市教育局局长杨华云,天津市第一轻工业学校校长王建军、书记刘红卫、校长助理丁肃然,市教育局副调研员许克亮出席仪式,市教育局相关处室和有关学校负责同志、市六职中领导成员和全体教职工参加了揭牌仪式。　　　　(刘冬摘编)

区域合作

北京市朝阳区教委与唐山市教育局签署职业教育战略合作协议

2016 年 7 月 19 日上午,北京市朝阳区教育委员会与唐山市教育局职业教育战略合作协议签约活动在唐山市丰南区职业技术教育中心报告厅举行。北京市朝阳区教工委副书记王世元、朝阳区教委副主任付琳、北京市劲松职业高中校长郭延峰、北京市电气化工程学校校长崇静、北京市求实职业学校校长吴少君、唐山市教育局局长刘绍辉、副局长李连斌出席签约仪式。北京市朝阳区教委、唐山市教育局、路北区教育局相关领导和两地中职校领导及教师共300 余人参加了会议。北京市朝阳区教委副主任付琳、唐山市教育局副局长李连斌分别代表北京市朝阳区教委与唐山市教育局正式签署了战略合作协议。

在签约仪式上，北京市朝阳区教工委副书记、教育督导室主任王世元指出，为推动两地职业教育的资源共享和互惠互利，朝阳区教委将和唐山市教育局共同致力于现代职业教育体系的协同、创新发展，构建四大合作平台：一是教育教学资源共享平台，加强双方优质教育教学资源的共享、共建，为两地共同培养高素质技能型人才提供技术服务；二是产教融合、校企合作平台，充分整合两地政府、行业、企业、高校、科研机构优质资源，定期开展产教融合、校企合作对话服务；三是师资与学生交流平台，共同建立京津冀地区区域性师资与学生的交流机制，实现区域间优势互补；四是职业教育区域性研究平台，充分研究两地的职业教育资源，共同开展京津冀一体化实证研究。

唐山市教育局党委书记、市局局长刘绍辉指出，北京市朝阳区是职业教育发展的高地，北京市劲松职业高中、北京市电气工程学校、北京市求实职业学校分别面向城市生活、城市运营、城市办公，形成了围绕城市经济发展的完整职业教育办学体系。唐山市教育局将全面学习借鉴朝阳区职业教育先进的办学理念，全面推进唐山职业教育快速健康发展。唐山市各职业学校要在职业学校管理、教师培养、专业建设、评价体系、就业指导等方面与朝阳区职业教育开展详细、务实的对接合作，加快办学思想的转变和办学体制的创新，努力为唐山结构调整、转型升级提供坚强的人才智力支撑，为京津冀协同发展作出应有的贡献。

签字仪式后，与会人员听取了北京市朝阳区教育研究中心职成教研室主任张俊英主任题为《对京津冀职业教育协同发展战略的思考》的专家讲座。

在两地构建战略合作的背景下，北京市劲松职业高中、北京市电气工程学校、北京市求实职业学校已分别与唐山市第一职业中专、曹妃甸区职教中心、迁安职教中心达成具体合作意向并启动实施。本次职业教育战略合作协议的签署，为两地职教合作从战略性向实质性推进，迈出了坚实的一步。

（侯兴蜀摘编）

承德市教育局与北京朝阳区教委签署职业教育战略合作协议

2016 年 7 月 28 日，承德市教育局与北京市朝阳区教委正式签订了《北京市朝阳区教育委员会与承德市教育局职业教育战略合作协议》。据协议内容，两地将依托朝阳区优质职业教育资源和承德市职业教育基础共同搭建合作平台,推进京冀职业教育的联动发展。主要内容包括,建设形成领导互访交流机制、师资互学交流机制、专家调研指导机制;建设形成学生互访互学交流机制、合作培养机制、合作培训机制;在政策许可的情况下,在承德市设立朝阳区职校分校,面向全国招生,将"联盟"打造成全国最具特色的技术技能人才输出基地、世界上有影响力的职业教育综合体。其间,丰宁县职教中心与北京市劲松职业学校就联合培养家政服务、健康养老人才达成了合作意向。承德工业学校、双滦区职教中心、宽城县职教中心分别就依托朝阳区职教资源和办学渠道开展轨道交通、制冷专业建设和国际合作进行了交流研讨。　　　　（刘冬摘编）

热点追踪

职业教育助力现代生活性服务业品质提升研讨会在京召开,中国非物质文化遗产保护协会非物质文化遗产职业教育专业委员会成立,京津冀地区 12 家职业院校为其首批入会委员单位

为探讨和推进疏解非首都功能,提升城市品质,充分发挥职业教育资源优势,2016 年 9 月 26 日,由北京市丰台区政府主办,丰台区教委承办,北京市丰台区职业教育中心学校等单位协办的 "职业教育助力现代生活性服务业品质提升"主题研讨会在京召开。北京市教委委员黄侃、中国非物质文化遗产保护协会会长马文辉、教育部职成司副巡视员谢俐、北京市丰台区区委常委狄涛、印度尼西亚大使馆文化处参赞孙浩、北京市教委职成处处长王东江,以及来自京津冀鲁地区的高校和职业院校校长、企业负责人、经济学家、教育研究专家

图 18　北京市教委委员黄侃在研讨会上致辞

等出席并就职业教育服务现代生活性服务业品质提升话题进行了探讨。

研讨会上,北京市丰台区职业教育中心学校还分别与四家单位签订了百名店长培训、花乡产品研发服务、新发地人才输送服务、品牌宣传服务合作项目。

图 19 北京市丰台区职业教育中心学校与企业签署合作项目协议

中国非物质文化遗产保护协会非物质文化遗产职业教育专业委员会也在现场正式揭牌成立。首批 50 家入会委员单位包括来自全国 17 个省市的职业院校、企业、行业组织,其中京津冀地区有 12 家职业院校,即北京市丰台区职业教育中心学校、北京市房山区房山职业学校、北京市昌平职业学校、北京国际职业教育学校,天津中德应用技术大学、河北省涞源县职业技术教育中心、河北省怀来县职业技术教育中心、石家庄市第一职业中专学校、河北省沽源县职业技术教育中心、河北省阜平县职业技术教育中心、河北省曲阳县职业技术教育中心、石家庄市职业财会学校。专委会秘书处设在北京市丰台区职业教育

图 20 研讨会上举行非物质文化遗产展示活动

中心学校南校区。

专委会将有计划地在发展委员单位，建设非遗教育专业和课程以及培养非遗传承人等方面作出努力。此外，一带一路院校服务项目——"丝路起航"服装设计大赛也在研讨会现场正式启动。 　　　　　　　（侯兴蜀摘编）

《京津冀职业教育协同发展简报》
2016 年第 05 期（总第 005 期）

新闻动态

京津沪冀宁交通职业教育集团化办学联盟成立

为落实《高等职业教育创新发展行动计划（2015—2018 年）》，推进交通职业院校教育教学改革创新、产教深度融合，近日，"京津沪冀宁"交通职业教育集团化办学联盟在河北交通职业技术学院成立。同时召开了"京津沪冀宁"交通职业教育集团化办学联盟高峰论坛。论坛以"实施三年行动计划，提高人才培养质量"为主题，共议"交通类优质高职院校建设、产教协同发展、优质资源共享"的举措，分享集团化办学助推交通行业快速发展的教育教学改革成果。

会上，天津市成人教育教学研究室主任米靖代表天津市教育委员会分享了天津市职业教育 2016 年改革重点任务与实践成果。天津交通职业学院院长吴宗保、天津市交通集团津维有限公司董事长崔媛媛分别作了《建设"世界水平"高职院校的实践与探索》《从企业视角看产教融合的深化度》主题报告，同与会者交流了天津交通职业教育"国内一流、世界水平"高职院校建设规划任务和产教融合项目的实践成果。 　　　　　　　（耿洁编辑）

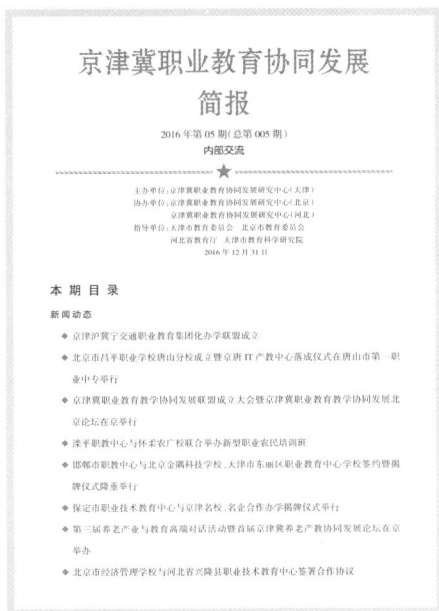

京津冀职业教育教学协同发展联盟成立大会
暨京津冀职业教育教学协同发展北京论坛在京举行

10月26日，京津冀职业教育教学协同发展联盟成立大会暨京津冀职业教育教学协同发展北京论坛在北京天泰宾馆召开。北京市教育委员会副主任黄侃、北京教育科学研究院党委书记马谊平、天津市教育委员会中等教育处处长狄建明、河北省教育厅职业教育与成人教育处副处长刘晶出席会议并共同启动京津冀职业教育教学协同发展联盟会标。会议由北京教育科学研究院副院长张军主持。来自京津冀三地的职业教育主管部门、教研机构、中职和高职院校以及相关行业、企业的代表近300人参加了会议。

本次会议旨在进一步加强京津冀职业教育各界的合作与交流，整合三地优质职业教育资源，更好地发挥职业教育教研机构服务京津冀经济社会发展的功能，促进京津冀城市群中各区域职业教育教学改革与发展，从而全面提升

图21 京津冀职业教育教学协同发展联盟成立大会

职业院校的人才培养质量和内涵建设水平。

北京市教委副主任黄侃在会议上发表讲话指出，职业教育教学是高素质技术技能人才的根本保障。职业教育要继续提高办学质量，必须坚持和保证课程内容与职业标准、教学过程与生产过程对接，这是职业教育内涵发展的核心要素，也是职业教育质量保障的立命之本。职业教育教学协同发展联盟的成立顺应国家战略发展新形势，是职业教育面临新挑战所作出的积极应对策略，为京津冀职业教育的合作提升又增添新的动力。希望在今后的工作中积极开拓思路，加强研究，做好区域职业教育教学改革发展的顶层设计；进一步发挥好平台作用，整合资源，共谋发展，探索区域间政、校、企、行产教融合的新合作模式；做强专业、做精课程，作出京津冀协同发展的特色，为现代职业教育体系构建提供先行经验。

论坛邀请了来自北京市教育委员会、天津市教育委员会、德国弗伦斯堡大学、北京社会主义学院、北京教育科学研究院、河北省职业技术教育研究所、全国电子商务职业教育教学指导委员会、北京竞业达沃凯森教育科技有限公司等单位的领导和专家围绕现代职业教育面临的挑战与应对策略和京津冀协同发展背景下职业教育人才培养创新发展进行了主题发言，最后三地职教研部门分享了在现代职业教育人才培养创新与发展实践中的经验与成果。

京津冀职业教育教学协同发展联盟由北京教育科学研究院职业教育与成人教育教学研究中心、天津市教育委员会职业技术教育中心、河北省职业技术教育研究所共同发起，是开展京津冀职业教育教学协同创新与发展的协作组织。联盟以服务京津冀社会发展与师生发展为宗旨，围绕核心业务，发挥联盟成员各自优势，搭建平台，在专业建设、课程体系、教学资源、校企合作、实训基地、师资队伍、核心素养、质量评价、职成教一体化和技能大赛等方面开展协作，推进区域职业教育协同发展。京津冀职业教育教学协同发展北京论坛为联盟成立的首次活动。

（侯兴蜀摘编）

区域合作

2016年第二期石家庄市直属中职学校管理干部培训班在
天津职业大学圆满结束

继2016年3月完成石家庄首批职业院校管理人员培训工作后，2016年

11月21日至27日，天津职业大学迎来了2016年第二批石家庄市直属中职学校管理干部。共有来自石家庄市的20所直属中等职业学校的校长、中层干部共91名学员参加了此次培训。

图22　天津职业大学承办第2期石家庄市直属中职学校管理干部培训班

天津市教委高度重视与石家庄市教育局开展的职业教育培训工作，市教委中职处狄建明处长为全体学员作了题为《天津市中等职业教育发展的现状、经验与前景》的报告，介绍天津职业教育工作经验。

图23　天津市教委中职处处长狄建明作报告

天津职业大学精心设计培训方案，集中了包括前任校长、现任全国高职高专院校校长联席会主席董刚教授在内的优质教师资源，与石家庄市直属中等职业学校校长及中层干部们分享天津职业教育改革与发展建设的经验做法。培训内容涉及了津石协同发展职业教育的思考，中等职业教育改革发展的现状与举措，专业人才培养方案与课程建设的内涵，中层干部执行力、校企合作和产教融合的思考与实践等。力图通过津石两地的交流，打造职业教育合作高层次平台，为津石两地经济与社会发展互联互通作出积极的贡献。

图 24　全国高职高专院校校长联席会主席董刚教授作报告

开班仪式上，天津职业大学樊顺厚副校长代表职业大学对来自石家庄市的职教同人表示了欢迎，对天津职业大学进行了简要介绍，对师资培训总体安排做了说明。石家庄市教育局职成处处长吴俊海对天津职业大学精心培训安排表示感谢，对参加本次培训的全体学员提出了明确的要求，希望通过此次培训能够将职教新理念、新做法带回去，进一步提升石家庄市中职办学质量。

图 25　石家庄市教育局副局长李立水讲话

培训期间，除了安排高层次讲座、报告，天津职业大学还组织全体学员参观考察了海河教育园区职业技能公共实训中心、天津机电工艺学院以及天津商务职业学院等相关单位。天津市海河教育园区的共享式发展给学员们留下深刻印象。

协同与协作

培训结业仪式上，石家庄市教育局副局长李立水首先感谢天津职业大学精心安排的培训，李立水副局长介绍说，为了有针对性的完成好这次培训任务，职业大学管理干部在培训前专程赴石进行了调研，为此次高质量的培训奠定了坚定的基础，本次面向石家庄市直属中等职业学校管理干部的教育培训规模大、时间长、层次高。听完学员们的学习感受，李立水副局长指出本次培训"有听有看有借鉴，有学有思有交流"，解放了思想，引发了思考，创新了理念。他强调，培训的关键是落地，要把天津的经验引入到石家庄，并要落地生根，将此次培训的心得体会灵活运用于学校发展中。石家庄市中等职业学校目前正处于改革紧要关头，部分学校还将进行调整转型，磨合与融合在今后一个时期将是石家庄市直属中职学校面临的巨大考验。大家一定要开阔眼界，借势借力，紧密围绕国家发展战略，瞄准石家庄市"十三五"规划，做好石家庄市职业教育园区规划与实施工作，推进资源整合，加快专业建设，精准供给人才，圆满完成行业背景学校到教育局直属学校的平稳过渡，为石家庄经济与社会发展作出积极贡献。

当前京津冀协同发展已经上升到国家发展战略，职业教育区域合作格局已经形成，天津作为职业教育改革示范区，在当前供给侧改革的大背景下，更应该发挥先行示范作用，突出精准人才的培养，为区域协同发展供给合格技能人才；更应该发挥协调者作用，加强疏导非首都功能外迁的协作，为区域职教合作交流供给一套新模式。相信在职教人共同努力下，京津冀职教合作前景必将更加广阔。

（耿洁编辑）

京津冀艺术职业教育协同发展联盟举办多场交流活动

10月15日—28日，为期14天的"2016京津冀艺术教学汇报交流演出"在北京戏曲艺术职业学院举办。交流剧目11台，演出12场，涉及音乐、京剧、评剧、河北梆子4个专业方向。演出包括大型声乐套曲《长征组歌》；河北艺术职业学院新编青春版河北梆子《孟姜女》；河北艺术职业学院河北梆子学生折子戏专场；石家庄市艺术学校京剧师生折子戏专场；天津艺术职业学院京剧学生折子戏专场(一)、(二)；北戏河北梆子学生折子戏专场；北戏评剧学生全本《秦香莲》；北戏京剧学生折子戏专场；北戏京剧教师折子戏专场；京津冀三地学校教师京剧全本《龙凤呈祥》专场。本次交流汇报演出参加演出师生超过1000人次,观众超过 5000 人次,来自兄弟院校的观摩领导教师和研讨会点评专家超过 200 人次和 20 所院校,获得了三地院校专家、老师、学生、观众的热烈欢迎,切实促进了京津冀艺术职业教育的协同发展,传承和发扬了中华民族的优秀文化艺术。

11 月,北京戏曲艺术职业学院参与协助组织、策划、出演由天津市文广局、北京市文化局、河北省文化厅共同举办的"京津冀青年京剧人才成果展示活动"。在为期 3 天的演出中,北京戏曲艺术职业学院展演了《遇皇后》《宇宙锋》《小上坟》《金山寺》《挑滑车》等剧目。本次京津冀展演为我院参演学生带来了巨大的收获,他们不仅进行了专业上的交流,并在展演中得到了锻炼及学习。12 月 14 日,北京戏曲艺术职业学院音乐系大型民族器乐音乐会《燕落花枝》在天津音乐学院大礼堂演出,进一步交流促进两地音乐教学和对传统民族音乐的挖掘整理传承工作。

(侯兴蜀摘编)

重点关注

京津冀职业教育协同发展探索与实践研究近日结题

近日,由北京教育科学研究院职业教育与成人教育研究所副研究员侯兴蜀主持的北京市教育"两委一室"委托课题——京津冀职业教育协同发展探索与实践研究——顺利结题。该课题研究报告正文约 1.6 万字,还包括由 27 所北京市中等和高等职业学校 2016 年开展京津冀合作的个案报告。该报告发现:在京津冀协同发展实现良好开局的背景下,以 7 种典型形式为代表的京津冀职业教育协同发展实践在 2016 年处于活跃状态,已经成为当前京津冀教育协同发展的"先锋"兼"主力"。从个案报告中也发现,27 所北京市中高等职业学校在 2017 年将继续有计划、有重点地推进与津冀两地同行的合作。

(侯兴蜀)

资源共享

2016 年度京津冀高职高专院校学生护理技能大赛
暨中国台湾兄弟院校友谊交流赛在天津医专圆满落幕

2016 年 12 月 3 日,京津冀高职高专院校学生护理技能大赛暨中国台湾兄

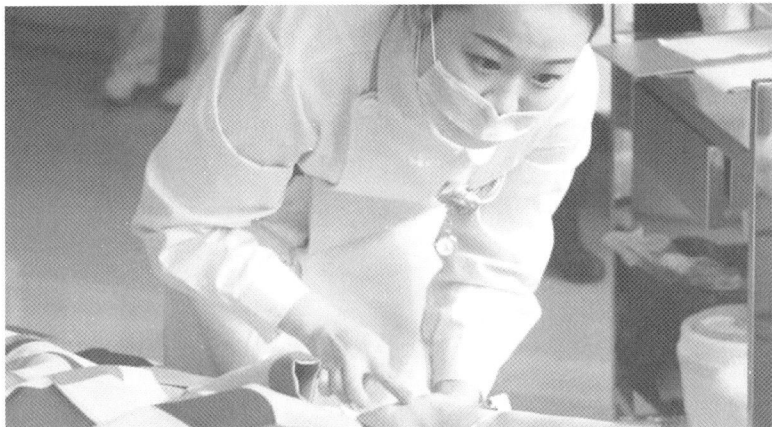

图 26　精彩瞬间

弟院校友谊交流赛在我校隆重举行，应邀参赛的共有来自京津冀以及中国台湾、深圳、内蒙古兄弟院校的 7 支代表队，共计 25 名选手参赛交流。校党委书记陈振锋、校长张彦文参加了此次大赛的开幕式，张校长致开幕词。

此次大赛以友谊促交流，赛项内容截取了国赛中的精华部分，包括理论考试、静脉输液项目和 CPR 项目，比赛引入标准化病人替代模拟病人，使比赛更加贴近临床工作实际，重点评判选手的临床思维能力、解决实际问题的能力以及人文护理水平。来自中国台湾辅英科技大学的四名学生展示了前臂骨折固定、院内急救 CPCR 项目和静脉输液项目，以情境再现的方式向我们展示了中国台湾医疗救护中的团队协作和人文护理。

此次大赛重在交流，薛梅副主任主持赛后研讨会，7 所院校共同探讨技能大赛对高职院校教育教学的作用与影响。来自中国台湾辅英科技大学的黄嫦芳主任介绍了学校的概况，多元教学策略、护理职场情境教学环境、学生阶段能力鉴定检核内容以及护理项目的技术标准及各类赛项成果。我校高颖老师从标准化病人的应用谈到 2016 年大赛的变革及大赛的发展趋势。接下来，7 所学校教师针对以赛促教，以赛促学展开热烈讨论。大家达成共识，今后将定期召开研讨会，探讨大赛应对和海峡两岸的教学改革，促进护理教育发展。

此次友谊赛加强了与兄弟院校的沟通和交流，真正达到了"以赛促教、以赛促学、教赛结合、共同提高"的目的。护理系将以此次大赛为契机，牢固树立"十三五"发展目标提出的"创新、协调、绿色、开放、共享"的发展理念，创新护理人才培养模式，以开放、共享的姿态提升护理教育教学水平，引领国内护理教育的发展。

天津医专参赛选手岳洋同学表示:"平时训练的时候感觉还可以,但是考的时候还是有一点紧张。心理素质还需要加强。"而程洋洋同学则表示:"把这次比赛当作一次历练的机会,虽然这次比赛本着交流切磋的目的不进行排名,但是这次比赛会选出 2017 年全国护理技能大赛的参赛者,所以大家还是非常重视这场比赛的。"当记者追问参赛秘籍时,她们则认真地说:"要'胆大心细'。考试的时候胆子要大,做到落落大方。但是一些细节也是不可忽视的。譬如在无菌操作中跨越这类问题在平时训练的时候就要多注意,所以大家在平时实训的时候一定要多多训练,不能马虎。"在友谊赛的前期她们经历了为期两周的培训,"培训的时候我们就是按照考试的流程严格执行的。指导老师们也是全程陪伴着我们,并不断给我们指出操作过程中存在的问题。"

(耿洁编辑)

举办 2016 年京津冀物流技能邀请赛

10 月 18 日—19 日,在北京市商务科技学校物流培训基地,北京市中职物流技能大赛举办的同时,还举办了京津冀中职物流技能邀请赛,来自京津冀三地 8 所中职学校的 70 名选手参加了此次比赛。经过两天的比赛,共决出团体一等奖 1 个、个人一等奖 4 个、优秀指导教师 6 人,其中北京获得一等奖 2 个、天津获得一等奖 2 个、河北获得一等奖 1 个;有 41 名选手在此次比赛中分获一、二、三等奖。

(侯兴蜀摘编)

京津冀职业院校"求实杯"财会综合技能竞赛成功举办

11 月 12 日,北京市求实职业学校在团结湖校区成功举办了京津冀职业院校"求实杯"财会综合技能竞赛。大赛由京津冀三地珠算心算协会主办,北京市求实职业学校承办,北京商贸职教集团协办。

(侯兴蜀摘编)

协同与协作

《京津冀职业教育协同发展简报》
2017 年第 01 期（总第 006 期）

新闻动态

聚焦职业教育"五业联动"
京津冀专业对接产业

天津北方网讯 1 月 18 日，由京津冀职业教育协同发展研究中心、京津冀职业教育教学协同发展联盟、天津市教育委员会职业技术教育中心联合主办的"京津冀·晋甘蒙职业教育与新能源汽车产业对话高峰论坛"在天津城市职业学院举行。

本次对话以"产教融合·协同创新"为主题，通过推进新能源汽车行业领域的产教融合、校企合作，通过产业、行业、企业、职业、专业"五业联动"，着力推进职业教育与新能源汽车行业深度对接，大力培养具有工匠精神的高素质技能型人才。

2017 年是天津经济社会发展的重要一年，对于天津职业教育发展非常重要。"前沿"新闻记者从会上了解到，在京津冀地区关注生态、环保领域的基础上，针对新能源汽车产业，今年本市将与晋甘蒙联合，进行新能源汽车产业与现代职业教育人才培养，以及产业预测，目前新的生态技术平台正在搭建。

京津冀职业教育协同发展
简报

2017 年第 01 期（总第 006 期）
内部交流

★

主办单位：京津冀职业教育协同发展研究中心（天津）
协办单位：京津冀职业教育协同发展研究中心（北京）
　　　　　京津冀职业教育协同发展研究中心（河北）
指导单位：天津市教育委员会　北京市教育委员会
　　　　　河北省教育厅　天津市教育科学研究院
　　　　　2017 年 3 月 31 日

本 期 目 录

新闻动态

◆ 聚焦职业教育"五业联动"京津冀专业对接产业
◆ 京津冀教育协同发展工作推进会在廊坊召开
◆ 京津冀教育协同发展工作推进会百开 将实施一十百千万"工程
◆ 京津冀教育协同发展工作会议召开 提出三地教育工作十大重点项目
◆ 京津冀职业成教育协同发展 共同推进老年服务与教育工作

重点关注

◆ 协同发展新起点 京津冀三地再出发
◆ 示范区引领 三地同下"一盘棋"——京津冀职业教育协同发展中的天津作为
◆ 京津冀职业教育协同发展中的天津实践

图 27　京津冀·晋甘蒙职业教育与新能源汽车产业对话高峰论坛举行

京津冀协同发展在巩固原先的 12 个平台和两个研究中心的基础上，今年准备在养老产业方面发挥京津冀的优势，做实做强养老产业和职业教育协同发展的联动机制和联动平台。第二是围绕新能源产业，这是我们在汽车、环保、生态领域非常关注的一个点。

天津市教委副主任吕景泉表示，伴随着天津产业的走出去，今年 4 月份，天津职业院校要在印度建设中国第二个"鲁班工坊"，今年上半年还要在英国要开设天津特色烹调专业的"鲁班工坊"，开展中国烹饪文化和天津烹饪技术培训和教育。天津职业教育还将与天津企业在巴基斯坦、印尼等项目上共同探索职业教育和产业、企业共同走出去的新途径。

京津冀协同发展对于天津职业教育是一个重大的利好发展机遇。"天津作为国家现代职业教育创新示范区，重要的一个作用就是为全国职业教育提供可复制、可借鉴、可推广的经验和成果。"吕景泉告诉"前沿"新闻记者，"我们要利用京津冀的地域板块，围绕京津冀交通先行、生态关注和民生改善，促进协同专业对接发展。目前，养老产业、装备制造、生态产业是三地共同关注的领域，这方面实现平台打造、协同研究、共研共建、共享共用模式，为职业院校提供良好的发展空间，同时为相关产业和院校提供了要素和信息的沟通平台。"京津冀三地间专业对接产业，为人才培养提供了良好的支撑。

企业信息沟通和协同发展对新产业和新技术发展有非常好的促进作用，新技术新产业的信息给到职业院校，提高了培养人才针对性和实效性，使职业院校培养的学生毕业后直接上岗形成了好的对接条件。企业通过与学校的互动也可以加速科技创新，新产业新技术发展得到了技术方面的支持。应用技术在中小微企业里得到应用，将促进产业发展。

京津冀三地还将围绕终身教育职业教育能做什么来进行深度思考。"天津的老年大学在全国来讲处于领先位置，我们最近要探索在 16 个区开设高水平的老年大学，力争在'十三五'期间，把每一个区都能建起来一所有示范和引领作用的老年大学。"吕景泉说。

论坛上，甘肃、内蒙古等省份职教新成员加入中国北方科教科普仪器产业创新联盟，部分学校与参会企业签订产教融合战略合作协议。

"此次签约合作主要是推动京津冀新能源产业和职业教育一体化建设，把天津职业教育的模式和成果复制到其他偏远省份。晋甘蒙三地的加入，使我们在信息流、技术流、专业流上形成了点对点的交流模式，把天津的科技成果和偏远地区的需求紧密结合起来,实现精准对接。"天津圣纳科技有限公司总经理魏所库说。

(耿洁编辑)

京津冀职成教育协同发展 共同推进老年服务与教育工作

2月24日上午,"京津冀职成教育协同发展 老年服务与教育工作推进会"在天津召开。本次活动由京津冀养老专业人才培养产教协作会主办,由天津城市职业学院承办。会议以"五业联动 协同发展 推进老年服务与教育工作"为主题,探讨现代职业教育与养老服务业产教对接,深化京津冀养老服务人才培养的协同发展。来自京津冀养老产业行业60余个政行企校研单位的160余位代表进行政策研讨和学术交流。教育部职成司城乡与社会教育处处长刘英、天津市教委副主任吕景泉、教育部职业技术教育中心研究所所长杨进、中国职教学会常务副会长兼秘书长刘占山、中国成人教育协会常务副会长张昭文等出席会议。

图28 京津冀职成教育协同发展 老年服务与教育工作推进会会议现场

会议由天津城市职业学院李彦院长主持。天津市河北区教育局刘颖霞局长、全国民政职业教育教学指导委员会杨根来主任分别致辞,与会嘉宾为"现代学徒制实践教学基地"合作企业授牌。

推动会上,同方知网(北京)技术有限公司薛德军副总经理介绍了"京津冀协同工作平台",天津唐邦科技有限公司黄继承董事长发布协同创新科技项目,北京劳动职业学院王建民主任发布京津冀养老专业规划教材建设项目。同时,天津城市职业学院职教集团老年教育指导中心也宣布成立,刘英处长、吕景泉副主任为中心揭牌。天津市养老行业职业教育教学指导委员会于日前经天津市民政局、天津市教委批准成立,天津市教委高职高专处杨荣敏处长在会上宣读了成立通知。

吕景泉副主任在讲话中指出养老产业和养老教育既是终身学习的重要课题,也是社区教育的重要内容,天津要体现的重要特色一是发挥好天津市老年大学的示范作用,提供章鱼式的服务;二是在区县发挥好天津城市职教集团和城市职业学院的示范作用;三是发挥好天津作为国家现代职业教育改革创新示范区的教育资源优势,来助推京津冀三地终身学习、继续教育、社区教育、老年教育。

刘英处长在讲话中谈到发展老年教育和加强老年人才的培养是积极应对人口老龄化的战略要求,是实现老年人老有所学、老有所教、老有所为的迫切任务,更是服务全民终身学习的重要内容。

图29 教育部职成司城乡与社会教育处处长刘英讲话

刘占山常务副会长就养老基础供给资源及养老人才严重不足的情况,提出:第一,要以人为本,体现对老年人的人文关怀;第二,加强顶层设计、统筹规划及资源整合,将京津冀三地优势结合起来;第三,促进政校企合作培养,共同育人,促进养老事业持续发展;第四,职业院校要牢牢树立用终身教育理念重构办学模式。

张昭文常务副会长认为此次会议体现了京津冀协同发展、职成教育协同发展、养老服务与教育协同发展三大亮点。中国成人教育协会愿意发挥教育部门的办学、管理、专家研究的优势,与更多的部门、院校及企业合作,进一步扩大老年服务和养老的规模,使养老事业取得更大成功。

图 30　中国职业技术教育学会常务副会长兼秘书长刘占山发言

图 31　中国成人教育协会常务副会长张昭文发言

　　教育部职业技术教育中心研究所杨进所长和中国成人教育协会陈乃林名誉理事长分别做了报告。随后,与会代表进行了分论坛讨论。代表们一致认为:

图 32　教育部职业技术教育中心研究所所长杨进发表主旨报告

要利用各种平台,协同开展系列活动,吸引社会各界关注养老服务岗位需求、创新养老服务模式的机制活力,突出协同、突出融合、突出联动,提高人才培养质量和实用性。

本次会议的举办进一步增强了京津冀政府与行业、企业、院校间的沟通、交流与合作,进一步推进了京津冀职成教育协同发展,进一步加快了老年服务人才培养和老年教育的工作步伐。同时,也对加强养老服务人才队伍建设,提高养老服务机构的整体水平,推动经济社会持续健康发展具有重要意义。

(耿洁编辑)

校企合作

京冀携手共创职业教育协同发展新模式
——北京市信息管理学校联合神州数码公司举办京冀数字资源分享论坛

为响应京津冀协同发展战略,加快现代 IT 服务技能人才培养,共享专业建设和人才培养的经验与成果, 在北京市教委、河北省教育厅的指导和支持下,2017 年 1 月 12 日,北京市信息管理学校、神州数码云科信息技术有限公司、河北慧网科技有限公司、河北省 40 所中职学校,在海淀区上地信息产业基地数码科技广场, 携手举办京冀数字资源分享论坛暨京冀职业院校计算机及相关专业人才培养协同发展战略框架协议签约仪式。北京市教委职成处副处长杨颉、河北省教育厅职成处副处长安顺英出席会议。

北京市信息管理学校计算机及相关专业实力雄厚,课程改革成果显著,数字教学资源丰富,教师、学生参加竞赛成绩突出。在论坛上,学校将利用神州数码公司的实训设备开展专业实训和人才培养而开发和积累的大量数字教学资源捐赠出来,与河北省 40 所中职学校共享,并介绍了专业建设、数字资源建设的经验。董随东校长指出,重度雾霾倒逼学校加快推进混合式学习,其在学习方式上体现选择性,在学习生态上突出个性化,在学习技术上要求泛在化和智能化,这就需要学校建设具有系列化、集成化、微型化、易用性、选择性特点的数字教学资源,并且在建设方式上从共建(校企—政校—政企—校校等)走向众筹、众建、众创(政—校联盟—企),利益相关方资源整合,分布式投入,滚雪球式获得。

神州数码云科信息技术有限公司是教育部认定的全国职业教育教师企

业实践单位,全国职业教育师资专业技能培训示范单位,多年承办全国及各省中职学校学生技能大赛网络搭建赛项。河北慧网科技有限公司是神州数码公司在河北省的总代理商。在论坛上,河北慧网科技有限公司为河北省40所中职学校计算机网络技术专业实训项目捐赠网络设备。神州数码公司网络大学总监徐雪鹏、讲师孙雨春在论坛上介绍了校企合作推进专业建设与人才培养的经验。

在论坛上,北京市信息管理学校、神州数码云科信息技术有限公司、河北慧网科技有限公司、河北省40所中职学校签署了京冀职业院校计算机及相关专业人才培养协同发展战略框架协议,将从数字教学资源共建与共享、人才培养、课程改革、师资培养、学生企业实践等多方面开展深入合作,体现了"共建共享、共谋发展"的新思路,标志着京冀职业教育协同发展迈出了实质性的一步。

最后,北京市教委职成处杨颉副处长和河北省教育厅安顺英副处长分别讲话。杨颉表示,在京津冀协同发展的背景下,要凭借三地地缘优势,逐步实现数字化教学资源共建共享,创新合作发展之路,尤其在计算机仿真技术、云技术应用等方面深化合作,努力提升职业教育培养高精尖技术人才的能力,携手共创职业教育协同发展的新模式。安顺英副处长也祝愿京冀职业院校协同发展取得新成绩。

(侯兴蜀编辑)

京津冀职教协同发展:天津职业大学同北京通航控股开展校企合作

近日,天津职业大学与北京通用航空产业基地投资控股有限公司举办校企对接会。双方在校企合作开展空乘专业招生宣传、校内实训基地建设、师资队伍培训以及人才培养方案实施等方面进行了深入交流。据了解,校企双方已于去年10月份签订合作协议,共同培养空中乘务专业人才,目前天津职业大学空中乘务专业已顺利通过教育部备案,于2017年正式招生。

签约仪式上,北京通航控股高海军副总裁重点介绍了公司职业化教学体系及合作办学经验,希望双方在更高层次上深入合作,实现校企合作共赢、互利发展。天津职业大学校长刘斌介绍了职业教育发展形势及天津地区航空航天产业对技术技能人才需求状况,并提出,希望在"京津冀一体化"国家战略政策红利下,依托政府搭建平台与北京通航控股的校企合作不断深化和创新,在人才培养、科研合作、社会服务等各领域开展更深层次、更广领域的合作项目，最终实现校企双赢、共同发展。通航产业基地管委会赵伟副主任对双方的合作表示热烈祝贺，并针对航空产业 121、135、91 部对机务维修技术人才的缺口向合作双方提出人才培养需求，双方进行了深入沟通。

天津职业大学在"十三五"发展规划中提出了紧贴产业发展的专业布局调整和专业建设任务及目标，尤其是围绕现代服务业发展，整合现有专业优势资源，联合重点行业中龙头企业，创新校企合作模式，提升人才培养质量。在这一指导思想下，该校与北京通航多次深入沟通，调研和论证，双方共同努力达成了共识：共同申报和建设空中乘务专业，发挥旅游学院专业优势和北京通航的产业优势，打造新型二级学院。

（耿洁编辑）

《京津冀职业教育协同发展简报》
2017 年第 02 期（总第 007 期）

重大新闻

李克强对第十届全国职业院校
技能大赛作出重要批示

坚持工学结合知行合一德技并修 努力造就源源不断的高素质产业大军

刘延东出席开幕式并讲话

第十届全国职业院校技能大赛开幕式5月8日在天津举行。中共中央政治局常委、国务院总理李克强对大赛作出重要批示。批示指出：提升职业教育水平是我国教育事业发展的重要内容。当前，我国经济正处于转型升级的关键时期，迫切需要培养大批技术技能人才。希望技能大赛贯彻新发展理念，充分发挥引领示范作用，推动职业教育进一步坚持面向市场、服务发展、促

京津冀职业教育协同发展
简报
2017 年第 02 期（总第 007 期）
——2017 年职业教育活动周暨第十届全国职业院校技能大赛专刊——
内部交流

主办单位：京津冀职业教育协同发展研究中心（天津）
协办单位：京津冀职业教育协同发展研究中心（北京）
　　　　　京津冀职业教育协同发展研究中心（河北）
指导单位：天津市教育委员会 北京市教育委员会
河北省教育厅 天津市教育科学研究院
2017 年 5 月 31 日

本 期 目 录

重大新闻
◆ 李克强对第十届全国职业院校技能大赛作出重要批示
◆ 做强天津职教优势 以用立业服务经济发展

新闻动态
◆ 职业院校技能大赛在津开幕 技能高手津门次高于
◆ 示范区与天赛并进 共筑津门职教亮丽风景
◆ 京津冀眼视光专业职业教育联盟在天津职大成立
◆ 京津冀现代制造业职教集团成立
◆ 京津冀新能源协同创新中心在津成立
◆ 京津冀文秘 速录职业教育联盟成立
◆ 京津冀京订文化传承与创新讲坛在我院举办

进就业的办学方向,坚持工学结合、知行合一、德技并修,坚持培育和弘扬工匠精神,努力造就源源不断的高素质产业大军,投身大众创业万众创新,为更好发挥我国人力人才资源优势、推动中国品牌走向世界、促进实体经济迈向中高端作出新的更大贡献!中共中央政治局委员、国务院副总理刘延东出席开幕式并讲话。她强调,要深入贯彻党中央、国务院决策部署,认真学习贯彻习近平总书记关于职业教育重要指示精神,切实落实李克强总理重要批示精神,加快推进职业教育现代化,为培养高素质劳动者、推动动能转换和产业升级作出更大贡献。

刘延东指出,党的十八大以来,职业教育发展迅速,办学活力不断增强,建成了世界最大规模的职业教育体系,培养了大批高素质技术技能人才,有力支撑了经济社会发展。她强调,职业教育要围绕国家发展大局,主动对接创新驱动发展战略,适应供给侧结构性改革,服务民生发展、助力扶贫攻坚,为青少年人生出彩提供更多机会。要坚持立德树人,把社会主义核心价值观教育融入全过程,做好职业启蒙,弘扬工匠精神,加强"双师型"教师队伍建设,提升现代职业教育质量,培育更多新时代的大国工匠、能工巧匠。要深化改革,完善产教融合、校企合作制度,推动一批本科高校向应用型转变,引导行业企业深入参与,推动职业教育引进来、走出去,打造中国职业教育品牌。

全国职业院校技能大赛于 2008 年首次举办,第十届大赛将于 5 月 8 日至 6 月 9 日在天津主赛区和 19 个分赛区举行。职业教育活动周启动仪式同时举行,活动周由国务院批准设立,每年 5 月第二周举行。　　　　　　(耿洁编辑)

做强天津职教优势 以用立业服务经济发展

会议传达学习李克强总理关于职业教育的重要批示、张高丽副总理在河北雄安新区规划建设工作会议上的重要讲话和刘延东副总理在津考察时的讲话精神。

5 月 9 日下午,市委书记李鸿忠主持召开市委常委会会议,传达学习李克强总理关于职业教育的重要批示、张高丽副总理在河北雄安新区规划建设工作会议上的重要讲话和刘延东副总理在天津考察时的讲话精神。市委副书记、市长王东峰,市政协主席臧献甫,市委副书记怀进鹏出席。

会议指出,李克强总理的重要批示,强调了职业教育在我国教育事业发展中的重要地位和在经济社会发展全局中的重要作用,对办好职业技能大赛、提升职业教育水平提出了重要要求。我们一定要认真学习领会,把思想和行动统一到中央部署要求上来,切实抓好贯彻落实。

会议强调,近年来,我市形成了较为完备的职教体系,职教事业取得长足进步,职业教育在推动新旧动能转换、经济结构调整中发挥了重要作用,形成了与经济发展紧密结合、相互促进的良好局面。要深入贯彻落实习近平总书记关于职业教育的重要指示精神,全面推进职业教育改革创新,把天津职业教育优势进一步放大做强,着力构建现代职业教育体系,叫响天津职教品牌;坚持以用立业,紧密对接产业需求、市场需求,推动产学教融合和校企合作,更好地服务全国先进制造研发基地建设;大力弘扬工匠精神,倡导劳动光荣、技能宝贵、创造伟大的理念,建设一支规模宏大的高素质产业大军。

会议强调,要认真学习领会习近平总书记关于雄安新区规划建设的重要思想,用中央各项部署要求统一思想认识行动,认真学习借鉴"世界眼光、国际标准、中国特色、高点定位"规划理念,坚持先谋后动、规划引领、平心静气、稳扎稳打,切实提升城市规划建设水平。要牢固树立"一盘棋"思想,服从服务于京津冀协同发展大局,全力支持雄安新区规划建设发展各项工作。要立足天津自身发展,把天津事情办好,加强与北京、河北对接协作,积极推进资源要素一体化谋划,推动产业、生态、交通等重点领域合作取得新突破。

会议对做好第十三届全运会筹备工作提出要求,强调全运会筹备工作已进入最后冲刺阶段。要进一步提高政治站位,加强组织、协调配合,全力以赴做好场馆建设、安全保障、开闭幕式组织等各项筹备后续工作,精雕细琢、反复推演,坚持最高标准,争取最好效果,确保圆满完成中央交给我们的光荣任务。

(耿洁编辑)

新闻动态

示范区与大赛并进 共筑津门职教亮丽风景

2005 年全国首个国家职业教育改革试验区落户天津。2007 年试验区第二次领导小组会上,教育部和天津市人民政府商议决定,从 2008 年起举办全国职业院校技能大赛。2008 年 6 月 27 日—30 日大赛在天津成功举办。如今,试验区已进入国家现代职业教育改革创新示范建设新阶段,大赛也迈入第 10

个年头,示范区与大赛相伴发展,携力创新,打造出中国职业教育的靓丽风景。

回应"中国制造",示范创新职业教育发展机制

为破解"中国制造2025"技术技能人才紧缺的难题,天津职业教育立足天津全国先进制造研发基地,紧把"中国制造2025"需求,在国家现代职业教育改革创新示范区的新起点上,再出发,整体推进,重点突破,形成国家现代职业教育改革创新示范区新语系。

持续深化多方参与,探索出政—行—企—校—研"五方携手"共同体发展机制。政府主导、统筹,行业企业参与办学、指导、评价,学校实施培养,研究机构规划、支撑,五方主体权责清晰,定位明确,形成共同体。自2014年以来,"五方携手"共同体的丰富实践,极大地调动了各方参与职业教育的积极性和主动性,从根本上破解了多元主体合作办学的难题,强化了天津市职业教育联席会议机制,健全了重大事项协商通报制度和行业资金投入与招生规模、建设项目的联动机制,推动了由行业集团公司牵头的19个职业教育集团发展。

发挥行业企业办学突出特色,探索出产业—行业—企业—职业—专业"五业联动"发展模式。"五业联动"根植产业发展,服务行业、企业需求,对接职业岗位,落地专业建设,全方位深化了天津产教融合、校企合作,扎实了工学结合。截至目前,天津各职业院校主动加强与行业所属企业合作,普遍建立了"产教结合委员会",与行业、企业在专业设置、专业建设、课程开发、课堂教学、实习实训等教育教学全过程、全方位深度合作,基本形成了校企主动合作共赢运行机制。由天津市教委主导的"产业—行业—企业—职业—专业对接高端讲堂"已连续举办18场,讲堂将产业发展及时、实时搬进了职业院校,让职业与专业近距离对话;天津职业院校36个优质专业群对接天津优势产业群建设试点正逐渐深入,让产业发展对职业岗位的新要求快速与专业发展对接,让新工艺、新技术、新方法快速转化为课堂教学。

高技能人才是制造业人力资本积累的关键和重点,天津职教探索出"中高本硕"纵向贯通"立交桥",打通了"中职""高职""应用本科"和"专业硕士"的技术技能人才培养通道,重点建立了"3+3中高衔接培养""3+4中本系统培养""3+2高本衔接培养""3+4高硕系统培养"、专业硕士联合培养等中高本硕衔接新机制。到2016年底,已有5所高职院校和5所中职示范校开办了15个系统化培养试点专业,在校生4927人;7所职业院校与6所本科院校开展12个联合培养技术应用型、高端技术技能型人才培养试点,在校生1925人。教育部批准设立的我国第一所职业教育领域的应用技术大学中德应用技术大学2016年开始招收本科学生，首年招生381人。

响应"一带一路"，示范推进职业教育国际化进程

职业教育国际化是国家现代职业教育改革创新示范区的十大重点任务之一，"一带一路"国家战略推进了天津职业教育国际化发展，触发了"鲁班工坊"的创建，加快了大赛的国际化进程。

2016年3月，天津首个"鲁班工坊"由天津渤海职业技术学院与泰国大城府大城学院在泰国建立。"鲁班工坊"是我国在海外设立的职业教育领域的"孔子学院"，是示范区围绕国家"一带一路"战略，配合中国装备"走出去"和国际产能合作，把天津优秀职业教育成果输出国门与世界分享计划实施的开始，是职业院校通过国际化专业教育标准实施海外办学和国际合作办学的独特形式，是推进国际产能合作的技术技能人才当地化培养的重要抓手，为我国职业教育国际化合作探索可复制、可借鉴、可推广的经验和途径，"鲁班工坊"建成后完成输入国经济社会发展需求的技术技能培训、中国国家职业资格培训、所在国职业院校师资培养培训、与天津职业院校相近层次的学历教育等重要任务。同年11月，通过"鲁班工坊"自动化装备训练的泰国大城学院师生代表队在加第十一届东盟职业技能大赛中获得一等奖。截至目前，泰国"鲁国工坊"培训规模已达到千余人次，不仅泰国大成学院以及所在地的其他学校的学生获得了高质量的中国职业教育，而且还吸引了周边其他国家的学生慕名前来求学，有效提升了中国职业教育的国际影响力和话语权。印度、英国、巴基斯坦、印度尼西亚、柬埔寨、非洲等一批"鲁班工坊"也将在不久建成。

天津作为大赛的永久主赛场，10年来全力办好每一届赛事，形成了示范区与大赛同成长共发展的良好格局。10年间，大赛成长为科学合理、运转有序、充满活力、开放创新的国内最高级别的赛事，形成了"校校有比赛，省省有竞赛，国家有大赛"三级竞赛体系，成为我国职业教育规模最大、项目最多、覆盖最广、规格最高的技能竞赛。据不完全统计，2008年至2016年间，天津职业院校承办的赛事达147所次。每年主赛区同期活动丰富多彩，2017年将达22项，"中国制造2025"现代职业教育·装备制造业产教对接会暨京津冀现代制造业职教集团成立大会、"一带一路"现代职业教育"鲁班工坊"国际交流研讨会暨国家示范区职业教育国际化进程成果展示、"脱贫攻坚·职教帮扶"协同创新发展论坛暨国家示范区职业教育东西部协作行动计划建设展示、"职继协同、

双周推动"终身学习型城市建设研讨会暨国家现代职业教育改革创新示范区建设推动会等,为庆祝大赛第 10 个年头献礼。

天津不断提升大赛的国际参与度和影响力。从 2009 年开始,每年邀请国内外知名企业、国际竞赛选手、国际著名会展集团参与。10 年间邀请观摩大赛的各国职业教育相关人士 5000 余人,由天津中德应用技术大学承办的自动化生产线安装与调试国际挑战赛已成功举办 6 届。2014 年"国赛—赛项设计—教学资源开发—综合实训教学"教学成果获得全国唯一一个国家级教学成果特等奖。2016 年,高水平组织了中国职业教育现代化论坛、国赛对接世赛研讨会、国际挑战赛、国际化专业教学成果交流赛、"鲁班工坊"建设项目成果及工程实践创新交流研讨等国际化活动,涉及美国、德国、日本、西班牙、荷兰、泰国、印度、印度尼西亚、老挝、越南、柬埔寨等国家。2017 年,还将举办职业院校国际化专业教学成果交流赛、"国赛对接世赛"——第四届职业院校国际赛事合作交流研讨会、2017 年电脑鼠走迷宫(IEEE)国际邀请赛、第六届自动化生产线安装与调试国际挑战赛、中泰职业教育活动周(渤海)暨中国·东盟职业院校学生作品展、2017 年职业教育国际研讨会等同期活动,来自泰国、新加坡、越南、柬埔寨等多个国家的政府官员、主管部门、院校代表、学生亲身参与、感受中国的大赛。

在注重大赛"请进来"的同时,还重视将示范区优秀成果"输出去",2016 年由天津职业院校牵头设计的大赛赛项、竞赛装备、教材资源已成为东盟十国技能大赛的指定赛项,竞赛的标准、装备、教材率先走出国门,成为中国职业教育"软实力"的重要标志。

服务"脱贫攻坚",职教帮扶共享示范区建设红利

天津职业教育在精准扶贫、精准脱贫上下功夫,积极对接中西部,让中西部共享越来越多的示范区建设红利。2016 年 5 月,天津市副市长曹小红与教育部副部长朱之文共同为建立在天津机电职业技术学院的"国家中西部职业教育师资培训中心"揭牌,中心汇集示范区优秀职业院校、优质骨干专业,构建了一主多辅、集散式师资培养培训新模式。至 2016 年底,共培训内蒙古鄂尔多斯、宁夏、新疆和田等近千人。

自 2016 年以来,先后与新疆和田、西藏昌都、甘肃甘南、宁夏回族自治区、内蒙古鄂尔多斯、湖北省、河北承德等建立东中西部协作机制,在资源建设、成果分享、管理团队、教学团队、专业提升等方面精准帮扶,实现了宁夏培训和双挂职全覆盖、内蒙古鄂尔多斯师资培养全覆盖,与新疆和田地区职教开展深入对口合作,与河北省及各地市建立广泛合作,建立中德承德分校,与甘肃、青海、西藏合作并建立班级,取得了丰硕成果。

助力"京津冀协同发展",示范引领职业教育协同创新

天津秉持"三地一盘棋"的协同思想,提出了共研、共建、共用、共享、共赢的"五共"理念,创新协作机制,扎实推进三地职业教育协同发展,协同不断开花结果。

2014年7月,天津市教委主动邀请北京市教委、河北省教育厅,联动三地分管职业教育的领导、院校和教研团队深入交流,协商制定三地职教战略合作框架,搭建了京津冀职业教育协同发展的交流合作平台。2015年5月,天津市教委与河北省教育厅签署了《天津市河北省关于加强津冀两地职业教育与职业培训合作协议框架》,确立了建立职业资格证书互认制度等11项工作任务。天津市教委与石家庄市教育局、邯郸市教育局等签订了合作协议。

2016年2月,市教委发起组织,由京津冀三地职业教育科学研究院(所)在津成立"京津冀职业教育协同发展研究中心";10月,由市教委职教中心发起,在北京成立了"京津冀职业教育教学协同发展联盟"。三地职业教育协同将科研、教学内涵合作深入推进。天津职业大学、天津市第一轻工业学校、天津市仪表无线电工业学校、天津第一商业学校等职业院校与河北十几所职业院校对接,开展联合办学。

2014年至2016年底,天津先后举办了以京津冀协同发展和现代职业教育为主题的装备制造业、现代服务业、养老服务业、健康服务业、新能源、石油化工、环保产业和交通行业等12场产教对接活动。初步形成了京津冀合作"人力资源需求信息共用共享平台""产教融合校企合作区域性协作平台""现代服务业创新创业型人才共育平台""师资与学生交流交换平台""现代服务业区域性研究平台"5个平台,构建了合作对话、协同创新、区域共研和政策联动4项协同机制。

今年大赛同期活动中,将组织"京津冀高职院校'养老服务'学生技能大赛"、"京津冀中职院校'餐饮服务'学生技能大赛"和"京津冀中等职业院校教师技能大赛",为三地师生搭建"交流业务、切磋技艺、增进了解"的平台。

力推"职继协同",积极构建终身教育新格局

"职业教育活动周""终身教育活动周"是国家设立的职业教育与继续教育的重要活动,是推进职业教育融入终身教育、社区教育融入职业教育的重要抓手,天津率先确立了"职继协同·双周推进"工作方略,加快推进职业教育、社区教育、老年教育、城市近郊区成人教育发展,加快推进学习型城市建设,服务终身教育。

2016年,在职业教育活动周暨全国职业院校技能大赛开幕式中,全市近50万人次参与、观摩和体验了开放的7大类主体空间450个和举办的6类主题大型活动48项;在天津市第十届社区教育展示周暨2016年全民终身学习活动周上,4个特色、5个目标、6个板块、22项主题活动、200余项特色活动,形成了全民体验、全民阅读、全民学习、全民发声、全民参与的高潮,产生了广泛的社会影响。今年职业教育活动周将组织"'职继协同、双周推动'终身学习型城市建设研讨会——暨国家现代职业教育改革创新示范区建设推动会",展示天津市作为国家职业教育改革创新示范区积极构建终身学习体系,职业教育与继续教育齐头并进,两翼齐飞的发展建设成果。

将职业教育、成人教育、社区教育和企业等方面的各种资源通过职教集团的形式进行整合,服务终身学习,是一种新的尝试和创新。2006年,天津建立了全国第一个社区性职业教育集团——天津城市职业学院职业教育集团,服务市内六区。2017年1月,第二个终身学习的区域型职教集团——天津市环城职教集团成立,服务天津环城的东丽区、西青区、津南区和北辰区。今年还将建立服务静海区、蓟州区、武清区、宝坻区、宁河区的职成教育集团和服务滨海新区的职教集团,实现区域型职业教育集团的全覆盖,为区域内职业教育、社区教育、老年教育、农民教育等终身教育提供服务和强有力支撑。

关注民生,建立以社区为依托、机构为支撑的养老服务体系,服务和发展老年教育、养老产业是终身教育重要一环。2002年,天津出台全国第一个老年教育地方性法规《天津市老年人教育条例》,连续两年把老年人大学建设列入天津市"二十项民心工程"。2005年10月,发布《天津市老年教育"十一五"发展规划》,2012年,将老年教育纳入《天津市老龄事业发展"十二五"规划》。"十二五"期间,形成了由市级老年人大学、42所区级和各类老年大学、180所街道(乡镇)老年学校、855个社区(村)老年教学点共同构建的四级办学网络。截至2015年底,老年大学学员规模达到26000人,创办了遍布12个区70余个社区市民学校的老年教育校外教学实践基地77家,创建了"章鱼式"办学模式,将老年教育延伸到社区,开通远程老年学习网。

2015年5月,在天津举行的"首届京津冀协同发展现代职业教育 养老服务业产教对接活动"中,成立了"京津冀养老专业人才培养产教协作会",推进京津冀职业院校、养老企业在养老人才、智力、技术、设备等方面资源共享和优势互补。2016 年 5 月,在"第二届京津冀协同发展现代职业教育 养老服务产教对接会"上,成立了全国民政行指委京津冀养老专业人才培养产教协作会,组建了中国养老产教联盟(中国养老职教集团),联盟单位多达 340 个。2017年 2 月,"第三届京津冀职成教育协同发展 老年服务与教育工作推进会暨京津冀养老专业人才培养产教协作会",进一步明确了老年教育发展目标,营造加快老年教育事业发展的良好社会环境。 (耿洁编辑)

京津冀现代制造业职教集团成立

8 日下午,"中国制造 2025"现代职业教育·装备制造业产教对接会暨京津冀现代制造业职教集团成立大会在天津机电职业技术学院举行。该集团由天津百利机械装备集团有限公司牵头,联合京津冀三地企业、知名大学、职业院校、科研机构等 60 余家单位,以服务京津冀协同发展为宗旨,促进"政、行、企、校、研"五方合作,紧密围绕"中国制造 2025"对制造业技术技能人才培养的新要求,深化产教融合,不断推动制造业技术技能人才培养升级,为区域装备制造业培养具有良好职业道德素质的技术技能人才。此次京津冀现代制造业职教集团成立,是贯彻落实"中国制造 2025"、促进京津冀协同发展、加快现代职业教育建设、服务好国家"一带一路"等重大国家战略。会上,来自教育部及三地教委、教育厅相关领导为集团成立揭牌,京津冀三地职业院校与企业签署了校企合作协议。

据了解,京津冀现代制造业职教集团由京津冀三地教育委员会、全国机械职业教育教学指导委员会作为指导单位,以天津百利机电控股集团为依托,以京津冀知名大学、职业院校为支撑,以机关、企业、行业为平台,推进"政、行、企、校、研"五方携手,构建产业、行业、企业、职业、专业"五业联动"运行机制,探索制造业类"中高本硕博"双向贯通"立交桥",助力"中国制造 2025"。集团联合了三地政府机构、行业组织、企(事)业单位、研究机构和社会组织组成产学联合体,以服务京津冀协同发展为宗旨,整合教育资源,拓展三地职业教育合作手段,完善各地资源调整配置水平,形成整体优势,突出专业特色,增强总体实力。

集团以"共研、共建、共享、共用、共赢"为准则,实行理事会常任制,力求通过组建京津冀职教集团,加强京津冀地区的职业院校、企业、行业协会、科研院所之间的多元化合作,促进资源的集成和共享。依托集团平台有效推进人才培养、科技推广与创新、就业共享平台建设,形成生源链、产业链、师资链、信息链、成果转化链、就业链,促进集团各成员单位的共同进步、提高,促进京津冀地区经济发展,为区域经济建设培养技术技能人才。

据了解,该集团承担着八项任务:一是探索集团内"中高本硕博"双向贯通"立交桥";二是推进"政、行、企、校、研"五方携手,建立职业教育改革与创新机制,探索职业院校人才培养和企业人力资本运作的新模式;三是构建产业、行业、企业、职业与专业"五业联动"运行机制,联合开展招生、就业、顶岗实习、订单班、现代学徒制、生产、科研等工作;四是建立"专家库",开辟人员互聘的绿色通道;五是充分发挥集团成员资源优势,搭建集团资源共享平台,用于招生、用工、科研、生产等信息的实时互通;建设共享生产性实训基地;六是开展集团成员内部的交流活动,定期举办加快发展产业高层论坛,进行集团化发展职业教育的战略趋势和发展走向的理论研究和实践探索;七是以集团名义,开展各类国际交流活动,与国(境)外职教机构进行交流合作;八是加强集团成员单位文化与学术交流,组织参观考察活动,推进技术与管理创新。　　　　　（耿洁摘编）

京津冀新能源协同创新中心在津成立

5月8日,"京津冀新能源协同创新中心"战略合作签约仪式在天津轻工职业技术学院举行。天津轻工职业技术学院联合新能源行业协会、浙江天煌科技实业有限公司、蓝天太阳科技有限公司、英利新能源有限公司、歌美飒风电有限公司共同建立"京津冀新能源协同创新中心"。

据了解,"中心"实行"开放、流动、联合和竞争"的运行机制,遵循"资源分享、风险分担、分工合作、成果共享"的合作模式,积极开展与有关企业和科研机构共建。构建校企行研一体化管理体制,创新科研成果在中心内部完成研究成果的产业化转化的奖励机制。企业直接给予科研经费支持,提高奖励标准。落实光伏生产技术整体提升项目和航天技术民品化改造,并且能够直接转化成为教学资源的一体化方案。　　　　　（耿洁摘编）

京津冀文秘、速录职业教育联盟成立

5月9日,京津冀文秘、速录职业教育联盟成立暨文秘、速录职业教育协同发展天津论坛大会在天津职业大学举办。

该联盟成立后,将发挥京津冀三地联盟成员各自优势,在人才培养、专业建设、优质师资队伍培训、校企深度融合、实训基地建设、教学质量自我诊断与改进等方面相互借鉴,搭建交流、协作和产教对接平台,定期召开文秘·速录职业教育教学改革论坛,对文秘·速录职业教育教学中的热点和难点问题以及共同关心的基本问题进行探讨和交流,合作探索文秘·速录专业职业教育技能大赛参赛与引领教学改革、教学资源建设、课程体系和教学研究,推进区域文秘·速录职业教育协同发展。

(耿洁摘编)

鲁班工坊

首个鲁班工坊投用一周年:让世界领略中国技术

天津北方网讯:"这张照片是一个比赛的小案例,你要做一个自动化小车,沿着设计的轨道行驶……"郑勇峰正在为23名泰国学生讲解能源化工生产线的设计原理,作为天津渤海职业技术学院派驻泰国"鲁班工坊"的第十位教师,郑勇峰非常注重对学生动手能力的培养,授课形式也很新颖。

2016年3月,天津渤海职业技术学院在泰国大城府建立的"鲁班工坊"正式挂牌成立。这是我国在海外设立的首个职业教育领域的"孔子学院"。一年来,"鲁班工坊"围绕国家"一带一路"发展,把优秀职业教育成果输出国门与世界分享。同时,它也正在成为天津职业教育与世界对话、交流的桥梁。

在这间占地232平方米的"鲁班工坊"中,包括仿生机器人学习体验区、电脑鼠走迷宫学习竞赛区、POWERON创新套件实训区、自动化生产线教学区等四个区域,教学活动几乎每天都有。除了传统的课堂教学模式外,两地间还搭建了空中课堂和国际化微课程网站平台,方便两地师生跨国互动交流和教学研讨。

据了解,自去年3月成立以来,已有319名学生在"鲁班工坊"接受来自天津的职教培训。"这其中,不仅有泰国的学生,还有来自印度尼西亚、马来西亚、柬埔寨等国家的学生。我院学生在东盟第11届技能大赛'自动化生产线'赛项获得有史以来的第一个一等奖,'鲁班工坊'让大城学院'名声大振'。现在,学院已成为周边职业院校,甚至是邻国职业教育的资源中心。"大城学院院长哲仁说。

一年来,天津的国家职教示范区成果——机电一体化国际化专业教学标准在大城学院落地生根,天津产业、企业和泰国经济、教育领域也搭建起合作的新平台。

前不久,天津渤海职业技术学院迎来了20名泰国留学生,他们将在学院机电一体化专业学习三年。这也是继去年"鲁班工坊"成立后,天津渤海职业技术学院接收的第二批泰国留学生。"目前,'鲁班工坊'已从最开始的'国外培训'上升到两国学历教育的互认。今后,双方的人才可以自由流动于两国的企业之中,为中泰合作创造出更多的成果。"天津渤海职业技术学院党委书记芮福宏介绍说。

与此同时,在中泰职业教育研究中心内,一系列中泰职业教育国际化标准正在研发之中。据了解,"鲁班工坊"建成投入使用后,中泰两国成立了职业教育研究中心并落户天津。该中心为中泰职业教育国际化专业建设提供决策咨询、推广和宣传等服务,并通过组织开展中泰职业教育学术、教学交流活动等推广先进技术教育。

"'鲁班工坊'把天津优秀职业教育成果输出国门,扩大与'一带一路'沿线国家的职业教育交流和技术合作,是探索与中国企业和产品'走出去'相配套的职业教育发展新模式,也是主动发掘和服务'走出去'企业的需求,助力优质产能走出去的新实践,天津作为国家现代职业教育改革创新示范区应该担起这个责任。"市教委副主任吕景泉说。

此外,借助于"鲁班工坊",天津圣纳科技等企业与泰国大城技术学院签订了科技服务协议,天津启诚伟业科技有限公司与泰国大城技术学院、越南胡艺工业学院签署了工程实践创新项目(EPIP)合作协议。"今年5月,集团将派出高端管理和技术团队赴泰国,借助'鲁班工坊'加快渤海化工在泰国的产业布局,产品跟进,实现借'船'出海,让渤海学院的'鲁班工坊'成为一艘巨型航船,搭载渤海集团的'技术货物'扬帆远行。"天津渤海化工集团有限责任公司党委书记、董事长赵立志表示。

前不久,吕景泉和芮福宏获得了由泰国政府颁发的"诗琳通公主纪念奖章"。该奖项的设立是为了表彰对泰国职业教育作出突出贡献的人。而在这两枚沉甸甸的奖章背后,是本市在泰国建设的"鲁班工坊"投入使用一年来,交出的一份出色的成绩单。

今年,天津创设的"鲁班工坊"项目将在英国、印度、巴基斯坦、印度尼西亚等国加速推进。

(耿洁编辑)

"鲁班工坊"实现天津职教与世界对话

为服务国家"一带一路"战略,配合中国装备"走出去"和国际产能合作,天津作为国家现代职业教育改革创新示范区,将提升职业教育国际化水平,创建职业教育国际合作的新窗口作为示范区建设的重要任务。"鲁班工坊"是助力天津职业教育走出去,服务企业走出去的创新型职业教育服务项目,其建设集中了天津职业教育的优质资源,旨在创立国际合作与教育交流的新窗口,探索"职业教育 + 国际产能合作"的新支点,形成独具中国特色的、具有国际竞争力和影响力的职业教育品牌。"鲁班工坊"以"大国工匠"为依托,将天津国家现代职教改革创新示范区的优质职业教育资源和职业教育文化,采取学历教育与职业培训相结合的方式输出国门,搭建天津职业教育与世界对话交流的实体桥梁。

2016 年 3 月 8 日,天津渤海职业技术学院在泰国大城府大城技术学院建立的"鲁班工坊"正式挂牌运营,成为我国在海外设立的首个职业教育领域的"孔子学院"。"鲁班工坊"建设要实现优质资源的共享,将天津国家现代职业教育改革创新示范区的成果、天津创新提出的 EPIP 项目理论等职业教育优质资源与世界分享。

一年多以来,"鲁班工坊"围绕国家"一带一路"战略,配合中国装备"走出去"和国际产能合作,助力中国 16 家企业"走出去";以天津职业教育的优质资源为依托,开发了 9 门配套教学标准和教学资源,培养具有国际视野、通晓国际规则的国际化技术技能人才。目前,英国"鲁班工坊"即将揭牌,印度、印度尼西亚、巴基斯坦、非洲等多个国家的"鲁班工坊"在建。到 2020 年,天津要在境外建设 10 个"鲁班工坊"。

(耿洁编辑)

中泰职业教育合作交流 "泰国·大城周"圆满落幕

5 月 22 日,中泰职业教育合作交流"泰国·大城周"活动在泰国大城技术学院举行。活动周期间,举行了"鲁班工坊"成立一周年庆典暨 729 创意文化体验中心成立、EPIP 教学研究中心揭牌、天津职业院校师生海外拓展基地揭牌、中国天津渤海园落成等活动。

据了解，EPIP 教学研究中心是 EPIP 国际教育联盟成立后在成员国中建设的第一个研究中心，旨在积极推广 EPIP 教学模式，实现优质教育资源的交流和共享，提升学生工程实践创新能力与水平。同时，为了解国际社会、经济、文化、教育发展水平提供交流平台，为中外人才发展提供交流互动平台为宗旨，努力促进 EPIP 教学模式在中国、世界范围内应用推广，推动中国、世界技术技能人才培养的长足发展。海外师生实践拓展基地为天津市各高校以及东盟国家的师生提供"短、中、长期"的技术技能学习、交流、竞赛和培训，增进友谊，加深了解，培养具有国际视野的技能人才。

本市作为国家现代职业教育改革创新示范区，从去年开始在"一带一路"沿线国家搭建"鲁班工坊"平台，把优秀职业教育成果输出国门与世界分享。2016 年 3 月，天津渤海职业技术学院在泰国大城府设立首个"鲁班工坊"，把中国职教的先进理念和模式带到泰国，为把"一带一路"建成和平之路、繁荣之路、开放之路、创新之路、文明之路做着积极的努力。 　　　　　（耿洁编辑）

"一带一路"合作落地 天津职教"传艺"巴基斯坦

在北京举行的"一带一路"国际合作高峰论坛刚刚闭幕，由此带来的后论坛效应就在天津落地开花。5 月 17 日，巴基斯坦旁遮普省商业投资推介会在天津开幕，并签署了两项职业教育合作项目……

刚刚参加完"一带一路"国际合作高峰论坛，巴基斯坦旁遮普省首席部长

图33　巴基斯坦旁遮普省首席部长(省长)穆罕穆德·夏巴兹·谢里夫

（省长）穆罕穆德·夏巴兹·谢里夫就马不停蹄地踏上了从北京驶往天津的高铁。吸引他来到天津的，一是这里的职业技术教育资源，同时还有这里的产业园区建设经验。

谢里夫告诉"津云"—前沿新闻记者："巴基斯坦年轻人的数量占到了全国60%之多，对于职业技能培训有着很大的需求，天津的纺织工业和职业教育有很好的经验，这也是我们重点要对接的方向。另外，泰达在埃及建设的苏伊士经贸合作区成果显著，旁遮普省也计划建设这样的产业园区。"

旁遮普省是巴基斯坦第一大省也是其经济中心，生产总值占其 GDP 的60%，农业资源丰富，人口过亿。谢里夫说："希望借此机会与天津展开全方位合作，在两国双边合作中推进旁遮普与天津市姊妹城市建设。"

图 34　巴基斯坦旁遮普省职业教育分展厅

在推介会上，巴基斯坦旁遮普省职业教育委员会分别与天津现代职业教育学院、天津职业技术师范大学签署合作协议，将分别在信息技术、中文课程、电子设备维修、土木工程、机械和电子工程等高需求领域开展职业技能培训合作。"津云"—前沿新闻记者从天津职业技术师范大学了解到，他们将选派教师和研究生为巴方开展技能培训、留学生教育，同时巴方也将选派人员来华进行短期培训。

（耿洁编辑）

服务"一带一路"职教谱写中柬友谊

在国家"一带一路"国际合作高峰论坛期间，5 月 15 日下午，天津中德应用技术大学"中德大讲堂"迎来了来华出席"一带一路"国际合作高峰论坛的柬埔寨政府顾问索西帕那博士,他以《柬埔寨与中国"一带一路"发展战略》为题,为中德师生带来一场精彩的英文讲座。

索西帕那博士曾任柬埔寨商务部副部长,现任王国政府顾问、商务部高级顾问、外交部和国际合作部政策顾问。多年来,他积极参与贸易促进政策和现行各种商业法案的编制和通过,对柬埔寨社会各界的发展影响深远。

此次讲座是天津中德应用技术大学服务"一带一路"国家战略,建设澜湄职业培训中心项目的重要组成部分,加深了中德师生对柬埔寨政治、经济、文化的全面了解,增进了双方的友谊。

据了解,澜湄职业培训中心是天津中德应用技术大学承担的教育部、外交部、天津市政府共建的服务"一带一路"国家重点项目,在柬埔寨国立理工学院成立培训中心,把培训中心打造成立足柬埔寨,服务整个澜湄地区,辐射东南亚的学历教育和技术技能培训并重的国际化职业培训中心。

在近两个小时的讲座中,索西帕那分析了柬埔寨自20世纪90年代初至今近30年间经济高速稳定发展的现状,高度评价了中国"一带一路"发展战略对中国和沿岸国家特别是柬埔寨的重要意义。他指出,中柬两国是传统友好邻邦,"一带一路"建设进一步促进了双方在政策沟通、设施联通、贸易畅通、资金融通和民心相通方面的"五通"交流合作。

在讲座的提问环节中,索西帕那回答了中德教师关于"一带一路"建设在柬埔寨普通民众中的影响、中柬两国年轻人应如何提升自己以更好地投入"一带一路"建设等问题。他指出,随着近年来中柬两国在东盟—中国合作、澜湄合作、"一带一路"等多边合作机制下的紧密沟通,柬埔寨人民走近中国、了解中国的热情日益高涨,越来越多的民众开始学习中文,这为柬埔寨下一阶段与中国开展旅游业合作打下了良好基础。同时,他激励年轻人要"走出去",主动寻求与各国民众之间相互了解的机会,各个国家的人民增进友谊、扩大合作,这正是"一带一路"建设中"五通"发展之"民心相通"所倡导的精神。

(耿洁编辑)

津马两高校达成共建"鲁班工坊"合作意向

在第三届全国职业教育周期间,马来西亚南方大学高级代表团到天津城市建设管理职业技术学院进行学访交流,两校就探索在马来西亚共建"鲁班工坊"达成合作意向,并签署合作备忘录。

在第三届全国职业教育周期间, 马来西亚南方大学高级代表团到天津城市建设管理职业技术学院进行学访交流,两校就探索在马来西亚共建"鲁班工坊"达成合作意向,并签署合作备忘录。在"鲁班工坊"项目合作框架内,结合天津城市建设管理职业技术学院的教学资源和专业特色,两校将根据马来西亚南方大学职业教育办学发展需求,进一步商讨并推进技术技能培训、师资培训和职业资格认证等领域的合作。

据悉,为落实国家和本市的"一带一路"教育合作行动计划,围绕天津能源投资集团的产业发展和人才需求, 天津城市建设管理职业技术学院作为本市"十三五"国内优质高职院校的建设单位,积极搭建国际交流和产教融合平台,在能源工程、建筑工程等领域与境外院校开展深度合作,不断扩大中国技术、标准和工艺的国际影响力。

(耿洁编辑)

大国小将

大赛十年走出一批批"大国小将"

5月8日,第十届全国职业院校技能大赛在本市开幕。这是本市作为大赛主赛场,承办的第十届大赛。大赛十年,一批批技能高手从这个舞台上脱颖而出。如今的他们已经成为各自岗位上的技术骨干。今天,就让我们一起认识十年里那些给人留下深刻印象的"国赛小将"代表们,而他们也成了名副其实的"大国小将"。

臧成阳(教师,中职毕业生代表,两届国赛一等奖选手)

荣誉词:国赛小匠长成全国技术能手,培养出新生代国赛小匠,屡创岗位佳绩。

简介:天津市机电工业学校2009届毕业生。2008年和2009年分别获全国职业院校技能大赛中职组数控车工赛项一等奖和一等奖第一名。

毕业后留校,任数控技术系教师/数控车工高级技师,先后获得"天津市技术能手"称号、"天津市五一劳动奖章""全国技术能手"称号,2010年和2014年获天津市数控技能大赛数控车工(教师组)第一名,2014年获第六届全国数控大赛数控车(教师组)第二名。多次获得"全国优秀指导教师""天津市优秀指导教师"称号。先后担任国赛、市赛主教练,第43、44届世界技能大赛(中国技能大赛数控车赛项)裁判。2011年和2016年,指导学生参加全国职业院校技能大赛现代制造技术数控车/加工中心组合赛项和数控车工赛项均获一等奖。2010年至2016年,指导学生参加天津市各级各类数控大赛均获一等奖。

指导学生王孝森一年内获1个国赛一等奖,1个全国第一名,并进入世赛国家集训队获第八名。

2016年全国职业院校技能大赛中职组数控加工技术(数控车)赛项获一等奖,同年第七届全国数控技能大赛学生组第一名,并成功入围国家集训队,在第44届世界技能大赛选拔赛中获第八名,创造了天津市有史以来该项目的最好成绩。

武建(教师,中职毕业生代表,第五届国赛一等奖选手)

荣誉词:国赛小匠长成技能大师,培养出新生代国赛小匠。

简介:天津市劳动保护学校2013届毕业生。2011年、2012年两次获全国职业院校技能大赛数控机床装调与维修赛项一等奖。

毕业后留校,任实习教师,专注学生培养,指导学生参加全国及天津市技能比赛共有20余人次获奖,其中,2014年全国职业技能大赛数控机床装调与维修赛项获团体二等奖,2016年全国"挑战杯——彩虹人生"创新创效创业大赛获一等奖。

先后荣获全国技术能手证书、天津市数控维修大师工作室技能大师。

刘晶(企业女工,中职毕业生代表,第四届国赛一等奖选手)

荣誉词:国赛小匠长成"最美军工女将",实现报效国防梦想。

简介:天津市机电工业学校2011届毕业生。2011年全国职业院校技能大赛中职组数控铣工赛项荣获一等奖,是九届大赛以来唯一一位获得数控技术赛项一等奖的女选手。

现就职中国电子科技集团公司第十八研究所(简称十八所),数控铣女工。十八所是服务"神一"到"神七"7代飞船的研究机构。她在十八所机加工车间负责数控编程工作,参加过多种高精密零件的加工和制作,并成功交付使用。2012年获"大连机床杯"第五届天津市数控技能大赛暨全国数控大赛选拔赛数控铣职工组比赛第二名;2014年被评为所内"岗位能手";2015年获天津市职工职业技能大赛第二名;2016年被评为市国防工业工会"最美军工女将"。

王海龙(企业经理,中职"双创"楷模,第一届国赛一等奖选手)

荣誉词:国赛小匠长成创业者,创业带动就业,实现创业梦想。

简介:天津市交通学校 2009 届毕业生,现任海龙汽车维修中心总经理。2008 年全国职业院校技能大赛汽车运用与维修赛项个人维修基本技能一等奖。

毕业后,创开了自己的汽车维修店。经过 6 年打拼,维修店已从 100 平方米、2 名员工的小店发展成为 500 平方米、30 名员工的二类标准化汽车修理厂,年收入 600 万元~700 万元,为中职学校学生树立了创新创业的典范。

个人创业为社会带来 30 多个就业岗位,其中有 23 人来自农村。员工康瑞猛家在农村,工作 3 年来工资由 2000 多元/月涨到 8000 元/月,不仅解决了自己的就业和生活,还支持妹妹上了大学。厂里员工中有 6 名职业院校毕业生。三年来,提供职业院校学生实习岗位约 200 人次,还带动了汽车施救等维修服务近千人次的间接就业。

刘旭(企业部门主管,高职毕业生代表,第一届国赛一等奖选手)

荣誉词:国赛小匠长成岗位拔尖人才,成就职业梦想。

简介:天津中德职业技术学院 2008 届毕业生。2008 年全国职业院校技能大赛高职组产品部件的数控编程、加工与装配技能赛项一等奖。获奖后晋升技师并被保送升本,2010 年从天津理工大学机械工程及自动化专业毕业。

在校就读期间,获天津市高职高专院校第五届数控技能竞赛数控车组一等奖,首届津台两岸青年学生职业技能竞赛高职组数控车竞赛三等奖。

本科毕业后,就职中国中车集团天津电力机车有限责任公司,在岗位上快速成长,出色完成多项技术难题,现任制造部刀具主管。2011 年在公司第五届技术运动会上获数控车操作竞赛第一名,被公司评为拔尖人才。

穆艳霞(研究生,高职毕业生代表,第八届国赛一等奖选手)

荣誉词:职教"直通车"助国赛小匠长成研究生,踏上更高追梦路。

简介:天津生物工程职业技术学院 2015 届毕业生。2015 年获全国职业院校技能大赛高职组工业分析检验赛项一等奖。2013 年和 2014 年获天津市技能大赛三等奖和二等奖。

2015 年推荐保送入天津农学院基础科学学院应用化学专业。入学后得到老师青睐,被推选进入应用化学实验室,协助完成课题并能独立设计实验方案。2016 年参加天津市大学生创业创新训练项目和天津市自然科学基金青年项目以及"恒电位电沉积制备 Bi_2Te_3"课题的研发。2017 年考取内蒙古大学生命科学学院生物工程专业的硕士研究生,已经通过复试。

刘亚(护士,高职毕业生代表,第七届国赛一等奖选手)

荣誉词:国赛小匠长成岗位技能能手,实现天使之梦。

简介:天津高等医学专科学校 2014 届毕业生。2014 年获全国职业院校技能大赛高职组护理赛项一等奖。

毕业后,就职天津市儿童医院呼吸科,从事儿科护理工作。儿科护士工作难度大,患儿无法表达或不能完全表达自己病情和需要,她凭借精湛的护理技术和过硬的业务素质,以"一针见血"赢得了患儿家长的高度评价,获得了肥胖患儿静脉穿刺、周围血管动静脉换血、股静脉留置针、腋静脉留置针等较大难度的技术操作"神枪手"的美誉。参加抢救 30 多次,出色完成任务。

(耿洁编辑)

重点关注

国家职业教育教学资源开发与制作中心在津揭牌成立

5 月 7 日,国家职业教育教学资源开发与制作中心在天津海河教育园区正式揭牌成立,中心设在天津机电职业技术学院。国家职业教育教学资源开发与制作中心,依托天津市职业教育优质教学资源共享服务平台和国家中西部地区职业教育师资培训管理服务平台,力求以研发的 100 个国际化专业教学标准、国家级教学资源库(精品课程)等优质资源,借助国家现代职业教育改革创新示范区校企合作、国际合作、创新创业等方面的内涵建设成果,实施新时期的职业教育教学资源研制、开发和制作,将优质课程、精品课件、网络教学等教

图 35　教育部副部长李晓红、天津市副市长曹小红共同为中心揭牌

图36　国家职业教育教学资源开发与制作中心标识

学资源以远程方式提供给全国职业学校在线学习，更好的服务全国职业院校师生，发挥辐射带动作用。

　　天津职业教育历经首个试验区、唯一示范区10年建设，2015年教育部和天津市人民政府签署了国家现代职业教育改革创新示范区协议。示范区建设的总目标是服务国家发展战略和区域经济社会发展需求，创造可复制、可借鉴、可推广的经验做法，成为制度创新的新高地、体系建设的新引擎、国际合作的新窗口、区域协同的新平台、质量提升的新支点，努力建设成为天津特点、中国特色、世界水平的现代职业教育体系。

　　据悉，作为天津市职业教育发展的重大建设项目之一，建设国家职业教育教学资源开发制作中心已被列入天津市人民政府《关于加快发展现代职业教育的意见》文件中。目前，已建成的虚拟实景演播、音视频制作、影像采集、教师微课制作等工作室，可为职业院校教师提供定制化的资源开发和制作服务。

（耿洁摘编）

全国职业院校技能大赛成果转化中心在津成立

　　5月7日，全国职业院校技能大赛成果转化中心在天津海河教育园区正式揭牌成立，中心设在天津机电职业技术学院。全国职业院校技能大赛成果转化中心，以国家现代职业教育改革创新示范区和全国职业院校技能大赛主赛区为平台，在教育部职业教育与成人教育司指导下，依托全国职业院校技

协
同
与
协
作

图 37　全国职业院校技能大赛成果转化中心标识

能大赛工作委员会,聚集全国相关行指委、职教研究机构、行业企业和院校力量创设。

　　该中心旨在推动大赛优质赛项的资源转化和竞赛成果共享推广,坚持"以赛促学、以赛促教、以赛促改、以赛促建"的理念,建立职教与行业、学校与企业长效合作机制,实施专业与区域产业对接需求分析;探索建立专业设置、师资队伍、实训条件建设与企业发展有效互动机制,实施专业调整、"双师型"教师和综合实训基地建设导向分析;建立课程、培养规格与职业标准高校对接机制,研制开发技能大赛教学资源平台和教学仪器设备,引领和服务日常教学;创新技能人才培养选拔与教师的综合评价机制,探索学生综合职业能力培养模式;研究国赛与世界技能大赛的对接机制,引导现代教学组织方式、教学方法的广泛应用;加快大赛成果的转化,将大赛成果转化为服务全国职业院校日常教学的结果和办学质量提高的硕果,不断扩大全国职业院校大赛的受益面。

（耿洁编辑）

《京津冀职业教育协同发展简报》
2017 年第 03 期(总第 008 期)

新闻动态

北京丰台职教中心校与深州职教中心
签署新能源汽车专业联合办学协议

4月20日,位于衡水市北部的深州市职业技术教育中心与北京市丰台区职业教育中心学校就新能源汽车专业联合办学签署合作协议。北京市丰台区职业教育中心学校副校长李毓荣,校区主管主任刘育忠,外联部主任孙晓娟,深州市职业技术教育中心党总支书记、校长贺永帅,党总支委员、副校长贺林涛,第二专业部主任高万通出席签约仪式。

北京市丰台区职业教育中心学校是北京汇智慧众汽车研究院合作单位,双方联合建有新能源汽车维修实训基地。今年2月以来,经汇智慧众汽车研究院介绍,深州市职业技术教育中心与北京市丰台区职业教育中心学校开始就新能源汽车实训方面事宜进行洽谈,并最终签署了联合办学协议。签约仪式结束后,北京市丰台区职业教育中心学校的老师为新能源汽车专业师生做了专题讲座,并带领家长和学生参观了宿舍和实训车间。

(侯兴蜀摘编)

北京丰台区职业教育中心学校与容城县签署职业教育合作协议

4月24日,在河北雄安新区容城县,北京市丰台区职业教育中心学校与河北省容城县职业技术教育中心达成合作意向,秉承"综合改革、创新机制、交叉融合、资源共享"的原则,签订了《京津冀职业教育协同发展合作协议》。

根据协议,北京市丰台区职业教育中心学校在雄安新区容城县职业技术教育中心建立"丰台区职业教育中心学校容城分校",并在专业发展、师资培训和实训基地等方面进行具体合作。希毕迪(北京)教育科技有限公司在仪式上

协同与协作

向容城县职业技术教育中心捐赠了"腾讯智慧校园"平台。

北京市教育学会职业技术教育研究会专家委员会主任于东平，丰台区职业教育中心学校校长赵爱芹、专职副书记孙文荣，容城县教育局副局长崔迪川，容城县职业技术教育中心书记、校长刘海军，希毕迪（北京）教育科技有限公司总经理周海涛等出席签约仪式。

北京市教育学会职业技术教育研究会专业委员会主任于东平对三方合作给予了很高评价，要求三方将培养人放在第一位，形成长效机制，并就协议具体落实提出建议。

赵爱芹校长介绍，本次北京丰台与河北容城职业教育合作签约，是为落实好京津冀协同发展战略和京津冀教育协同发展推进会精神，创新京津冀一体化人才培养机制。丰台区职业教育中心学校承担的不仅是丰台教育的责任，还承担着社会责任，学校将利用集团化办学、国际化办学、校企合作等资源优势，与容城县职业技术教育中心灵活合作模式，实现资源共享，共同建立技术技能人才交叉培养新机制，共创雄安新区职业教育美好未来。　　　　（侯兴蜀摘编）

北京财贸职业学院与保定市教育局"京保职业教育合作"签约

5月23日，北京财贸职业学院与保定市教育局"京保职业教育合作"签约仪式在北京财贸职业学院涿州校区举行。王成荣校长和徐志清局长共同签署《保定市教育局—北京财贸职业学院职业教育合作协议》《保定市教育局—北京财贸职业学院职业教育发展合作备忘录》。

王成荣校长指出，在京津冀协同发展与雄安新区建设的大背景下，学校与保定教育局"京保职业教育合作"合作协议的签署，掀开了双方深度合作的序幕。双方共建京保职业教育协作平台，为区域培养高素质技术技能人才，共同将京冀创新教育学院打造成为京津冀协同发展战略中职业教育合作的桥头堡、试验园。

徐志清局长表示，在京津冀协同发展和推进服务对接雄安新区建设的大框架下，协议的签署是进一步落实高职院校为区域经济建设和社会发展服务的办学宗旨，推动京冀职业教育的联动发展一项重要成果。双方合作大有可为，本着"资源共享、优势互补、互利互惠、共同发展"的原则，要加快合作项目实质落地实施，深化合作领域开发，共同促进京保两地职业教育事业的发展。

　　根据协议内容,双方将共同推进国家精准扶贫项目,在农村电商、农村会计、物流技术等项目中深化合作;开展文化创意、健康养老、学前教育、临空服务等专业合作;在搭建京保职业教育协作平台,建立京保职业教育教师培训与学生实习实训基地,联合举办"京保职业教育协同发展论坛"等方面开展深度合作。

　　保定市教育局副局长李娜新、协同办主任赵聚辉,北京财贸职业学院副校长李宇红、李永生,教务处、招生办公室以及涿州校区负责人出席签约仪式。

(侯兴蜀摘编)

"雄·安·丰·容"电子商务联盟正式成立

　　2017 年 6 月 9 日,由北京市丰台区职业教育中心学校与河北省容城县职业技术教育中心、河北省雄县职业技术教育中心、河北省安新县职业技术教育中心、全国电子商务职业教育教学指导委员会共同发起的"雄·安·丰·容"电子商务联盟正式成立。联盟将为雄安三县职业教育搭建有特色的产、学、研合作交流平台,在电子商务领域人才培养、技术开发、优势资源共享等方面开展协同创新。联盟成立当日,发起单位各方正式签署框架协议。

　　《中国职业技术教育》杂志社社长、主编赵伟,教育部行指委办公室副主任胡泊,全国电子商务职业教育教学指导委员会副主任陆春阳,北京市丰台区教委副主任钟灵,河北省保定市教育局职成处处长史敬军,北京丰职及容城县、雄县、安新县职业技术教育中心的领导一同参与并见证联盟成立。

　　《中国职业技术教育》杂志社赵伟社长讲到,电子商务是新兴产业,联盟以此切入,从小做大,非常务实创新。

　　全国电子商务职业教育教学指导委员会陆春阳副主任讲话指出:"雄·安·丰·容"电子商务联盟是职业教育联盟体服务区域协调发展的创新,是区域间的协同,将给职业教育服务区域经济发展功能上提供新的创新和探索的空间。

　　河北省保定市教育局职成处史敬军处长对联盟的成立表示祝贺,表示将大力支持联盟工作并对下一步工作提出殷切的希望。

　　赵爱芹校长在致辞中表示:"服务国家战略、协同发展愿景、服务经济新格局的社会责任"将丰职与雄安连接在一起。联盟将从电子商务专业入手,并以此为起点、为模板,在新的背景下,在教指委、行指委的指导和丰台区教委、保定市教育局的支持下,丰职与雄安三县职业教育共同探索新的发展模式。

北京市丰台区职业教育中心学校电子商务专业是北京市骨干特色专业,在16年的专业建设中,积累了丰富的经验和资源。学校将充分利用电子商务专业优势,与河北容城县、雄县、安新县三县职教中心共建专业人才培养实训基地、共育专业人才、共谋专业技能大赛,共同探讨跨区域跨领域紧密型一体化发展新模式、尝试探索多种体制办职业教育的新突破。

四所学校将以"雄·安·丰·容"电子商务联盟为平台,实现信息、技术、人才共享,进行发展战略、技术复合型人才与产品的战略研究,形成生源链、产业链、师资链、信息链、成果转化链、就业链,促进联盟成员单位的共同进步和健康发展。特别是丰职已经整合职业教育与继续教育资源,成为职业与成人教育集团,未来在两地四校探索跨区域的体系构建、探索基于终身教育理念的职成一体化发展上也一定能探索出一条新路。对于新的发展共同体的新鲜出炉,大家都期待着一路改革、一起协作、一同创新,共创成果与成效。

北京市丰台区职业教育中心学校自京津冀协同发展国家战略提出以来,便在北京市教委、丰台区政府、丰台区教委的指导和带领下,及时抓住机遇,将三地职业教育专业共建、资源共享作为探索的重点领域,先后在师资队伍、人才培养、课程与教学改革等多个领域作出了多种有益的探索,取得了丰厚的成果。在此基础之上,学校再次分析所在区位特点,确定了文化服务首都,专业对接新区的办学重点,与雄安新区三县职业学校走到一起,共同思考对接新区发展的高端技能人才培养,共同探索以电子商务专业为先行为重点的专业协作,预计在未来校企合作、产教融合、体制机制创新、高端技能人才培养等多个方面探索新路径,创新新模式。"雄·安·丰·容"电子商务联盟便是在这样的指导思想下应运而生。

(侯兴蜀编辑)

京保石邯职业教育联盟在雄安新区成立

6月14日上午,京保石邯职业教育联盟成立大会暨第一届理事会在保定市雄县召开。这是为进一步落实京津冀职业教育协同发展要求、共谋高素质技能型人才培养而建立的新型跨区域平台。

此次联盟成立大会将会议地点设置在承载着国家发展千年大计的特殊区域——雄安新区。北京金隅党委常委李建军、保定市教育局副局长赵建民、北京市教委职成处副处长武晔、保定市教育局职成处处长史敬军、石家庄市教育局职成处处长吴俊海、邯郸市教育局职成处处长郭华江等京冀地区教育界领导、35家联盟成员单位领导、社会各界友人共计150余人参加了本次成立大会。

成立大会上，保定市雄县副县长滕秋安同志在发表致辞中表示，雄安新区的成立为京津冀协同发展提供了更广阔的空间，京保石邯职教联盟的成立，为加强京冀地区职业教育的合作与交流提供了有利的平台，希望联盟能成为京津冀地区最具活力、最具影响力的职教联合体，助推三地职业教育共同发展。

北京金隅党委常委李建军同志代表金隅集团对联盟的成立表示衷心的祝贺并表达了对联盟未来的美好祝愿。他指出，联盟的成立以落实京津冀协同发展战略、部署雄安新区建设为契机，对推动京津冀三地职教协调发展具有重要意义。同时他希望联盟充分发挥"协同、创新、共享"的作用，通过联盟内校校合作、校企合作，实现职业教育资源的优化配置，将联盟打造成京冀两地的职教品牌，全面提升区域职业教育水平和综合实力，服务两地企业发展，助推两地经济腾飞。

与会人员还共同观看了由金隅科技学校编制的《携手同行，共谱新篇》视频短片，回顾了京保石邯等地区联合办学的工作历程；共同听取了联盟理事长关亮同志对联盟筹备情况的简要汇报；秘书长张玉荣同志公布"京保石邯职业教育联盟"第一届理事会名单、主持审议《京保石邯职业教育联盟章程》、宣读2017年"京保石邯职业教育联盟"工作计划；共同见证了北京市、保定、石家庄、邯郸四个地区的教育部门领导为"京保石邯职业教育联盟"揭牌并进行启动球启动仪式。此外，北京金隅科技学校、石家庄鹿泉区职业技术教育中心、丰台职教中心、雄县职教中心四所学校校长在现场签订了联盟成立后的首个合作办学协议。

会议期间，与会人员还共同观看了由北京云天航空文化发展股份有限公司技术人员操作的无人机室内飞行表演，听取了由中共北京市委专家讲师团讲师、北京市产业经济研究中心主任张一平教授以《京津冀规划与雄安新区战略》为主题进行的精彩讲座。

"京保石邯职教联盟"是在北京市教委职成处、河北省教育厅职成处和北京金隅集团的领导下,由北京金隅科技学校牵头,联合京西南方向北京及河北部分职业院校、相关企业、科研单位、协会、服务机构等,自愿组成的具有跨区域性和非营利性的组织。现有加盟单位 35 家,其中职业学校 26 所,行业、企业9 家。

京保石邯职业教育联盟将紧紧围绕"一核心、双合作、三提升"宗旨,拓宽两地职业教育合作交流领域,不断创造职业教育改革发展的新机遇,促进区域产业转型升级。

（侯兴蜀编辑）

北京市求实职业学校举行京津冀学前教育技术技能邀请赛

6 月 17 日至 18 日,由北京市教育委员会、北京教育科学研究院和北京市职业技术教育学会主办的"2017 年北京市职业院校学前教育技术技能比赛京津冀地区邀请赛"在北京市求实职业学校安贞里校区拉开帷幕。

此次比赛由北京市求实职业学校承办,并且也得到了特蕾新教育集团有限公司、幼乐美(北京)教育科技有限公司和北京众诚天合系统集成科技有限公司的大力支持。这次比赛不仅有北京市 20 所学校参赛,大赛还邀请了津冀地区 13 中职学校的学前教育专业学生参加。

这次比赛贴合岗位实际,直接指向幼儿园教师岗位的综合实力大比拼,比赛内容包括综合知识素养、幼儿园语言活动设计、幼儿园音乐活动设计、幼儿园环境创设四项内容,比赛过程中所有选手服装统一,现场抽签设计活动,赛事全程实况转播,做到了高度透明、公开。

教育部职成司综合处宁锐副处长、教育部职业院校教育类专业教学指导委员会主任刘兰明、北京市职业技术教育学会会长李壑、北京教科院职成所副所长史枫、朝阳区教委职成科科长蔡芳、朝阳教育学院分院副院长白雪峰、高等教育出版社中职分社副主任禹天安、首都师范大学学前教育学院院长王建平、北京众诚天合系统集成科技有限公司张志坚参加了此次开幕式。

（侯兴蜀编辑）

《京津冀职业教育协同发展简报》
2017 年第 04 期(总第 009 期)

新闻动态

教育部召开对接会协调京津冀优质资源帮扶青龙县、威县职成教育

京津冀职业教育协同发展
简报
2017年第04期(总第009期)
内部交流
★

主办单位：京津冀职业教育协同发展研究中心(天津)
协办单位：京津冀职业教育协同发展研究中心(北京)
　　　　　京津冀职业教育协同发展研究中心(河北)
指导单位：天津市教育委员会　北京市教育委员会
　　　　　河北省教育厅　天津市教育科学研究院
2017 年 9 月 30 日

本 期 目 录
重大新闻
◆ 习近平指导京津冀协同发展这几年

新闻动态
◆ 京津冀教育部门召开专题会研究推动雄安新区教育发展
◆ 职业教育精准服务雄安新区 天津职业大学与雄安签订合作协议
◆ 职业教育精准服务雄安新区 天津职业大学与雄安签订合作协议
◆ 天津职业教育"落户"雄安 江校联合制定"订单式人才培养计划"
◆ 天津市第一商业学校单县分校完成签约揭牌仪式
◆ 天津职大举手曹妃甸职教城
◆ 第二届承德市隆化县、丰宁县中学生赴夏令营活动成功举行
◆ 北京金隅科技学校领导班子到丰宁县职业教育中心考察
◆ 北京财贸职业学院工成荣校长一行赴早平县职教中心调研
◆ "怀一怀"携手打造京津冀协同发展形势下新型职业农民培养新模式
◆ 河北青龙职教中心师生参观北京市商业学校
◆ 北京吕平职业教育集团院段丽丰阜岳临唐山一带专区指导
◆ 北京工业职业技术学院前往张家口职业技术学院开展深度合作交流

近日,教育部为落实《中共中央办公厅国务院办公厅关于进一步加强中央单位定点扶贫工作的指导意见》《教育部 2017 年对河北省青龙县、威县定点扶贫工作要点》,做好教育部定点扶贫县有关工作,推进京津冀职业教育、成人教育协同发展,组织召开京津冀对口帮扶青龙县、威县职业教育与成人教育发展工作对接会,教育部职成司城乡与社会教育处处长刘英主持会议,北京市教委、天津市教委、河北省教育厅、京津冀地区部分院校相关负责同志,县领导王殿忠、赵璇以及威县相关负责同志参加会议。

会议听取了我县职业教育和成人教育发展状况、教育部帮扶项目落实情况以及下一步脱贫攻坚工作对职成教育发展的需求。北京市教委、天津市教委、河北省教育厅就我县职成教育发展展开讨论,并提出意见建议。

北京市教委表示将以"北京商业学校—青龙县职教中心"的职业教育帮扶机制为主要平台,进一步深化对青龙职成教育的支持,帮助青龙建设相关应用专业。同时,北京市还将协助青龙开展学生素养提升工作,包括德育教育以及两地学生交流互访等活动;通过北京农业职业学院等相关院校,为青龙提供新型职业农民短期培训;通过"校企合作、产教合作"开展脱贫项目对接,协调北京市职业院校主办企业在用工、产业项目上对青龙给予支持。

天津市教委表示,将协调相关院校,在职教专业带头人培养、职院分校建设、支持青龙学生就业和富余劳动力转移等方面提供支持。

河北省教育厅介绍了河北省职业教育扶贫政策落实情况,并表示将协调

利用好京津优质资源,加大对青龙的帮扶力度。

国家开放大学介绍了"长征带"教育精准扶贫工程在青龙实施进展情况,并表示将加快实施进度,发挥国家开放大学的体系优势和远程教育优势,更好地服务于青龙经济社会发展。

刘英结合《中共中央办公厅国务院办公厅关于进一步加强中央单位定点扶贫工作的指导意见》,对教育部定点帮扶青龙和威县的新要求进行了说明。

会议指出,今年是两县打赢脱贫攻坚总决战的决胜之年,教育扶贫是阻断贫困代际传递的有效手段,对于脱贫攻坚具有基础性、先导性、根本性的作用。在两县脱贫的关键时期,教育部协调京津冀优质教育资源加大对两县职业教育与成人教育的帮扶力度,可以直接增强两县教育扶贫的工作动能,精准对接两县产业脱贫项目,精准帮扶贫困家庭学生,增强两县群众的教育扶贫获得感,同时也是加强职成教育区域协作的有益探索。

会议强调,教育部协调京津冀对口帮扶两县职成教育发展,将聚焦项目落实,切实解决两县职成教育发展和办学中存在的困难和问题,精准发力直接服务两县正在开展的脱贫攻坚产业项目,精准对接贫困村、贫困户,使职成教育资源直接惠及困难群众。

会上,由教育部牵头,北京市教委、天津市教委、河北省教育厅组成工作组,拟写了对口帮扶工作方案,从加强专业建设、师资培训、联合培养、校企合作、短期培训、服务产业等方面提出多项具体帮扶项目。 （耿洁摘辑）

职业教育精准服务雄安新区 天津职业大学
与雄安新区签订合作协议

为更好地服务党中央、国务院设立河北雄安新区的重大的历史性战略选择,服务京津冀协同发展,落实鸿忠书记在中国共产党天津市第十一次党代会报告中提到"以'一盘棋'思想深入推进京津冀协同发展。主动对接雄安、支持雄安、服务雄安,需要天津支持、调整、付出的,坚决服从落实"的讲话精神,天津职业大学发挥国家职业教育示范区示范校的优势,积极联系雄安新区管委会城乡统筹组,为新区筹建工作中搬迁人口培训再就业工作和产业布局建设急需高素质技术技能人才做好人力资源和智力支持,双方经过多次沟通协商达成一致意见,于 7 月 20 日签订战略合作协议。河北省人力资源和社会保障厅副厅长赵爱平、雄安新区管委会于振海副主任和天津职业大学副校长李树岭出席签约仪式。

签约仪式后,李树岭副校长带领继续教育管理中心、合作办、宣传部等一行8 人参加了新区城乡统筹组在容城县三贤文化广场组织的"聚力雄安送培训"现场招生宣传活动,现场咨询的适龄年轻人达到万余人次,宣传成效显著。

此次区校双方合作项目主要有五项,一是以挂牌建设"天津职业大学雄安新区培训基地"为载体,先期推动雄安新区筹建阶段搬迁工作中的劳动力输出就业培训、职业学校师资和学生技能培训,以及职业技能鉴定;二是以需求为导向,以"就地就近、输出就业"为原则举办对口专业成人高等教育学历班;三是服务京津冀协同发展战略,争取政策支持,增加单列招生计划,为新区重点产业紧缺职业岗位培养专业技术技能人才;四是依托新区产业布局和人才需求规划,联合制定"订单式人才培养计划",整合优质专业资源,为新区重点产业建设做好技术技能人才储备;五是带动职业学校协同发展,在人才培养、教学改革、实训基地建设、师资水平提升、社会服务等方面联合共建、资源共享、促进发展。

区校合作是雄安新区管委会与首家高职院校合作落实规划建设阶段劳动力输出再就业的重要途径,也是服务雄安新区建设和京津冀协同发展国家战略的重要举措;为推动雄安新区产教融合、促进协同创新搭建战略平台,创新雄安新区高素质技术技能人才培养和劳动力输出再就业新模式,为区域人力资源提升和智力支持积累经验和推广做法。 (耿洁摘编)

天津市第一商业学校雄县分校完成签约揭牌仪式

2017 年 9 月 8 日,在天津市教委和雄县人民政府、保定市教育局的高度关注和大力支持下,国家现代职教示范区建设成果分享汇报会暨天津市第一商业学校雄县分校揭牌仪式在河北省保定市雄县职业技术教育中心正式举办,天津市教育委员会副主任吕景泉,河北省保定市雄县人民政府县长杨跃峰,保定市教育局局长徐志清和天津市教委、雄县教育局、容城县教育局等主要领导出席揭牌仪式,雄县职教中心杨运潮校长和一商校郭葳校长签署分校办学协议,雄县教育局赵勇鸿局长主持签约揭牌仪式。

图 38　天津市第一商业学校雄县分校签约揭牌仪式

揭牌仪式上,天津市教育委员会副主任吕景泉做了题为"天津职业教育发展探索实践"的主旨发言,他希望通过此次两校全方位协同合作,积极引入国家职教示范区模式,延伸职业教育链条,打通中职教育上升通道,做大做强职业教育,打造津冀两地优势互补、互利共赢的职业教育协同发展新格局,助推优质职业教育资源服务两地区域经济和社会发展。

图 39　天津市第一商业学校雄县分校签约

随后,天津市第一商业学校校长郭葳与雄县职教中心校长杨运潮正式签署两校合作建立"天津市第一商业学校雄县分校"协议书,天津市教委中职处处长狄建明与雄县副县长滕秋安共同揭牌,就此开启津冀两地职业教育在专业建设、课程体系建设、师资培养和学生管理等多领域崭新合作篇章。杨运潮校长表示,雄安新区建设为职教中心的发展迎来了机遇,也提供了宽广的舞台,希望通过与一商校合作,不断深化改革,开拓办学思路。天津市第一商业学校校长郭葳也诚挚表达了对加强两校深度合作的期望,她希望通过此次合作办学,深入推进内涵式发展,建立高质量高水平天津一商雄县分校,实现共创双赢、长远发展。

保定市教育局局长徐志清就两校合作办学项目寄予期待,提出了具体的方向,希望天津市第一商业学校切实发挥国家现代职业教育改革创新示范区学校的引领作用,为落实和推进京津冀协同发展战略,促进雄县职业教育发展,与雄县职教中心倾力合作,实现区域资源共享、优势互补。

此次揭牌仪式的成功举办,为雄县职教中心学生提供了更为便捷的学习与就业渠道,同时,对于服务雄安新区职教事业发展、构建京津冀职业教育一体化局面作出积极贡献。

（耿洁摘编）

"怀—丰"携手打造京津冀协同发展形势下新型职业农民培养新模式

在京津冀协同发展政策引领下,为进一步加快新型职业农民培养步伐,提高贫困地区新型职业农民培养质量,共享发达地区社会培训优质资源,河北省承德市丰宁职教中心积极谋划,加强外联,今年暑期和北京市怀柔职业学校(怀柔农广校)成功对接,达成合作共识,安排组织新型职业农民分期分批到北京怀柔开展种植、养殖、民俗旅游接待等方面的致富技能培训,共创两地新型职业农民培养新模式。

在全面考察、深入分析的基础上,丰宁职教中心从全县26个乡镇的土城镇和天桥镇首批遴选出100名新型职业农民学员,组成首期提升班于9月12日至14日赴怀柔观摩学习,努力实现《县委县政府教育质量提升决定》提出的"大力开展社会培训,助推农民脱贫致富"的目标。

12日下午在怀柔京实职业培训学校举行了隆重的开班仪式之后,国学大师习文(尹建立)老师声情并茂上了第一课《国学知识经商之道》。13日上午到三山有机蔬菜基地和杨宋鹿世界观光云参观学习。下午由北京市高级民俗专家张大生教授满怀激情讲述了"创新农业发展",现场气氛热烈。14日上午到卧佛姆鱼养殖基地和国际文化新村北沟新农村参观学习。

本次培训既有理论学习,又有实践观摩,为参训职业农民再添新思路。理论课专家采用通俗易懂的语言,生动鲜活的案例进行,学员听讲聚精会神、精神饱满,时不时和专家互动交流并报以热烈的掌声。实践参观课在各企业负责人和技术人员的带领下，以边看边教学的方式进行，每到一处都为学员介绍企业发展概况，发展趋势和前景，发展过程中注意的问题等，学员们随时随地与企业技术人员沟通交流，加深理解，便于应用。本次培训收到了实实在在的效果，学员高世国在回来途中激动地说："这几天没有白来，既开阔了眼界，又学到了新的实用技能。回去后要好好消化，做到学以致用，带领其他人共同创业。"其他学员也有同感，表示不虚此行，今后有这样的培训班还要参加。

本次与怀柔职业学校联合开展新型职业农民培养，是京津冀协同发展教育领域创新农民培养模式的一次有益尝试，怀柔职业学校自始至终车接车送，承担了交通费、伙食费、住宿费、学习资料费、专家讲课费等全部费用，学员不花一分钱，无任何后顾之忧。通过培训，使参训学员开阔了视野、更新了观念，学习到了很多实用技能和脱贫致富方法，"满载希望而去，满载收获而归"！今后这样的培训将持续不断，使更多的农民兄弟走出乡镇、走出丰宁到经济发达地区参加培训学习，创造条件帮助他们实现脱贫致富奔小康的美好愿景！

（侯兴蜀摘编）

北京丰台区职教学校分校落户石家庄市

2017年9月19日，北京市丰台区职业教育中心学校石家庄分校正式挂牌于石家庄市职业财会学校，今后双方将在产教融合、校企合作、专业共建、资源共享等方面开展深度合作。北京市丰台区职业教育中心学校是国家中职改革发展示范，目前已经形成了现代服务产业、文化创意产业、信息技术产业、教育类和涉农类等五大特色品牌专业功能区，牵头组建了京津冀"互联网+"职业教育集团，成立了跨行业跨企业的"首都厚德精工"校企联盟。此次该校在石家庄市职业财会学校设置分校后，将为财会学校的教师提供更为先进的专业化培训，为学生提供便捷的学习与就业渠道。财会学校也将从电商专业开始，全面对标北京丰职，学习丰职先进的发展理念和成功的治校经验。双方还签订了"交叉培养计划"，积极推进招生、培养、实习、就业的一体化，真正实现共建、共享、共赢。

（刘冬组稿）

地方行动

促京津冀人才交流 首届"通武廊"职业技能大赛举行

7月26日,由北京市通州区、天津市武清区、河北省廊坊市三地人力社保局联合组织的首届"通武廊"职业技能大赛在武清区举行。

为贯彻落实京津冀协同发展国家战略,携手打造"通武廊"协同发展试验示范区,加强三地职业技能人才交流合作,发掘三地技能领域高精尖人才,助推经济社会协调健康发展,三地人力社保部门共同举办此次大赛。该项赛事每两年举办一次,三地轮值主办。

据介绍,此次大赛采取主办方统一部署,三地分别预赛,集中决赛的方式进行。选拔赛职业技能工种包括数控车工、维修电工、养老护理员。命题以国家《职业技能标准》高级工(国家职业资格三级)的理论和技能知识为基准,适当加入技师(国家职业资格二级)的知识和能力要求。比赛内容包括理论笔试竞赛、实际操作技能竞赛两部分,理论笔试成绩占30%、实际操作技能成绩占70%,总成绩排名决定名次。

此外,"通武廊"三地还根据各自实际为参赛选手制定了奖励政策。其中,廊坊市对通过大赛取得高级工以上职业资格的选手,经专家评审获得"廊坊市优秀高技能人才"的人员,由廊坊市相关机构授予专家称号,颁发专家证书,并纳入廊坊市专家管理序列,进入为期四年的培养期,每人每年享受6000元工作津贴。对大赛取得技师、高级技师职业资格的选手,在下一年度可以优先推荐为廊坊市劳动模范和河北省技能大师工作室候选人。

廊坊市人力资源和社会保障局职业能力建设科科长马吕平表示:"廊坊市共有65人参与此次大赛,我们还在大赛奖励政策的基础上增设了参赛奖、优秀组织奖等。通过此次大赛的举行,将有力促进三地人才交流合作。"　　(耿洁摘编)

协同 **与** 协作

《京津冀职业教育协同发展简报》
2017 年第 05 期（总第 010 期）

新闻动态

建立"天津交通职业学院青龙分校"

10 月 20 日,天津交通职业学院与河北省青龙满族自治县职业技术教育中心签署框架协议,合作建立"天津交通职业学院青龙分校"。

据了解,天津交通职业学院将在青龙分校深入实施"六个一"工程,即帮建一所分校、打造一支专业师资团队、策划一组专业、提供一批课程资源、引进一套管理模式、打造一个产教校企对接平台。同时将在分校管理、师资培训、专业建设和资源共享等方面逐一细化方案,提高教育扶贫的有效性和精准性,为青龙满族自治县培养高素质技术技能人才。

（耿洁摘编）

京津冀职业教育协同发展
简报
2017 年第 05 期(总第 010 期)
内部交流

★

主办单位:京津冀职业教育协同发展研究中心(天津)
协办单位:京津冀职业教育协同发展研究中心(北京)
京津冀职业教育协同发展研究中心(河北)
指导单位:天津市教育委员会 北京市教育委员会
河北省教育厅 天津市教育科学研究院
2017 年 12 月 31 日

本 期 目 录

重大新闻
◆ 北京举行《关于加强京津冀产业转移承接重点平台建设的意见》发布会
◆《关于加强京津冀产业转移承接重点平台建设的意见》解读

新闻动态
◆ 北京市密云区职业学校与张家口地区职业学校开展合作
◆ 建立"天津交通职业学院青龙分校"
◆ 青龙县政府及青龙职教中心到我院洽谈深化精准扶贫合作
◆ 北京市丰台区职业教育中心校赴承德开展培训
◆ 天津中德应用技术大学承德校区建设方案对接会召开
◆ 第四届全国养老产业与职业教育高端对话活动暨第二届京津冀养老高峰论坛在京举办
◆ 北京信息职业技术学院赴怀来县职教中心考察、座谈、培训
◆ 天津市武清区职教中心访问北京市劲松职业高中
◆ 北京劳动保障职业学院多种形式与津冀同行交流协作
◆ 北京市电气工程学校曹妃甸分校在曹妃甸区职教中心挂牌

第四届全国养老产业与职业教育高端对话活动
暨第二届京津冀养老高峰论坛在京举办

2017 年 11 月 17 日至 18 日,第四届全国养老产业与职业教育高端对话活动暨第二届京津冀养老高峰论坛在北京举办。活动由全国民政职业教育教学指导委员会主办、北京社会管理职业学院(民政部培训中心)承办。来自全国近 30 个省份的 150 余家养老教育机构、养老服务机构和相关部门、媒体,总计 500 余人参加活动。本次论坛以"培养高素质专业人才、推动养老服务业发展"为目标,以"养老人才职教集团发展"为主题,通过主题演讲、直面对话、国际视野以及毕业生供需见面会、项目发布等几个环节上实现全国养老服务职业教育与产业的深度融合和协同发展。

本次活动贯彻了《国务院办公厅关于全面放开养老服务市场提升养老服

务质量的若干意见》《国务院关于加快发展养老服务业的若干意见》《关于加快推进养老服务业人才培养的意见》等相关文件要求,建立和完善了职业教育机构与养老服务行业企业的教产合作机制,搭建了职业院校与行业企业之间的沟通、交流和合作的平台。

(侯兴蜀摘编)

北京劳动保障职业学院多种形式与津冀同行交流协作

12月,北京劳动保障职业学院组织召开北京人力资源服务职业教育集团理事大会第三次会议。天津职业大学、天津中铁青源国际货运代理有限公司、石家庄铁路职业技术学院等8家理事单位受邀出席,共商京津冀一体化建设;组织召开北京劳动保障职业学院老年专业联盟研讨会。天津职业大学、河北工业职业技术学院、河北香河爱晚管理有限公司等7家合作单位参与研讨;12月,组队参加由天津城市职业学院举办的社会工作者技能大赛,和京津冀职业院校共同竞技;12月,安排4名城市轨道交通机电技术专业教师赴河北轨道运输职业技术学院听课、学习、交流。

(侯兴蜀摘编)

北京市电气工程学校曹妃甸分校在曹妃甸区职教中心揭牌

12月4日,北京市电气工程学校校长崇静、书记贾建军、副校长高福霞、邵红清、主任王权虎一行到曹妃甸区职教中心,双方正式举行北京市电气工程学校曹妃甸分校揭牌仪式。曹妃甸区政府副区长孙素慧、区教育体育局局长赵明福、区职教中心校长王怀平、副校长刘辉、杨景悦、党政办主任孙婧芳、质量办主任史金红参加了仪式。

北京市电气工程学校曹妃甸分校的成立,标志着曹妃甸区职教中心在与京津优质教育资源对接中建立校际合作办学模式、合力培养专业人才工作上取得了新突破。

(侯兴蜀摘编)

北京求实职业学校与迁安职教中心签署深化合作办学协议

北京求实职业学校在与迁安职教中心合作办学意向书签约后,又有新举措。12月21日,北京求实职业学校与迁安职教中心深化合作办学签约仪式在迁安职教中心举行。民进中央教育委员会副主任、北京市政协常委、教育部教学指导委员会委员、北京求实职业学校校长林安杰市，迁安市教育局局长刘东友，迁安市职教中心校长凌志杰及两校相关人员出席了签约仪式。

根据协议，迁安职教与北京求实将围绕双方联办专业形成双向互动共建机制，充分挖掘两校的文化共性，探讨在育人目标、管理模式、招生就业等方面的融合，确立符合京冀两地人才需求的新型育人理念。双方还将在课程体系、教学资源建设、校内外实训基地资源建设推进课程改革形成共建。并实现交流互动机制，通过合作的制度化、机制化、形成双方在师资、企业资源、教学资源、互动资源的共享，使双方在原有专业建设上、课程体系构建上、师资专业能力上、实习实训基地建设上，达到共同培养京冀需求的高技能型人才的目标，共同推动京冀两地职业教育的发展。

（侯兴蜀摘编）

天津职业大学与雄安新区容城职教中心签订战略合作协议

近日，天津职业大学与容城职教中心签订战略合作协议，并以"如何有效开展教学诊改"为专题，为容城职教中心 6 个专业 120 余名教师开展专题师资培训。此次校校合作是继天津职业大学与雄安新区管委会城乡统筹组签订战略合作协议后，推进京津冀职业教育协同发展，搭建雄安新区高素质技术技能人才培养平台的具体举措。

两校合作将充分发挥中高职职业教育的特色，创新跨区域合作模式，在学生技能培训与鉴定、师资提升培训、专业共建等方面出实招、见实效。双方共同努力促进招生模式改革，推进中高职衔接的人才培养体系建设和发展。两校深化产教融合、校企合作，依托天津先进制造研发基地优势和承接北京非首都功能产业资源优势，紧密围绕新区产业布局和产业结构特色，创新产教融合、校企合作的人才培养模式，建设雄安新区高素质技术技能人才培养基地和技术服务平台。

签约仪式后，先期推动"容城职教中心师资队伍水平提升"建设项目，由天津职业大学结合容城职教中心专业建设需求制定专项培训方案，作出专项培训资金，首次由津职业大学教务处负责人进行了主题为"如何有效开展教学诊改"的专题培训。

（耿洁摘编）

技能竞赛

北京市高职高专学生数控技能竞赛邀请
天津工业大学和邢台职业技术学院参加

2017 年 11 月 3 日—4 日,由北京市教育委员会主办,北京电子科技职业学院承办的北京市高职高专学生数控技能竞赛成功举办。为加深京津冀职业院校间的了解,拉近彼此的距离,学校特别邀请了天津工业大学和邢台职业技术学院参加了本次比赛。来自京津冀三地的 7 所学校 18 个参赛队经过两天的激烈角逐,满载而归。

(侯兴蜀摘编)

北京市实美职业学校组织秦皇岛市职业技术学校
部分师生第一次参加全国大赛

11 月 8 日,北京市实美职业学校组织秦皇岛市职业技术学校部分师生第一次参加全国大赛,在北京国际会议中心由中国美发美容协会和全国美发美容职业教育教学指导委员会主办的 "2017 全国发型 / 化妆 / 美甲 / 美睫大赛"并取得优秀组织奖和一个优秀奖。参与比赛活动使师生开阔了眼界、打开了思路。

(侯兴蜀摘编)

北京商贸学校商学系邀请曲周职教中心师生
参加移动端"网店装修"校赛

11 月 30 日—12 月 1 日,北京商贸学校商学系电子商务专业邀请曲周职教中心电子商务专业师生参加移动端"网店装修"校赛。曲周职教中心校企合作部主任梵文侠、专业教师高健、6 名学生以及衡水职教中心侯萌共 9 人参加了本次邀请赛。本次比赛所用平台为 2017 年全国电子商务运营技能大赛平台,内容主要包括首页设计、商品详情页、活动与商品关联设计三部分,比赛时长为 2.5 小时,考察了选手的商品拍摄、图片处理及基本设计能力。两校选手在比赛中充分发挥各自的专业水平。应邀 6 名选手在短暂熟悉竞赛平台状况下,充分展示了扎实的专业功底,分别荣获邀请赛的一等奖与二等奖。2 名专

协同与协作

业教师应邀作为裁判,参加整个比赛的评委工作。本次邀请赛,充分展示了两所学校电子商务专业办学水平和教学实力,进一步推动该专业在京津冀的协同发展。

(侯兴蜀摘编)

首届京津冀模拟炼钢—轧钢比赛暨第五届河北省模拟炼钢—轧钢比赛在河北工业职业技术学院成功举办

2017年12月2日—3日,来自京津冀地区的15家钢铁冶金企业和9所冶金类高校的154名参赛队员齐聚河北工业职业技术学院,首届京津冀模拟炼钢–轧钢比赛暨第五届河北省模拟炼钢—轧钢比赛在河北工业职业技术学院隆重开幕。本次大赛是由河北省金属学会、北京金属学会和天津市金属学会主办,由河北工业职业技术学院、华北理工大学、河北科技大学共同承办的一次规模空前盛大的冶金行业技术能手和高校冶金类学子的龙争虎斗。比赛分为初赛和决赛两个阶段,初赛项目包括炼钢/轧钢知识竞赛和炼钢/轧钢仿真操作竞赛,决赛分为单项冠军争夺赛和团体冠军争夺赛两个环节。为保证赛程的顺利进行,北京金恒博远科技股份有限公司提供了全方位技术支持。

河北省金属学会常务副理事长李贵阳、河钢集团党委副书记、工会主席齐跃章、河北工业职业技术学院院长贾俊礼、河北省金属学会副秘书长张敬民、河北工业职业技术学院常务副院长付俊薇、北京金恒博远科技股份有限公司副总经理邱香富等领导出席大赛开幕仪式。河北工业职业技术学院院长贾俊礼致欢迎辞,贾院长在讲话中指出,随着产业转型升级和京津冀协同发展的进程不断加快,技术技能型人才在各行各业的作用将更加突显,提高企业一线员工和在校大学生的专业实践技能水平势在必行,河北工业职业技术学院将始终坚持"致力冶金,服务区域、面向全国、接轨国际"的办学定位,进一步深化教育教学改革,提高人才培养质量,努力为钢铁行业发展作出更大贡献。河北省金属学会常务副理事长李贵阳在讲话中表示,大赛的举办为兄弟单位、兄弟院校之间切磋技艺、增进友谊、促进创新发展搭建了舞台,对加强高技能人才队伍建设、促进中国钢铁工业实现产业升级具有重要意义。河钢集团党委副书记、工会主席齐跃章宣读了北京金属学会、天津市金属学会预祝大赛成功举办的贺信。河北省金属学会副秘书长张敬民现场抽取了企业组、院校组模拟炼钢竞赛的钢种。

"模拟真实环境,练就真正技能"。理论知识竞赛场内,各参赛队员沉着冷静,努力发挥最佳水平,展开了炼钢、轧钢理论知识比拼;仿真操作竞赛中,各参赛队员通过各项指标控制,力求在规定时间内降低成本,冶炼、轧制出高质量成品。在各项比赛环节中,裁判组成员秉承"公开、公平、公正"原则,严格按照竞赛规则、评分标准,认真履行职责,以高度的责任心和严谨的工作作风,圆满完成各项裁判工作。经过2日下午、3日上午的激烈角逐,河北工业职业技术学院和唐山国丰钢铁有限公司分别荣获高校组、企业组团体一等奖;河北工业职业技术学院参赛学生以扎实的专业理论功底与精湛的仿真操作技术包揽了炼钢、轧钢单项冠军争夺赛一等奖的殊荣。北京金恒博远冶金技术发展有限公司特别荣获"技术支持奖。"至此,首届京津冀模拟炼钢—轧钢比赛暨第五届河北省模拟炼钢—轧钢比赛圆满落下帷幕。

河北工业职业技术学院为本次大赛的举办提供了全方位服务和高标准的竞赛环境,得到了主办方、裁判员和各参赛队员的充分肯定与高度赞誉,彰显了该院的办学实力和鲜明的冶金特色。大赛的成功举办既是河北工业职业技术学院与企业、行业协会深度合作结出的累累硕果,又是对该院钢铁冶金类专业教育教学成果的良好展现,对进一步推进教育教学改革、突出就业导向、加强校企合作、实施工学结合具有重要意义,为全省冶金类大学生及省内钢铁企业员工提供了交流学习和展示技艺的平台。

(耿洁摘编)

2017 年度天津市高职高专院校学生技能大赛
京津冀三地学生同台竞技

近日,2017年度天津市高职高专院校学生技能大赛汽车检测与维修赛项、现代物流作业方案设计与实施赛项,和城市轨道电动客车检测与维修赛项在天津交通职业学院举行。本次竞赛除了天津市各高职院校参加以外,来自北京和河北的三支代表队分别参加了"现代物流作业方案设计"和"汽车检测与维修"两个赛项,他们的参赛带来了活力,也使各赛项竞争更加的激烈,同时也进一步体现京津冀一体化在职业教育上的高度融合。

现代物流作业方案设计与实施赛项共有12支代表队参加,其中来自北京1支,河北省1支,每支队伍4名选手,共计48名选手参加竞赛。与此同时,来自安徽、湖南、山西、重庆、江苏等省市的院校也来到现场进行观摩。作为市赛有那么多地区院校来观摩还属首次,这样从侧面反映该赛事在全国的影响力。

竞赛由物流作业方案设计赛段、物流作业方案实施赛段与物流职业能力测评三部分组成。

赛项以现代物流企业为背景,结合现代物流的发展,运用了云计算、大数据、智能设备和物联网等技术的融合。通过竞赛检验物流人才培养质量,规范物流人才的培养目标;创新物流人才培养模式,引导物流管理专业的教育教学改革,吸引企业参与,促进校企深度融合,提高高职教育的社会认可度,提升培养专业人才的市场匹配度;培养学生职业技能、职业精神;展示参赛选手在组织管理、专业团队协作、现场问题的分析与处理、工作效率、质量与成本控制、安全及文明生产等方面的职业素养。

汽车检测与维修赛项共有来自津冀的 7 所院校 10 支代表队 30 名选手参赛。每队由 3 名选手组成,比赛选手以个人与团队相结合的方式进行,每队由 3 名选手组成,每校限报 2 支参赛队,共 6 名选手。

今年大赛在赛项设置上和以往相似,和国赛是对接的。比赛分为理论考核和实际操作两个环节。理论竞赛以计算机操作在线答题的方式进行,竞赛时间为 60 分钟,满分为 100 分。实操竞赛内容包括发动机故障诊断与排除、车身电气故障诊断与排除两部分。

同时,与职业岗位需求对接职业教育倡导的"企业导向",在技能竞赛的考核评价内容上积极与企业岗位需求接轨,密切结合行业、企业的最新标准,确保中等职业学校实践教学环节的成效。城市轨道电动客车检测与维修赛项共有五支代表队,分别来自天津交通职业学院,天津铁道职业技术学院和天津中德应用技术大学。竞赛方向主要以城市轨道交通列车的转向架检测与维修为主,包含转向架日常检查、制动气路电路设计安装调试。今年比赛更加贴近于地铁运营公司的实际,增加了动手能力竞赛的强度。 （耿洁摘编）

新闻动态

全国现代服务业职业教育集团
京津冀分部在津成立

1 月 6 日,由天津职业大学牵头成立的全国现代服务业职教集团京津冀分部成立大会在天津举行。

大会审议通过了《全国现代服务业职教集团京津冀分部章程》,提名并选举产生了全国现代服务业职教集团京津冀分部第一届理事会成员,进行了全国现代服务业职业教育集团京津冀分部授牌及校企合作签字等重要仪式。举办了以"校企会融合助力京津冀现代服务业发展"为主题的京津冀现代服务业高峰论坛。

中国贸促会商业行业分会会长、全国现代服务业职教集团理事长曾亚非,全国现代服务业职教集团执行理事长薛茂云,中国贸促会天津分会、天津商业联合会等相关部门领导、京津冀三地职业院校负责人及有关行业协会、企业共计 140 个单位参加了成立大会。

(侯兴蜀摘编)

天津市第二商业学校依托专业优势
服务雄安百万技能人才转型培训

1 月 5 日上午,天津市第二商业学校与河北安新县文德职业培训学校联合主办的雄安新区就业创业培训班在容城县南张镇北张村大礼堂举行开班仪式。容城县就业局局长张明、南张镇镇长乔明、天津市第二商业学校校长刘恩丽、副校长张再谦,安新县文德职业培训学校校长张玉欣等领导、相关专业教师以及 57 名学员参加了开班仪式。

天津市第二商业学校计算机商贸教研室主任张阳以及德育教研室主任赵亚静分别为学员们讲授了《计算机应用基础》和《职业道德规范》课程。两位老师用其亲切、生动、幽默的讲解方式结合大量的实例讲解了计算机应用基本知识以及如何提升职业素养等内容。这样的培训课程设计，既满足了学员就业创业需要，又贴近学员工作生活实际，场内气氛十分活跃，学习氛围浓烈。

一天的培训结束，学员们纷纷表示收获颇丰，不仅拓宽了视野，提高了职业道德素养和专业能力，还更加坚定了就业创业的信心。

乔明镇长对天津市第二商业学校为雄安新区提供技能人才培训服务表示热烈的欢迎和衷心的感谢，他说，南张镇急需引进优质教育培训资源，服务村民向城镇居民转型的大计。

张再谦副校长介绍，此次电商运营培训班为期10天，共90课时。接下来，还将陆续开设中式烹饪和机电技术等相关培训班，以满足不同学员的需求。

刘恩丽校长表示，学校遴选出最专业、最具实力的师资队伍助力此次系列培训，为培训班的顺利进行提供坚强后勤保障。今后，将依托天津国家现代职业教育改革创新示范区以及天津食品集团优势资源，发挥职业教育的优势，按照技能加创业的新思路，持续服务雄安新区城镇居民和村民的转型发展。

作为天津市第二商业学校的上级主管单位，天津食品集团高度重视如何服务雄安新区的有益探索，开班第一天，党委书记、董事长张勇就率团队亲临现场指导，并跟雄安新区有关部门对接洽谈了相关事宜。他高度肯定了天津市第二商业学校服务雄安培训当地技能人才的做法。他表示，将会整合集团成员单位的优质资源，为雄安新区建设贡献一份力量，为京津冀协同发展作出应有的贡献。

（耿洁摘编）

京保职业教育协作推进会在北京财贸职业学院京冀创新教育学院举行

2018年1月9日，京保职业教育协作推进会在北京财贸职业学院涿州校区举行。保定市教育局副局长赵建民、高等教育处处长杨玉才、京津冀协作办公室主任赵聚辉，北京财贸职业学院副校长李永生，招生规划处（招生办公室）、教务处、京冀创新教育学院相关负责人参加会议。

李永生副校长首先介绍了学校对接京保扶贫攻坚行动工作开展情况,重点就《2018 年京保职业教育协作中职学生就业能力提升 2.5+0.5 项目》实施方案及学校为此开展的各项准备情况做了说明。随后,双方围绕《2018 年京保职业教育协作中职学生就业能力提升 2.5+0.5 项目》实施方案展开研讨,对京保职业教育合作存在的机制体制问题展开深入讨论,并就如何争取政策支持、实施路径和方向等问题达成共识。

通过研讨,双方认为以保定市 8 个贫困县的教育精准扶贫为基础,继而拓展到其他非贫困县的贫困学生的教育扶贫,推进京保职业教育精准扶贫攻坚行动实施,为服务区域发展、人才培养作出贡献。   （侯兴蜀摘编）

重点关注

天津市大力推进京津冀教育协同发展
京津冀区域教育一体化格局 2030 年基本形成

日前,北京师范大学天津附属中学办学集团正式成立,包含高中、公办初中、民办中小学(计划审批)、公办小学(新会道小学)等。"借助北师大的平台,学团覆盖各个学龄段,相当于在家门口就能全程享受到北京的优质教育资源,作为家长我非常高兴。"一提到这事,家住河西区小海地的贾女士就笑得合不拢嘴。

"天津中德应用技术大学承德分校是本市在承德市对口支援建设的高水平高职院校,设置了设备制造、电子信息等 20 余个专业,今年开始招生,首批招生 300 余名。"天津中德应用技术大学相关负责人告诉记者,"今后,承德的学生不仅可以在家门口享受到优质的天津职业教育资源,学校还将优先招收贫困家庭学生,助力精准脱贫。"

这些民生所指、民心所向的举措得益于京津冀协同发展的大格局。为进一步落实这一重大国家战略,发挥基础性、先导性作用的教育领域率先发力。2017 年,天津市教委发布《京津冀协同发展教育专项规划》,为本市全面融入京津冀教育协同发展制定出时间表和路线图。根据该规划,到 2020 年,天津市教育将全面融入京津冀协同发展,承接优质教育资源取得较大进展,初步形成京津冀教育协同发展、互利共赢的良好局面;到 2030 年,京津冀教育协同发展机制健全,京津冀区域教育一体化格局基本形成,建成与世界级城市群相匹配、具有国际竞争力的区域现代教育体系。

本市各区、各区教育部门结合自身优势，主动融入京津冀协同发展。滨海新区引进的北京企业京籍人员随迁子女，在新区中小学上学期间，可将学籍保留在北京，并参加北京市小升初和中考招生；"通武廊"地区率先签署协议，组建10个由三地优质品牌同类校合作的基础教育协同发展共同体；北辰区与北京大兴区、河北廊坊市联合实施中小学交流合作工程；和平区与北京师范大学签署协议，协同推进教师培养、课程改革、教育信息化应用等工作……这些遍地开花的成果，正是本市确保京津冀教育协同发展各项协议落地见效的实招。

三地优质教育资源的进一步融合，也为地区发展提供了智力、人才支持。"目前，三地签署了多项教育合作交流协议，组建了8个高校创新发展联盟，成立了7个高校协同创新中心，主要聚焦京津冀协同发展中的重点领域、难点问题，开展协同研究和产学研协作。其中由天津中医药大学、中国中医科学院、京津冀大型中药企业等共建的药材基地、注射剂产业合作组织、现代中药产业研究院已成为产学研合作的代表之一。"市教委相关负责人表示。

"2018年，本市将继续推进京津冀教育协同发展。推进国家大学创新园区建设，配合相关部门搞好规划设计、入驻院校、创新平台、配套政策、建设模式等联合研究工作。发挥京津冀现代职业教育与产业对接平台作用，支持雄安新区和河北省承德市、青龙满族自治县、威县职业教育发展，加快中德应用技术大学承德分校建设。完善'通武廊'基础教育一体化发展模式，引领京津冀基础教育协同发展。"市教委主任王璟表示，"'十三五'期间，京津冀将持续在教育领域非首都功能疏解、三地教育统筹发展、教育对口帮扶等10个方面进行专项合作。"

（耿洁摘编）

【记述】

天津市机电工业学校帮扶民族地区记述

津藏相连 教学相长结深情

天津市机电工业学校自 2011 年 9 月 4 日迎来首批西藏班学生,至今已有六届,他们来自西藏的拉萨、昌都、阿里、日喀则、山南、林芝等 7 个地区。2015 年,学校又增加了青海地区的藏族学生。

学校从承接西藏班学生的任务后,始终认真落实党的民族政策,促进民族团结,确立了"建队伍选精品,讲政策有方法,倾爱心见真情,多活动重教育,深探索成特色"的工作方针,在教育部、西藏教育厅的指导下,在天津市教委等各级领导的大力支持下,取得了显著成果,让高原上的雄鹰从天津市机电工业学校起飞。

一、建立专职队伍,确立工作目标

抓好爱国主义教育、行为养成教育、一技之长教育三条主线,制定了"让每一位学生掌握生存的本领,使高原上的雄鹰起飞在天津市机电工业学校"的工作目标。

学校成立了以校长、书记亲自挂帅,班子成员组成的领导小组,成立了主管校长主抓,以学工处党支部书记为组长,系主任、学工处、教务处、后勤处等部门主任组成的工作组,选拔了学院骨干教师担任班主任的三级管理机制。

西藏班整体管理由学生工作处直接负责,并选派学校综合能力、责任心强的老师为生活老师,负责西藏班 24 小时点对点的管理。不断建立健全《西藏班管理制度》，并纳入学院制度及学生手册中。围绕西藏班管理的特点和要求，制定教师专题培训计划，坚持"严、细、爱"的工作原则。

二、健全教育制度，实现五化管理

教育管理规范化。学校制定了《西藏班班主任职责》《西藏班专职生活老师职责》《周末外出管理制度》《每周例会沟通制度》《关于规范民族班学生相关费用规定》《143管理制度》等十余项制度，有效地保证了西藏班工作的正常进行。在常规管理中，全面推动西藏班常规工作，使学生在纪律、卫生、行为规范等方面稳步提高。

教育内容多样化。由于西藏班的学生来自西藏拉萨、昌都、阿里、日喀则、山南、林芝等7个地区，2015年开始，根据教育部计划要求，又增加了青海地区的藏族学生，学生年龄在14岁到24岁间。由于学生来自不同的地区、家庭，不同年龄，身心发展情况也不同，学校针对学生成长规律，对每个学生进行分析并制定培养计划，重点是三个方面的培养：一是加强语言沟通、书写能力的提高，二是良好学习及行为习惯的养成，三是爱国情怀、文明礼仪、心理健康教育。

图40 每学期为学生组织拓展训练活动，培养学生团队精神

教育渠道网格化。学校利用现代化宣传手段，开展形式多样、贴近学生生活的德育活动，让每个学生参与，感受良好的校园文化。在培养学生的每一个环节都做到：学校顶层设计，工作小组具体指导，班主任落实实施，生活老师通力配合，学生人人参与。

教育形式特色化。学校针对西藏班学生特点,结合西藏民族学生实际,以"心灵教育——感恩教育"为主线,开展"学会感恩""我是一名幸运儿""让我们记住他们——缅怀先烈""美丽的新西藏""学宪法"等爱国主义教育,深入浅出地带领学生们学习中国共产党新党章、党的十九大报告等,培养学生懂感恩,知回报、爱祖国的美好情操,培养学生自信心和民族自豪感。

教育活动系列化。学校利用每天下午课余时间,对学生开展爱国主义、民族团结教育的同时,还组织学生观看法纪教育宣传片,开展丰富多彩的体验活动,观看天安门升旗仪式,参观"周邓纪念馆"、天津科技馆、天津博物馆,登八达岭长城……

图 41　组织开展爱国主义教育活动现场

三、注重真情真爱,体现关心关注

学校始终坚持关心、关爱、关注西藏班学生。自 2011 年以来的所有节假日,宋春林校长、王千文书记亲自带领学院领导班子放弃与家人的团聚,与西藏班学生共度节日,陪伴在学生身边。每项活动都是顶层设计,事无巨细。特别是每年的藏历新年,为了让学生在异地感受到家的温暖,领导亲自上网查资料,了解西藏的风俗,让学生喝到"古突",吃上具有家乡特色的"卡塞"和丰盛的年夜饭。几任西藏班生活老师都说:"我们感到像天天在家过年一样。"

学生们对领导、老师们都亲切地称为"老爸、老妈"。暑假期间,学校领导仍然每天和孩子们通电话、发短信、传微信,关心学生的思想动态和生活情况,学

图 42　学校领导和老师与学生一起过春节

生们渴望着快快回到第二故乡——学校。

　　学校党委还组织开展了"结对子、认孩子、交朋友"的牵手活动,在老师们一对一亲如一家的亲情感召和细心关怀下,每个学生都发生了质的改变,懂得了做人的道理,感受到人世间最真的爱,体会到党的温暖。

四、严当头爱其中,重生存能力培养

　　学校不仅注重学生生活能力的培养,更关注学生生存能力的培养。2012年参加教育部西藏班管理研讨会,了解到数控专业的学生毕业后西藏没有就业岗位的信息,学校领导高度重视,多次组织专题会议,研究对策,决定为了让这些学生能有更多的就业机会,学院投资,开设了第二专业的学习课程。2011级学生学习计算机技术应用专业的技能,2012级、2013级、2014级、2015级学生学习电工专业技术,学生都取得资格等级证书。

　　每个假期学校都会选派优秀的专业老师和资深的就业指导老师为学生讲授机械专业、汽车专业、汉语言写作、朗读、天津文俗等方面的课程,拓展学生的知识面,提升他们汉语的听、说、写的能力。

五、出校门严把关,入企业精选择

　　2013年9月,2011级学生进入生产性实习阶段,为了每一名西藏班学生

都有适合自己的岗位,从 2011 年春节过后,学校注重对学生职业素养的系列培训。老师们一对一地分析每名学生的弱点,找出其修正的方法:如何判断一件事的对错,如何与人建立良好的工作关系,如何与领导沟通,如何锻炼自己的意志品质,等等;让学生参加校园公益岗体验,提高学生的劳动意识;多次组织开展准职业人企业一日体验活动,让学生感受企业的氛围;请企业人力资源高层领导为学生做岗前培训,让学生了解企业的要求;开设体能训练课,让学生增强体质;强化学生礼貌礼仪的行为习惯养成,等等。

学院领导亲自为孩子们寻求企业岗位,通过亲自把关,到企业考察,选择了"北京西山事务管理局杏林山庄"、世界 500 强企业"爱信车身零部件有限公司"、电装空调、电装空调管路、中芯国际及中信计算机广告公司等 6 家企业,使企业理解、接受并重视西藏班学生。

学校坚持每周一次由主管院长带队进行企业回访,班主任每天信息跟踪,保证了学生实习的稳定性。学生结束生产性实习时,企业为每名学生做了工作评价,在考核成绩一栏中均为优秀,并表示随时愿意接受这些学生再回企业就业。

针对 2012 级、2013 级学生毕业后能有更多的同学回西藏对接高职,学校对学生基础差、底子薄的实际情况加大补课力度,甚至从小学的知识补起,无论是假期还是节假日,无论教室还是宿舍都能看到老师们为孩子们补课,批改练习题的身影。

六、知感恩回报社会,教学相长结深情

2011 级参加顶岗实习的 39 名同学,将自己的第一桶金(顶岗实习的第 1 个月工资)捐献给中国福利事业。索朗扎西同学还自己单独救助了一名贫困小学生。6 位同学 7 次在 18 岁生日、母亲节、藏历年等纪念日义务献血,尼玛扎西同学两次献血,表现出将爱传递给社会的真实情感。

2011 级、2012 级、2013 级全体同学成为在中国志愿组织注册的中国志愿者。从 2012 年开始,西藏班学生每次暑假返藏都在列车上志愿服务,他们的突出表现赢得了 T27\T28 次列车长、列车员及乘客的高度赞扬。孩子们将雷锋精神传播至青藏高原。

2011 级、2012 级同学全部向党组织递交了入党申请书,表明了思想上积

图 43　2013 年 3 次走进天津电视台参加春晚特别节目讲述西藏班的故事

极进步,热爱党、跟党走的坚定信念。

几年来,学校西藏班的故事在社会上引起极大反响,天津电视台一直跟踪报道。西藏班孩子 3 次走进天津电视台,在《当红不让——我要上春晚》节目中过关斩将,登上 2013 年天津电视台春晚特别节目的舞台;参加《爱拼才会赢》节目并一举赢得大奖;《都市报道》栏目组连续 5 天跟踪报道了西藏班感人故事。2014 年学院党委决定将学生赢得的 51 寸平板电视赠送给西藏教育厅(西藏教育厅转送给拉萨一所残疾人学校),将人间大爱播撒到雪域高原。

2011 级学生进入企业定岗实习期间,无一人违纪,无一人辞职,全部受到 6 家企业的高度评价。企业评价他们朴实、踏实、真诚、有礼貌,吃苦耐劳的精神尤为突出,是天津机电工业学校的优秀学子。2012 级学生除 1 人参军,1 人自主创业外,其余全部升入西藏高职;2013 级学生升学率达到 86.7%;2014 级学生的升学率突破 90%。

天津市人大常委会主任肖怀远来学校参观视察时,听了西藏班的故事,将西藏班孩子送的哈达摘下来,用汉藏两种文字签上名字,深情地戴在宋春林院长的身上,并动情地说:我在西藏工作 24 年,收到的哈达上万条,但这一条却有不同的意义:感谢你为职业教育事业及民族团结作出的突出贡献! 我替孩子的父母感谢你们!

由汉藏老师共同创作的西藏班班歌《青春赞歌》MV、学生及西藏生活老师共同表演录制的微电影《让我们在爱海里徜徉》分别获全国"文明风采"创作比赛二等奖、一等奖。微视频《师恩似海》获全国美育成果展演学生组创作二等奖。

从 2011 年至今,学校已送走四届学生,76 名西藏籍学生光荣毕业。学生的毕业典礼学院全体领导班子成员、曾与西藏班学生学习生活的老师、学生代表都要参加。毕业典礼上的每一个环节都使学生泪流满面,班主任恋恋不舍的工作回顾,生活老师刻骨铭心的深刻体会,宋校长的饱含深情的离别寄语,学生发自内心深深的鞠躬,都让师生们一次次动容,汉藏一家亲的浓浓亲情不断升华。

6 年多来,天津机电工业学校用心、用情给西藏班学生最好的教育,充分感受党的阳光雨露,使每一名西藏班学生学有所成!

天津仪表无线电工业学校帮扶民族地区记述

爱心构筑帮扶支教良好环境

为积极响应国家实施西部大开发战略,促进西部地区繁荣稳定发展,天津仪表无线电工业学校作为国家西部民族地区技能型紧缺人才培养基地,按照天津市委市政府、市教委的总体部署和安排,自 2011 年开始承办西藏中职班的支教办学任务。其间,2015 年迎来了青海藏族学生、2017 年又迎来云南滇西在校建档立卡的贫困家庭民族学生。至今已连续办班七年,合计接收培养学生 306 人,其中已经毕业学生 139 人。

图 44　原教育部副部长鲁昕为学校国家西部民族地区技能型紧缺人才培养基地揭牌

一、健全完善制度

学校党委和领导班子高度重视民族班学生的教育管理和服务工作,专门成立了民族中职班学生管理服务办公室,制定了民族中职班工作方案和相关工作制度。共同履行好让孩子们安心地在校学习好、生活好、成长好的重任。

在教师配备方面,按照对民族班学生"爱、严、细"的工作要求,教育全体师生员工,爱护民族班学生是开展一切工作的基础。专门选派责任心强,有管理能力和奉献精神、身体和精力俱佳的教师,担任专职班主任。

在生活上将民族班学生宿舍细致安排好,就餐形式由集体包餐过渡为自主选择就餐。还专门安排住宿生活指导老师,与住校藏族管理老师紧密配合,细化对学生的教育管理和生活服务。

在日常教学中将民族班学生按专业混合编班,最大限度地增进民族团结和感情融和。由学生处牵头,坚持召开每周一次的民族班学生情况通报例会,各教学系、民族办等相关部门及时交流、沟通学生的学习、生活、需求等情况,及时调整工作思路,发现问题及时解决。

图45 五四青年节观看北京天安门升国旗仪式后合影留念

图46 五四青年节藏族学生攀登八达岭长城

通过组织新生军训、入学教育、升国旗仪式、参观爱国主义教育基地、职业生涯规划教育、爱我中华征文及演讲比赛、歌舞展演、爱国主义观光活动、为孩子们补习文化基础课,让学生们茁壮地成长,成为建设伟大祖国的有用之才。

每逢节日,特别是春节和藏历新年,学校提前专门制定计划,改善学生生活,购买各种活动器材,充实活动内容,学校领导与学生一起联欢,让孩子们感受到党和国家的关爱、学校领导和老师们的亲情、民族大家庭的温暖。

学生的安全是重中之重。学校始终把维护安全稳定工作放在重要位置,定期开展法制教育、民族团结教育、安全隐患排查等。每逢学生生病或到医院就医、住院治疗,都安排教师自始至终陪护照料;每逢学生放假集中返乡、开学集中返校,都安排专人专车护送、接站,在确保学生人身安全的前提下,更加方便和服务好学生。

二、民族班优秀毕业生代表回乡就业

民族班学生毕业后基本上都选择回乡就业,带着所学的专业知识和技能,带着学习生活的收获,带着学校老师和同学们的期盼回去建设美好家乡。

旦增拥忠是学校首届西藏中职班优秀毕业生的代表之一。她2014年毕业于电子系电子技术应用专业,现就职于西藏自治区拉萨市人民政府,从事政府热线话务员工作。她自入校学习以来,严格要求自己,思想积极要求进步,积极参加学校组织的各项文体活动,综合素质和能力进步很快。毕业后,她不辜负学校的培养和家乡人民的期望,积极响应党中央关于加强民族团结、建设美丽家乡的指示精神,返回西藏自治区工作。旦增拥忠在工作中积极、主动、热情,认真履行政府热线接线员的岗位职责,在平凡的岗位上兢兢业业,刻苦钻研,得到了领导和同事们的一致赞誉。在2017年度工作中,她表现突出,荣获拉萨市人民政府办公厅"先进工作者"称号。2018年3月8日,学校许善革、郭智二位教师护送藏族生病学生返乡调养时,旦增拥忠知道消息后,专程前来看望老师们,并委托许老师向学校赠送锦旗。她激动地说:"我在工作中所取得的成绩,离不开老师们的教导帮助,我衷心地感谢母校对我的培养,非常想念在天津学习生活的那段美好时光,非常想念像爸爸妈妈一样关心爱护我们的老师们,这次能在家乡与恩师相聚真是很有缘!"并表示一定会再接再厉,不断进取,为学校争光,为天津市第二故乡争光,为感恩伟大祖国、增进民族团结做好本职工作,不辜负老师和亲人们的热望。

次仁央宗是 2011 级机电专业 1142 班学生。三年的学习生活,使她树立了正确的人生价值观,成为一个具有崇高理想的优秀的毕业生。入校以来她一直严格要求自己,学习勤奋谦虚谨慎,对班上工作主动热情、认真负责。在班上担任生活委员的职务,通过锻炼提升了组织能力、集体协作能力、处事协调能力,成为老师得力的助手,同学们的学习榜样。由于各方面成绩突出,四次获得奖学金,两次被评为校级三好学生和校级优秀学生干部,还向党组织递交了入党申请书。2014 年 6 月毕业后,被西藏山南地区加查县中国联通营业厅录取并参加工作。由于在校学习时打下的良好基础,在当年 9 月举办的业务比武中,取得全西藏第一名的好成绩。现在已晋升为加查县联通营业厅的副经理。

三、教师援助新疆职业学校

按照天津市委组织部、天津市人力资源和社会保障局要求,学校于 2014 年和 2015 年两次委派教师郭立民和王甜到新疆和田市民丰县职业技术学校支教。两位教师在工作中把团结稳定发展作为首要任务,与少数民族同志交朋友,维护民族团结,尊重少数民族人们的生活习惯,诚以待人,积极主动帮助学校教师解决工作当中的实际困难。

在教育教学方面,认真落实援助新疆学校对口帮扶的各项任务,将"互联网+"引入课堂,通过"微课"教学、在线学习演示,开阔学生眼界、促进教学信息化发展。先后在校内组织了多次公开课教学,与民族教师互相学习,互相听评课,共同探讨理实一体的教学模式。通过他们的努力,对口支援学校的教学水平有了很大提高。

在日常工作当中,积极配合援疆民丰工作组和民丰县职业高中做好工作,利用课余时间与学校领导和教师去学生家走访慰问、了解学生的基本家庭情况,给家庭困难的学生捐款,资助贫困学生。郭立民老师自己出钱从天津给职业高中带来教学挂图,到贫困学生家中慰问,给他们送去白面、食用油及学习用品。

两位老师的援疆工作得到指挥部、工作组、民丰县委组织部以及受援学校单位的一致认可和好评。先后被天津援疆指挥部和当地县政府、对口支援学校评为优秀共产党员、优秀援疆干部、优秀先进个人、优秀教师、支教先进个人等荣誉称号。

天津市民族中等职业技术学校帮扶新疆记述

"五步"教学 提升新疆班培养质量

天津市民族中等职业技术学校作为天津市唯一一所少数民族中职学校,积极响应国家三部委的号召,服务国家发展战略,努力为西部培养技术技能人才。学校是首批、也是天津市唯一一所承担新疆中职班任务的学校,2011 年和 2012 年每年招生 40 人,2013 年至 2017 年每年招生 80 人。七年来,共招收 12 个班 480 名学生。

为解决学生交流交往中的语言障碍、新疆少数民族学生就业难等问题,提升教学质量,学校自 2011 年开始对新疆中职班的教学策略进行研究,建立了"五步"教学体系。2014 年 1 月开始在新疆班推广应用,在实践中取得显著成效。

一、潜心钻研,构建"五步"教学模式

针对新疆学生学习中存在的问题,学校因材施教,构建了"看、标、听、做、讲"的"五步"教学模式,有效解决了学生听不懂课、知识技能水平不高的问题。看,即看书预习。教师要求学生每节课前必须预习,带着问题听课。标,即将生字词用汉语拼音标注。学校为每名学生配备了汉维词典,学生通过查汉维词典,理解大意。听,即上课认真听老师讲课,包括听老师发音。做,即加强技能训练,如点钞、收银、会计分岗位实训等反复训练,计时完成。讲,即学生用汉语回答教师提出的问题(此过程需要老师反复纠正),用汉语总结本节课内容。

学生自入学开始,学校对所有学生提出必须说汉语的要求,加强民族团结

教育,营造人人学汉语、人人讲汉语的氛围。开展"手拉手结对子"活动,少数民族学生与汉族学生结对子,平时加强交往、交流,学生们既学习了汉语,也增进了各民族之间的相互了解和信任。暑假期间,开展"走亲戚"活动,"结对子"的学生互到对方家里做客,像亲戚一样,增进了彼此之间的友谊,有很多"结对子"的同学亲如兄弟姐妹。强化汉语教学,不仅上课要求学生说汉语,还组建了汉语社团,每天课余时间、周六、周日上普通话课。各民族学生混编宿舍,要求在宿舍也要说汉语,增进了各民族学生之间文化交流广泛和生活习惯趋同。通过开展社团活动,开展演讲、讲故事、歌颂祖国、"我说新疆美"等竞赛活动,激发学生们学习汉语、学习知识的热情。

通过"五步"教学模式,学生第一个学期基本消除了语言障碍,一年即可正常交流,认知、理解、掌握技能的效率显著提高;第二年达到其他中专班水平,汉语水平达到 MHK 三级以上,可以考取计算机、会计等相关证书;第三年实行混班上课。通过"五步"教学模式,学生学习效率显著提高,汉语水平快速提升,为学生可持续发展奠定了坚实基础,保证了人才培养质量。

二、两课融通,提升学生就业竞争力

"两课融通"即第一课堂和第二课堂融合。第一课堂培养学生基础知识、专业技能,学做结合、工学交替、模拟实习,提升就业能力;第二课堂以社团形式培养学生创新实践能力,是第一课堂的延伸,也是激发学生学习热情的有效措施。

在第一课堂中,教师按学生汉语程度和学习成绩,将学生平均分成若干个学习小组,组长负责组织学习研究,进行小组竞赛;教师通过检查学生的预习复习,采取培优与补差相结合的办法,抓两头带中间,提升整体水平。在第二课堂中,开展丰富多彩的社团活动,如开设拼接组装机器人、无人机等创新实践项目,培养学生创新思维和实践能力;在全校开展学科及技能竞赛等活动,激发学习热情,让学生看到差距、奋起直追。

两课融通使学生既掌握了汉语、学习了基础理论知识,又掌握了专业技术技能,还培养了学生的创新精神、实践能力和团队精神,提升了学生的综合素质,因此提升了就业能力,保证了人才培养质量。

三、培养质量提升，影响不断扩大

新疆中职班每年参加天津春季高考的学生上线率达 100%，部分学生考入北京科技大学天津学院、塔里木大学等本科院校，取得会计证、计算机国考一级等相关证书的学生达 100%。每年技能大赛所有参赛项目均获奖。汉语水平达到 MHK 三级以上。天津、新疆两地企业争抢录用学校毕业生。毕业生回疆后深受到用人单位欢迎，成为小学、幼儿园教师、村镇政府或企业会计、文员等，家庭生活状况也因此得到改变。毕业生已经成为建设新疆的后备力量，为新疆的建设发展稳定作出了积极贡献。

图 47　新疆班学生领取高校录取通知书时的喜悦

2014 级陈友贞、2015 级巴哈尔古丽两位同学分别在 2016 年、2017 年荣获"天津市最美中职生标兵"和"全国最美中职生"荣誉称号。加以得尔同学在 2016 年全国中职学校文明风采大赛中获一等奖。巴哈尔古丽同学在 2018 年全国新疆班演讲比赛中获三等奖，在天津市新疆班普通话演讲中学校获优秀组织奖，在北辰区"青少年模拟政协活动"中获优胜奖。

学校在 2014 年受到国务院表彰，被授予"全国民族团结进步模范集体"荣誉称号，两次受到教育部、国家民委表彰，2013 年被评为"天津市民族团结进步创建示范单位"，2016 年被天津市教委评为"思想政治工作先进单位"。先后两次在全国新疆班年会上作典型发言，每年在全国内职班工作会议上作经验介绍。在 2016 年全国职业院校技能大赛暨职教活动周期间，学校承办的"同在一片蓝天、携手共创梦想"民族地区职业教育技能展示活动是教育部确定的全国职业院校技能大赛同期 19 项活动之一，凸显了天津市民族地区职业教育特色，中国职业技术教育杂志用 6 个版面介绍学校活动情况。连云港职教中心等 6 所举办内职班的兄弟学校到访。新疆教育厅内学办主办《内学动态》期刊中多次报道学校办班情况，《做好内职班工作让新疆学子放飞梦想》论文被教育部、新疆教育厅、天津市教委主办的论文集收录。每年暑期，学校在乌鲁木齐隆重举行毕业典礼，新疆教育厅领导、家长代表出席会议，反响强烈，影响深远。

教育部民族教育司毛力提司长、国家民委教育司张强副司长、新疆教育厅孙琦副厅长先后到学校考察。新疆学生家长考察团 4 次来学校考察，对学校各项工作均给予高度评价。新疆维吾尔自治区宣讲团专家多次来校，对学校的严格管理、学生质量给予高度赞扬，新疆维吾尔自治区天津工作组唐厅长等领导两次来校，并参加学生活动，对学生社团的出色展示赞不绝口，对学校的工作给予充分肯定。

《人民日报》《中国教育报》、中国教育电视台、天津电视台、《天津日报》、新华网等 24 家媒体多次报道学校办学情况，影响广泛。其中，2005 年 5 月 12 日在《人民日报》上的《全国民族团结进步模范集体和模范个人推荐名单公示》，受到国务院"民族团结进步"模范集体的表彰；2012 年 11 月 5 日，在《中国民族报》上以"为少数民族孩子插上腾飞的翅膀"为题进行了报道。

天津市东丽职业教育中心学校帮扶青海记述

津青职教融合 共育专业人才

青海省黄南州藏族会计班是天津援青指挥部与青海省黄南对口扶贫工作,也是天津市职业教育对口帮扶的重点工作。为更好发挥职业教育精准扶贫作用,在天津市教委、天津市援青指挥部、青海省黄南州教育局、东丽区教育局指导下,学校以团结和谐、安全健康、技能提升为着力点,对接青海省黄南州职业学校,用精心、精准和精细的态度和行动,实现了"津青职教融合、共育专业人才、感恩回报家乡"的目标。

一、精心诊断设计培养方案

学校从 2015 年开始招收青海黄南藏族、蒙古族学生共 66 人,目前已有31 人进行顶岗实习。同时,承担了两批次汽车维修、计算机专业共 98 名学生两个月的培训。

学校成立了以校长为组长、处室规划设计教学模式、系部专业落实教育教学工作的管理队伍。根据青海学生的实际能力制定教育教学计划,增加普通话教学,放慢教学进度,加大专业课课时,同时选派有经验的老教师,有耐心、奉献精神的骨干教师任课,一系列的提前诊断开方使工作收到很好的开局效果。

2015 年 9 月迎来第一届 31 名青海学生入校。学校高度重视,准备了温馨带有民族特色的宿舍,召开了"津青共育人才、学成回报家乡"的开班仪式,仪式上市援青指挥部、东丽教育局、黄南教育局领导都做了重要发言,并预祝津青职业教育合作长久,为民族大团结、职业技能人才的培养贡献力量。

二、精准制定实施教学方案

对青海黄南学生德育教育工作进行全面分析,从学生适应新环境入手,抓学生养成教育;从语言不通、普通话表达与听练能力较弱入手,建立学习基础,提升学生学习能力。

一是增加普通话课程,让学生在课堂上用普通活交流,开展班内学生小讲堂活动,锻炼学生讲说交流能力。二是选择普通话相对好的学生建立强有力的班干部团队。带动班级建设的有序开展。三是鼓励学生参加学校开展的多项社团活动,如书画社、读书社、棋牌社、合唱团、诗歌朗诵队、志愿者服务等活动,锻炼学生融入学校的大家庭。四是选派有 20 年经验的优秀班主任带班,增加学生的信任感和亲和力,让远离家乡的孩子身边又有了一个"妈"。五是举办各项活动激发学生潜能、发挥学生特长,让学生适应学校的教育环境与教育方式,让津青学生互相了解,增进感情。青海黄南学生能歌善舞,通过引导训练,黄南学生的特长在校文艺舞台、区文艺舞台上充分展现并取得了优异成绩,同时也成为学校接待与职教展示周活动中的民族文化特色。六是爱国主义教育常抓不懈,每逢五一国际劳动节、十一国庆节等节日组织学生们到北京天安门、长城和天津蓟州区、塘沽区、天津津河等地进行爱国主义教育、民族精神教育。

针对青海学生语文、数学底子比较薄弱,加强基础知识的补习,同时规划好专业课、技能课教学。一是选派经验丰富的语文、数学教师任课,给学生们开通问题答疑直通车,全体教师都有接受青海黄南学生询问解答的任务职责,实行首问必答制。二是对任课教师统一作出讲课要求,语速要放慢,吐字清楚,要有耐心、爱心,要在讲课中观察学生的表情,课上多问,课下多交流。同时要求教师要与学生学习藏语,拉近师生关系。三是专业课程增加课时,细心讲课耐心分析,课程设计要结合学生实际,开设点钞、手工记账、会计电算化,购置翰林提电算化设备,建设沙盘作业实训室等。

三、精细关爱落实生活方案

学生生活无小事,吃、住、行、看病、有事等事无巨细,学校领导干部看在眼里,记在心里,落实在行动上。一是学校领导带头关爱每一名学生,周六日领导到校与学生谈心、谈话,与学生吃一顿午餐。重大节日领导干部都是在学校与学生一起联欢庆祝,使学生的思乡之情得以缓解。二是改善食堂环境,增加民族菜肴,利用周六日在食堂主厨指导管理下组织学生动手制作家乡菜,锻炼学生学会做家务事,体会父母在家庭生活中的艰辛,养成感恩父母的意识。三是学生生日在家父母给过,在学校领导、班主任、老师给过,根据学生生日时间,分阶段举办集体生日庆生感恩父母活动,教育引导学生学成回报父母、感恩社会、感恩国家、形成建设家乡的志向。四是宿舍就是学生在天津的家,为家做一件让家变美的事已成为常态,学生自己动手制作书画装扮室内外文化,建立心语园地畅想梦想,养成良好的卫生习惯,让宿舍变得更美、更净,空气更清香。五是劳动最光荣主题实践活动,学生来津以后在宿管人员的引导下,已经成为一种自觉,每到周六日都会在学校的操场、路边,或是拔草,或是捡废弃物。学校的干净美丽,有他们的一份功劳。

图 48　青海班学生的实践主题活动

四、爱心企业捐赠助学

天影声辉(天津)影视传媒有限公司开展捐助活动,企业拿出 2500 元对五名困难学生进行帮扶,将来学生学业有成时企业就业岗位的大门随时为他们敞开。2018 年 5 月 9 日,天津建城基业集团有限公司,向困难学生捐助学习生活物品。

五、健康成长回报家乡

2015 级会计 3 班是一个由来自青海黄南的 20 名藏族学生和 9 名蒙古族学生组成的优秀班集体,"团结勤奋,和谐发展"的班风建设让这个班级在2015—2016 学年度获得学校班容评比一等奖、课间操评比三等奖、系合唱比赛三等奖、校级学雷锋先进班集体、五星班集体等多项荣誉，2015—2016 年度又被评为区级三好班集体。更藏多杰、冷知先、万玛东知等四名学生在东丽区中小学文艺展演活动中取得歌手组合二等奖，在天津市文艺展演比赛中获得天津市歌手组合二等奖；华毛措、德吉卓玛等 16 名同学在东丽区文艺展演比赛中获得东丽区的群舞比赛二等奖；德吉卓玛和看卓措在校级会计专业技能比赛中获得一等奖，德扬卓玛和达专错、先吉、华毛措取得二等奖，索南卓玛、桑杰措等四名同学取得三等奖，看卓措等三名同学进入点钞五强的，先吉进入翰林提五强。

　　2017 年 11 月 28 日，在天津市教委、市民委组织的天津市第七届"感恩伟大祖国，增进民族团结"演讲比赛中，2016 级青海藏族班周先措同学代表东丽区参加了比赛。比赛中周先措同学的台风、普通话、演讲技巧、形象和总成绩均获得称赞，她在赛后的感言中写道："非常感谢学校给我这次展示的机会和平台，感谢指导老师不辞辛劳地教我演讲，锻炼我，我是收获最大的，我要赶紧把这个好消息告诉我的爸爸妈妈。"

图 49　天津市第七届"感恩伟大祖国，增进民族团结"演讲比赛

　　来津学习的青海黄南学生毕业后要回到黄南州，目前 2015 级中的 31 名学生已回到家乡开始实习。学校在学生入学之际，同步规划学生的学历提升计划，把学生接受继续教育的准备贯穿整个教学过程。通过三年的努力，2018 年 31 名同学参加了升学考试，其中 5 名学生参加天津春季高考全部上线，其他学生经学校联系均回青海参加对口升学，有 6 名学生被青海省高职院校录取，其他学生还在等待录取结果。

　　时间飞逝，学生进校的场景还在眼前，转瞬间第一届学生即将走出校门，走进他们梦想的大学，走上他们向往的工作的岗位。来津的学生们已经与学校、与同他们朝夕相处的师生们融在了一起……

202

协同与协作

天津机电职业技术学院西部家访记述

情系西部 职通未来

天津机电职业技术学院自 2015 年以来，连续三年开展暑期西部家访活动，三年来百余名教师走访了 425 个学生家庭，累计行程 10 万千米，2017 年又组织了 11 名学生到甘肃省舟曲小学进行了为期一周的学生社会实践活动。用真实教育学生，用真情牵引学生。三年的家访，从平坦到高原，经历了海拔的挑战；从平路到陡峭，品尝了奔波的辛苦。一张票、一袋面、一桶油连着一个村、一个家、一颗心，一抹泪、一滴汗、一次握手温润着每一名同学和老师，三年的西部家访关爱着西部的每一名学子和每一个家庭。

图 50　天津机电职业技术学院 2017 年西部家访出发前合影

天津机电职业技术学院走出了东西联通之路，学校关爱之路，师生情感之路。通过走访，老师们深深地懂得了师者的含义。崎岖的山路、干裂的土地、黑暗的土窑。如果没经历过家访，难以感受到学生家长那颤抖的双手、淳朴的笑容、不舍的回眸。润物细无声，同学们从远道而来的老师们身上感受到了实实

图 51　与学生及家长进行交流

在在的爱，也体会到真真切切的社会责任，机电职教帮扶的精神内涵；老师们看到了学生的成长环境，听到了学生的成长经历，了解了学生的求学困惑，感悟到学生成才良策，感受到了教书育人的温度和态度，提升了教师们的职业敬重感、教学的责任感和育人的幸福感。

三年家访让职教帮扶的内涵落地落实，将立德树人扎根于学生成长成才之路。

家访路上老师和同学们的心里话

在甘肃省舟曲县憨班小学实践的沈艺老师：

今年暑期非常幸运能够带队前往舟曲开展社会实践活动，在这里向大家分享在甘肃省舟曲县憨班小学实践时一个毛豆的故事。在我支教的第二天，结束了一天的课程，班上的一个小同学，带着她三岁的弟弟，手中捧着一盘毛豆给我。憨班的孩子没有城里孩子那么多的瓜果梨桃和零食，毛豆可以说是一个很好的零食。我跟他说，我们不要毛豆，让他把这么好吃的毛豆带回家和弟弟一起吃，老师是有纪律的，不能收学生的礼物，但是谢谢你的好意。但是这位小同学非常坚持，她手里牵着弟弟，一手捧着毛豆，我在前面走，她在后面一路跟着，坚持要让我收下。最后我接过这些毛豆。当我嘴里吃着毛豆，看着孩子们的眼神，心里是百感交集。因为我在他们眼中看到了一种期盼，她仿佛在说，来自天津的老师来给我们讲课了。这种期盼化成了一种动力，在今后支教的日子里让我更是打起十二分精神去准备课程。我深深地体会到，职教帮扶和精准扶贫是心与心的交流。在离开舟曲的时候，我们非常不舍，与憨班的学生们定下了一个七年约定,希望他们好好读书,努力读书,走出大山,有机会来到天津,来到天津机电职业技术学院!

结束了西部活动后,让我深刻认识到,作为一名辅导员,要用真心真意对待每一名学生,做好他们的领路人。同时,我为自己是一名辅导员感到幸福,因为这是一个光荣的职业。

图52 2017年学院在甘肃省舟曲县憨班小学开展志愿服务活动

在甘肃省舟曲县憨班小学实践的学生任凯凯:

我很荣幸参加了学校组织的暑期社会实践活动——西部家访,在老师指导和大家精心准备下,我们顺利地完成了此次任务。2010年舟曲憨班发生泥石流,摧毁了他们的家园,在国家和政府的支持下,建起了希望小学。当地的孩子大多是留守儿童,父母在外打工,孩子们随爷爷奶奶一起生活。我们去时,正值放暑假,孩子们得知我们要来,都高兴地从家里跑过来。我们带来了工业机器人教具,让他们了解工业的发展和科技的进步;带来了情景剧《回望伟人毛泽东》,经过简短的排练,孩子们特别认真地学会了,在他们说到节目最后一句话是"新中国,我们爱你!"时,每一个孩子都激情高昂地大声喊出来,表情和眼神是那样的真挚和坚定。

结束家访,回到学校,自己发生了改变。最初来到机电的时候,我没有目标,只想着顺顺利利毕业,拿到毕业证找到工作。经过这次社会实践,让我深深地思考,给自己定下了更高的要求,我应该做一个怎么样的人,我应该怎么样去做。开学后,我进入一家企业进行顶岗实习,从车间的一名普通实习工开始,到九月份,因为我的努力,接触到公司更多的产品和更核心的技术,参与了公司小型设备的设计与研发。未来,希望自己还能提升学历,为企业、为母校贡献自己的力量,更好地回报社会。未来,我一定要做一名名副其实的具有工匠精神的高素质技术技能人才。

王肖林老师:

西部家访活动是学校贯彻落实全国高校思想政治工作会议,坚持立德树人、全方位育人、全员育人的一项重要工作。回首三年的西部家访,有太多的故事,有太多的回忆。还清晰地记得我第一次家访,来到甘肃省天水市一个回族自治州的同学家情景。一个破旧的小院,一家三口住在十平方米左右的毛坯房中。通过了解,家里没有钱供孩子上学,父母都在四川打工,得知老师要来家访,特意从四川回来和我们见一面。最让我难忘的还是孩子们给我们端上的那碗白糖水,和刚刚爬上院里的果树为我们摘下的果子。家访之前听说过,西部的孩子家庭困难,端上一碗白糖水,算是接待客人最高的荣誉,起初听这些话我不太相信,当这一幕真的展现在我面前,看着那略有破旧的碗,与那碗带着土渣的白糖水,我的眼眶湿润了。虽然我们有纪律,不能吃学生家庭的食物,不拿学生家庭的东西,但是我仍然没有任何嫌弃地喝下这碗白糖水。因为我知道,这是我反馈给这个家庭的最大的尊重。整个家访的过程都是我们老师在介绍,介绍学校的情况,介绍孩子在学校的生活和表现,家长用微笑和点头来回应我们。家访结束,我们即将离开的时候,孩子的父亲跟我说了一句话。他说:"老师,俺没啥文化,您讲的这些,俺也听不大懂,但俺就信一个,把娃交给你们,俺一百个放心。"至今,我还难忘这句话。同为人父的我深深地感受到,这些西部家庭的家长把孩子不远千里送到天津机电职业技术学院就是对我们最大的信任,我不能辜负这种信任。身为服务保障部门的一名教师,我应该尽全力给孩子提供一个舒适安全的学习环境,让他们住得好,吃得饱,用我们最优质的服务教育成长成才。在我们家访团队中,不仅有学生管理部门的辅导员,还有和我一样的同志及一线教师,我们积极参与这个活动就是为了更加深入地了解孩子的生活环境,回来更加有的放矢地对孩子因材施教,而在我们的学生当中也有因为家访被感动而努力求学,成为全国职业院校技能大赛获奖选手。

陈甫老师:

西部家访活动已经进行三年多的时间,这三年家访后的收获,是只有亲身经历才会有的。我自 2008 年入校至今已近十年，一直从事学生技能竞赛指导工作，从天津市赛一等奖努力到国赛一等奖的第一名，这段经历与荣誉，使我从一名普通的青年教师成长为一个部门的负责人，身份的变化使我和学生的距离渐行渐远。感谢学院在我最彷徨的时候组织了这么好的家访活动，让我亲身感受到家访带给每一位老师的感动。我觉得西部家访活动就是我们教师的寻根之旅，寻回我们当初投身教师这份神圣职业的初心，找回与牢记应该属于我们肩上的责任与使命。看着学生艰辛的求学路，我们亲身感受到每一名学生求学的不易。坐上几十个小时的火车，下车后坐上几个小时，甚至十几个小时的大巴车，更多偏远地区的孩子可能还要走上一两个小时的山路才能到达。走入他们的家，与学生家长促膝长谈，真切感受到每一个家庭为把孩子送出大山、求学改变命运的期待与希望。虽然每一个家庭都有不同程度的贫困，但是令我们欣慰的是，在学生身上没有看到他们被清贫环境所压倒，反而在他们身上体现出自强自立的品格。回忆起家访的一个个感人故事最令我记忆犹新的是当年去甘肃省天水市的一个孩子家庭，这是一个特殊的家庭，是一个单亲家庭，迎接我的是孩子的父亲和他年过八十年的奶奶。我把学校的故事、学校的发展和孩子在学校的表现，讲给了孩子的奶奶和父亲，奶奶听后很高兴很激动，把我当作亲人一样拉住我的手，把他们家的故事也讲给了我。她说："俺的孙子特别的成功，也特别的优秀。今年暑假没有回来是为了节省那一年的路费，他在天津打工赚取学费和路费补贴家用，俺的儿子也非常的孝顺，由于我身体的原因不能外出打工，只能在家附近接一些零散的工作来补贴家用。"这个家庭的全部希望都寄托在孙子身上，说着说着，奶奶含泪握住我的手哭着说："是俺拖累了这个家，俺不想拖累他们。"听到这我哽咽了几秒，对老人家说："奶奶，家有一老如有一宝。您在，家就在。"正是因为这次特殊的家访，让我重新找回了当初投身教师这份神圣职业的初心与使命。回到学校，我更深刻地领会到了立德树人的内涵。在学院二课堂的建设中，我将数控社团的发展理念进行了调整，从为一个赛项服务、以竞赛成绩为目标调整为为制造类四个赛项服务、以做高素质职业人为目标；把社团打造成人才储备基础培训的平台，把受训人数从二三十人发展到今天的百余人，并逐年递增。我们打造更好的平台，让学生通过专业社团的培养有所收获，有所成就。作为教师的我，将不断提升自己，用一己之力，助更多学子去实现属于他们自己的技能梦。

接受家访学生的心里话

学生孙慧敏:

今天,分享我如何实现我的技能梦,我想从家访说起。一年夏天,老师们来到了我的家里,一个地处偏远的山区。老师们给我的父母讲述了我的在校表现,和父母介绍了学校的办学特色和办学条件以及国家对职业教育的重视,还有学校为我们学生所提供的平台,只要我们能够努力学习,就有机会参加全国职业院校技能大赛。我的父母听了之后特别高兴,他们明白了职业教育不仅仅是学会一门手艺,可以让孩子成为一名高素质的技术技能人才,走出大山,摆脱贫困。那年的家访,对我的人生有了很大意义,它激励着我努力学习,争取学会更多的知识和技能,争取参加技能大赛,争取一个美好的未来,回报父母,回报学校。我加入了学院的第二课堂,在老师的带领下,学习设备操作和各种软件,课余时间我经常请教老师,而老师不管有多忙,都会不厌其烦认真地给我讲解。在老师的指导下,我渐渐地脱颖而出,通过训练选拔,成为一名大赛选手。在备赛期间,老师们和我每天从早上到晚上学习训练,一起总结问题,解决问题,一次次攻克难关。到了预赛,老师们已经没有了休息时间,学院领导经常关心、指导、问候,那时我才感到,参加国赛不仅仅是个人荣誉,更多的是老师们对我们的付出,是集体的荣誉。这种荣誉化为动力,一直鼓励我们克服困难,为校争光。最终我们获奖了。获奖后,响应国家大众创业万众创新,我萌生了创业的念头,与老师沟通,老师们特别支持,还给我无偿提供了场地和设备。

毕业以后,我成立了自己的公司——天津维宁科技有限公司,主要做产品逆向设计服务和逆向培训服务,与众多高职院校、本科院校和企业合作。今年参编了普通高等教育"十三五"规划系列教材。我要将公司的产品做好做精做强,开发更多的逆向培训资源为职业教育尽一名机电学子的绵薄之力。知识改变命运,技能点亮人生。我的收获离不开机电学院和老师们,母校给了我太多的平台,它使我不仅学习了技能,更让我懂得了责任、付出和关爱,我为是机电学子而骄傲。

学生李佳瑞：

在听完沈艺老师讲毛豆的故事之后，我感同身受，因为我也来自贫困家庭，在过去的一年多时间里，我很普通，很平凡也很努力。但是我能深深地感受到学校的这份爱。让我最难以忘怀的是刚刚过去的暑假，在2017年7月20日上午，在家干农活的我突然接到老师的电话，老师说马上到我家门口了，你过来接我们一下吧！当时激动的我放下手里的农活赶快去迎接老师们。上学的时候听说过西部家访这件事情，但我真的做梦都没想到，老师们会不远千里来到我家，一个交通非常不便利的村庄。将两位老师接到我们家后，老师耐心地为我的家人讲述我在校的许多事情，我的辅导员高世萌老师还特意将他手机里储存的学校食堂、宿舍、教室的照片给我父母看。一声声亲切的话语，一句句耐心的询问，一个个生动的画面，让我家人安心、放心。但是我们为老师们准备的茶水，老师们却一口也没喝，反而给我们带了米、面、油。临行前，我奶奶拉着赵春梅老师的手说：孩子，八路军对我们老百姓嘘寒问暖，不拿群众一针一线，你们就像当代的八路军啊！

这次的家访给我很大的触动，当我把这个消息告诉我的同学后，他们都不相信，我把照片给他们看了，他们沉默了。当时的我特别自豪，邻居们都特别羡慕，羡慕我能进入机电学院这么有爱的学校。学院给我的爱是我一生最大的回忆，这让我更加坚定目标，坚定理想。在今后的学习中，我会更加努力。虽然我没有学长那么优秀，但是我会认真学好自己的专业知识，学好自己的专业本领，将来回到我的家乡，去服务我的家乡。当以后别人问我从哪里毕业的时候，我会大声地告诉他，我毕业于天津机电职业技术学院。此时此刻，我想对天津机电职业技术学院每一位老师说：感谢你们！让我们机电学子明白了什么是真，什么是善，什么是爱。我希望机电学子都能够走出校门，用真、善、爱、去回报社会，去奉献社会！

家访路上的日记

2017年7月17日

何林峰：宁夏组已到宾馆。16日、17日两天火车，时间很长，在我们这个家访大家庭里，路途中收获很多，一是感觉到团队力量的伟大，这一路我们互相帮助，互相学习，共同解决路途中遇到的问题；二是这一路我和张毅两个新人听取了赵书记和高老师的家访经验，通过交流发现我院西部地区的学生有的家境特别贫苦，父母对孩子未来的期望很高，深刻体会到我们教师的责任，我们的小小一个举动、短短的一句勉励话语都会对孩子未来有很大的积极作用；三是我们对明天家访的学员再次进行了沟通，确保这次家访后老师、学生、家长三方共同努力，将孩子培养成为优秀的学生；四是这次通过坐这种老火车，感受到了这边学生求学的不易，很多学生也是坐着这种列车到达学院，我们在今后教学中应该更多关注西部贫困学生，希望通过三年大学生活，让学生学有所成，成为社会栋梁之材。

2017 年 7 月 18 日

王伟夫：经历了三十多个小时的路程，我来到了甘肃武威，2016 年暑假家访的场景还历历在目，学生的开心和家长激动的话语还萦绕在耳边，这已经是我第二次参加学院的暑期家访活动了。虽然是个陌生的城市，但是当我再次来到学生家中，我却感受不到一丝的陌生。朴素的环境，殷切的期望，还有那朴实的话语，让我觉得自己的责任很重大。作为一名职业技术学院的老师，作为一名班主任，我有责任和义务去帮助关心和支持每一名学生，让他们在最美好的时光绽放最美好的微笑。

钱灵：今天是我组家访第二天，去了渭源县莲峰镇刘营村邵志贤同学家，整个行程 8 个小时。在家访过程中，感受到学生和家长对学院组织家访活动的欢迎和认可，他们将村里的亲戚叫来，特意到村口迎接我们，对我们展示学院的照片和视频都非常关注。临走时，学生的外婆拉着我们的手，让我们明年再来。这让我感到，学院的家访活动真的让学院的教育精神和理念，走进甘肃，走进学生家中，走进学生和家长的心中！

2017 年 7 月 19 日

郦振：今日平凉一组走访了宁夏回族自治区西吉县的马小龙同学的家，一路辗转两次区间大巴后，又步行 4 千米山路。当我们走到山顶，遥望学生的家，心中不由地生出一种酸楚，想到学生从大山中走出来求学的艰辛，我们的疲惫早已抛向脑后。随后，徒步到达学生家中，一家共 8 口人，爸爸（在新疆打工）、妈妈、爷爷、奶奶、马小龙，两个妹妹和一个身有残疾的弟弟。我们跟学生的爷爷交谈了马小龙在校的表现，爷爷说，全家的希望都寄托在这个孙子身上了，非常愿意配合学院及老师工作,将自己的孙子交给我们并培养成才。老人的淳朴、热情及眼前家庭状况的一切一切,让我们感到作为职业教育者身上的担子加重了许多,也让我在职业教育的道路上更加明确了今后的方向。临近分别时,爷爷紧紧拉住我们的手舍不得让我们离开,全家人一直将我们送到村口,目送我们离开,爷爷也流下了激动、感激的泪水,我们回头跟他们说,明年有机会还会来看你们。

王文洵:今天走访了民勤县的两位学生,感触颇深:其一我对学生及家长的热情很感动,家长表示孩子长这么大,还没见老师家访过;其二我对学院的学生很感动。这个时间段,恰逢当地农产品成熟上市,学生能体恤父母的不容易,起早贪黑帮助父母采摘、销售,对父母心怀感恩。从县城到学生家近 80 公里,仅有的一条马路两侧大部分是沙丘,荒漠化严重。学生徐光平六岁就没了妈妈,家里有一位年老的奶奶,还有一个上高中的弟弟,家庭收入全指望年近六十的父亲。学生王金鹏家所在地,将近两个月没有降雨,通往家里的道路一脚下去就是尘土飞扬,不但家庭农作物的灌溉要受到严格有计划的限制,连饮用水都是那种矿化度严重的盐碱水,我们同行四位老师特地喝了一口,苦涩味很重。由于常年辛苦劳作,积劳成疾,所有学生的父母都有腰椎病。在与家长交谈中,家长都很关心学生的学习和就业,从他们的言语和眼神中,能看到他们的希望。父母不管再苦再累,也要坚持供学生上学读书,希望自己的孩子通过知识和技能改变命运。通过这次家访,我实实在在地感受到学生的成长环境,了解到学生的需求,在今后的工作中,必将促使我把更多的知识和技能传授给学生,让学生更好地成长!

2017 年 7 月 20 日

何林峰:今天我们宁夏组走访了 2012 级王学伟、薛志杰两位毕业生所在的公司。通过与两名学生及公司领导沟通,得知他们表现非常优秀。其中,薛志杰同学更是毕业生中的佼佼者,大学毕业后回到自己老家银川开始了自己艰辛的创业历程,通过短短两年时间,自己有了车有了房,更可喜可贺的是自己组建了一个温馨的家。通过与学生的沟通得知,创业很艰辛,但是万事只要自己努力,比别人多付出,就会有收获。王学伟同学所在公司对他的能力给予充分肯定。对这两位毕业生的回访,让我们了解到企业除注重学生的学习能力外,更注重学生的综合素质,对学生要求在胜任岗位工作的同时,还要能够很好地与客户进行交流,并处理企业相关事情。今后,在教学生学习知识技能的同时,要更注重学生综合素质能力的提升,鼓励学生多参加活动,通过学院搭建的各种平台来锻炼自己。

张晓东:今天走访了青海海东地区平安县的 2 名学生家庭,1 家刚刚从大山里迁到山脚下,1 家由于政府占地即将面临搬迁但补偿款到位却遥遥无期,情况虽有不同,但两家都尚处在温饱线上。由于地理位置和家庭条件,学生的父辈和祖父辈常年在家务农,没有学习过文化,辅导员班主任给家长的信都不能完全看懂,但却都有一个朴素的愿望,希望孩子能够学习好,将来过得好。这就是一个乡下普普通通农民的所思所想,也许我们觉得并不伟大,但正是这些实实在在的愿望,构建起伟大的和谐稳定的社会。作为一个学生教育管理者,我们是学生们成长成才的引路人和规范者,我们的行为举止都在引领着学生的成长。今天走访的两家都需要换乘长途车,并且步行进山,对于我们只是偶尔的一次,但对于学生的求学却是经常。学生们慕名到机电学院,行程上千公里,如果我们不能把他们培养成才,对不起的不仅是这个学生,更是学生的整个家庭对将来的期望,是我们自己的良心,是社会对机电学院的认可。一个学生也许对于我们是 1/8000,而对学生的家庭却是 100%。奋进吧,我们的工作影响着无数人的未来!

2017 年 7 月 21 日

汤晓华:四天家访活动结束,对于个人而言,这是再教育的过程。实践中观察,观察中思考。在这里分享四天的所做、所见、所闻、所想。四天参与走访了 9 个学生家庭,其中,天水城区 1 名,甘谷县 8 个村子 8 名,男生 8 名,女生 1 名,单亲家庭 2 名,母亲不识字 5 名,家中有病人 2 名。学生父母亲年龄大多在 46 岁左右。

观察与思考一:从家庭困难度看,随着新农村建设和国家精准扶贫工作的开展,天水甘谷县乡村吃喝已不是问题,收入来源一是地里刨出来的,二是外出务工挣来的。压在这些家庭上的负担是多个孩子同时上学的学费、生活费的压力,农村孩子娶媳妇高额彩礼,甚至要求在县城买房的压力。虽然只走访了一个城区的孩子,但困难程度超过农村,父亲没有固定工作,母亲不在,奶奶病在床上需要人照顾,可以说家徒四壁,家里下不了脚,除了一个小板凳只有床可以坐,吃的也是可以存放多日的锅盔。走访后,心里很难受,这种城市的单亲贫困家庭,特别是只有父亲的学生暑期不回家的原因是多种的,这类学生需要特别关注和帮助!需要关爱与鼓励!有一个完整家庭的孩子,困难是暂时的。这些孩子应引导好其学业,助其就好业,助其自信自强最后能自立。建议建立一生一策的资助体系和档案,并结对帮扶。

观察与思考二:在农村能供孩子上学的家庭,在村里还算是好的,还有许多考上了放弃了,甚至初中后就辍学的。见面的 8 个孩子,有 3 个谈及帮父母干农活,这些家庭都希望孩子有出息,大多不让他们干农活,他们在家里不像是这个村里长大的,若农村的学生失去了那种吃苦耐劳的本色,在高职学习 2~3 年,何以在城市立足?何以实现他们父母的期望?进城后面对外面的世界的种种诱惑,如何培养学生自立自强,重拾吃苦耐劳的品质?树立学生做好一名技术工人,以一技之长立身,我们的教育应该从哪些方面入手?

观察与思考三:昨天看到老师在群里感悟、感动、触动,大家也都意识到感动之余要做些什么,这都很好!意识到有行动还是有距离的,看到这些学生家长勤苦劳作,面朝黄土背朝天,任凭山路陡峭,供子女读书,千里迢迢把孩子交到我们学校,也是把希望托付了给我们。我们这次家访的学生大多数是在学校表现优异的,但教育不仅是关注那些好学生,更要关注那些表现一般的,还有许多城市的单亲家庭的孩子,比如那些挂了十几门课来要毕业证的,或许他们就在天津市!我们的工作是否做的对得起同样的一份托付,我们的教学能否给我们的学生一技之长,让学生有立身之本?您是否用心,您是否用情,您是否行动?感谢同行者,感谢同事们!祝大家旅途顺利!学校见!

张燚:21 日宁夏 2 组家访电气系杨宁和机械系柏乐两名学生。早晨七点启程坐长途车赶往距离惠农 22 千米的庙台乡在校生杨宁的家中,他的家在一个离庙台乡很远的村子,所以他怕我们找不到路,前期多次要求到市里接我们,但都被我们婉言谢绝了。经过三个多小时的长途加徒步,终于到了杨宁的家中,杨宁和父母及舅舅生活在一起,父母腿脚都多次手术如今行动困难,家中东拼西凑勉强供杨宁在天津求学,还好的是杨宁开朗懂事,平时在保证优异成绩的同时也会打工减轻父母负担,家长也表示看到杨宁在机电一年来的成长十分欣慰。从杨宁家出来,我们又来到柏乐家中,柏乐父母都已失业多年,家中唯一的经济来源就是那仅剩的几亩农田,家长握着我们的手嘱托我们一定严格要求柏乐,争取让他在天津找到工作。

袁淑宁(平凉 2 组):今天也许注定是不幸运的一天,早 7:40 从平凉到泾川徐家村丁文谦家家访,路遇堵车,几经辗转到下午才到他家!丁文谦父母常年在外打零工,他从小和爷爷奶奶一起生活,每年过年父母才会回来一次,收入比较微薄。这次家访时碰巧他叔叔从外地打工返家,经了解叔叔婶婶也常年在外打工,儿子上初中,平常住校,周末回爷爷奶奶家。当得知两个孩子全跟着爷爷奶奶长大,属于留守儿童,那一刻我觉得丁文谦很强大,今天一天赶路的波折和在乡间小路上迷路,无法准确找到他家具体位置,他也无法找到我们,导致我们一直在他家附近折返的焦急瞬间灰飞烟灭了,那一刻我突然转为很心疼他了。他叔叔很关心我们学校的就业问题,我们做了简单介绍,同时也鼓励孩子踏实努力,人生每个节点的每一步都异常关键,命运掌握在自己手中,希望他能努力增强自己的技能,为自己的人生铸就辉煌,不辜负父母、爷爷、奶奶的期望!因为今天路途的波折未能去成姜涛家,我们准备明天继续从平凉到泾川徐家村姜涛家。

2017 年 7 月 22 日

赵春梅:宁夏 1 组今天走访在校生 2016 级焊接专业学生,从盐池早上出发,经过近三个小时的颠簸到达惠安堡,再乘坐大巴车赶往大坝村。中午时分到达。这是个积极奋进的家庭,一年就靠养黄花的收获和养羊的收入支撑两个孩子上学。经过细致的沟通,家长对学校表示感谢,并希望自己的孩子全面成长,成为自食其力的成年人。因长途大巴车时间和路程问题,今天家访共用时 8 个小时,赶回盐池赶上去往银川火车,应该是近晚上 9 点到银川,但现在火车一直处于临时停靠状态,估计晚点,我们今晚在银川休整。

陈莹(青海组第五日):早上 7 点我们从驻地出发分两组进行家访。一组探访民和县古鄯镇夏家河村赵家河一舍赵双成同学及其家人,三个半小时车程、步行山路一个小时,我们到了赵双成同学家。原本家中父母及学生本人均在外打工,听说老师家访特意赶回家,爷爷、妈妈均对学校培养表示感谢,希望学生今后能有出息,找到好工作。返回时因全程为上山陡峭坡路,加上高海拔、强紫外线,路途显得尤为艰难,但在队友的相互鼓励下我们顺利完成了此次探访。

二组赴湟中地区探访学生党占兴及其家人和毕业生李栋。经过两次转车(密闭无空调)约三小时车程,步行八公里,翻过两座山到达大财乡党占兴家。家访后经过八公里山路及两小时车程,到达甘河工业园西部矿业杭萧钢构有限公司,探访毕业生李栋,该公司副总对学院毕业生李栋高度评价,并希望学院今后能进一步加强学生实践能力的培养，同时希望学院今后能有更好的发展。至此，青海组完成全部家访任务，于明日返程。作为职业教育人，我们深感自豪和责任，希望每一位家访老师能够带着满满的收获和动力，投入到各自的工作当中，为学生提供更加完善的服务。

2017 年 7 月 23 日

李济含：西部家访感受颇多。一是对学生生活的思考。在天水家访的几天，我们小组走访了 7 个家庭和 1 名毕业生。被访的学生有一半在外打工赚取生活费，家庭能够给予的生活费不够学生在学校生活的必要支出。令人欣慰的是，学生能够理解家长的不易，通过勤工俭学来分担家庭的重担。这和上学期间不用为金钱烦恼的城市学生不同，他们在完成学业的同时还要考虑生活的问题。二是关于学生上学交通的思考，从天津到甘肃天水坐火车要 20 个小时，从天水市区到学生家平均也要 3 个小时以上，每个学生回家都很不容易，对于学生来说也是一笔不小的开支。我也看到了好的一面，在市区通往镇上的公路都修得很平坦，天水也新修了高铁站，开通了由甘肃到北京的高铁。相信未来学生的上学路会越来越平坦。三是对于学生家庭的思考，被访的学生大部分家中主要的经济收入来源是打工和务农，虽然没有到为粮食发愁的地步，但家中 3 到 4 个孩子上学的学费就会掏空家中的积蓄。如果有男孩要结婚，十多万的彩礼钱就会让家庭负债累累。父母住着破旧的老房子，一心就想让自己的儿女过上好的生活，可怜天下父母心。四是关于学生心理健康的思考。被访家庭中大多数的父亲在外打工，只有母亲在家，所以对孩子的教育就会缺少父亲的角色，这对孩子的成长是不利的。也有家庭是父亲留守在家，母亲出去打工，家中就更显得冷清破败。对于学生的关心，教师不仅要关注经济方面，更要关注学生的心理健康发展。学生从农村走出来，到大城市会有很大的不适应和困惑感。教师要做到立德树人，关注学生思想健康，将思想政治教育贯彻到教育教学全过程。最后，感谢学校给了我这么一个机会，走进西部学生家中。这对我来说是一次心灵的洗礼，体会到学生求学的艰辛，父母的不易。今后，对待教师这份工作，我要更严格要求，教会学生安身立命的技能知识，关爱学生的思想健康。

2017 年 7 月 24 日

李晓辉：第三年参加家访，每年都有不同的感受和感动，路途遥远，山路崎峋,书记一直和我们所有师生战斗在家访第一线。在今后的工作中,无论在部门员工还是在学生面前,我也应该起到表率作用,身先士卒,团结一心,一起为学院的各项事业建设共同努力!

王维园:西部家访考验身体考验毅力,净化心灵净化精神。即将归途,家访的点滴需要用时间去消化。让我们以立德树人为核心,全员育人为目标,为学校"十三五"优质校建设目标努力。张书记连续三年家访,为年轻同志作出了表率,您回津后一定好好休息,各位老师也要好好休息,共同迎接我们新的挑战。

国家中西部地区职业教育师资培训中心记述

国家教育行政学院天津现场教学之诗四首

学员 潘岳生

诗一
赞天津机电职业技术学院

津门职教拓荒牛，机电名声冠九州。
甲子树人多创举，十年办赛尽丰收。
鲁班工坊促交好，师训平台惠进修。
扬穗兼葭墙外舞，海河园里笑春秋。

诗二
访天津宜科有限公司并赞张鑫董事长

津门考察访宜科，独对张鑫敬佩多。
破浪虽依渤海港，泛舟却到莱茵河。
智能研发崇坚劲，人世浮沉总善和。
最羡高层皆壮岁，殷勤报国好挥戈。

诗三
散步天津机电职院偶感

四处兼葭举穗花，
一如南国水乡家。

朝迎旭日来东海，

晚对冬阳化彩霞。

诗四

参观渤海职业技术学院感赋

津冀化工历史长，拓荒人士喜同乡。

解民屈辱甩穷帽，为国富强造碱坊。

永记元勋曾赞誉，更怜后辈续荣光。

君看渤海黉门里，蒸馏设施进课堂。

注：拓荒人士范旭东为湖南岳阳市湘阴县人。被誉为民族化工工业之父，曾受到毛泽东主席高度评价。上世纪初，西方国家认为，氯化钠含量不足85%的盐是不能用来做饲料的。而在旧中国许多地方仍用氯化钠含量不足50%的盐供人食用。因此，有西方人讥笑中国是"食土民族"。1915年，范旭东在天津创办久大精盐公司，生产出中国本国制造的第一批精盐，它品质洁净、均匀、卫生，品种主要有粒盐、粉盐和砖盐等，范旭东曾亲笔设计了一个五角形的商标，起名"海王星"。从此，为中国人民抛弃了屈辱的帽子。

国家教育行政学院天津现场教学之总结汇报

职业教育办学体制机制的经验、启示与借鉴

二班党员

众所周知,天津是中国近代工业发源地,职业教育发展历史久远,特别是2010年天津被确定为"国家职业教育改革创新示范区"后,天津市发挥行业优势,在推进职业教育集团化发展以及现代职业教育体系建设方面形成许多特色,尤其是在2015年升级为"国家现代职业教育改革创新示范区",天津市继续在健全职业教育体制机制、创新职业教育模式、完善职业教育制度、建设现代职业教育体系方面进行了许多成功的探索,并努力实现了职业教育与经济社会同步规划,与专业建设同步实施,与技术进步同步升级,为我国现代职业教育走出了一条可复制、可借鉴、可推广的发展之路。这些内容都可以从吕景泉教授的报告中,从张维津院长的讲课中,从我们的具体参观了解、学习认识上得到很好的印证。

具体体会有以下几点:

一是天津市充分发挥了政府在职业教育上的主导作用,以建设海河教育园为抓手,形成了职业教育资源共享的新机制。通过这几天的实地学习,我们可以看到天津以职教园区为平台,建成了全国职业院校技能大赛主赛场、全国职业院校技能大赛博物馆、中国天津职业技能公共实训中心,还有国家中西部地区职业教育师范培训中心等,为现代职业教育的快速发展搭建了资源共享、校企合作、就业创业、安全管理的大平台,极大地促进了天津职业教育领跑全国的局面。

二是以全国技能大赛为名片,探索出了大赛与示范区建设互动的新机制。园区内的职业院校与行业企业多方互动,创新了办赛机制,很好地搭建了校、

市、国家,甚至世界的多层次职业院校技能大赛平台,构建了从大赛到职教创新改革示范再到人才培养的互动模式,成功探索出了职业教育与行业、学校与企业的长效合作机制,实现了专业与产业真正对接,成功探索出了专业设置、师资队伍、实训条件建设与企业发展的互动模式,实现了专业的动态调整。"双师"型教师队伍、教学团队和综合实训基地实现高水平建设;成功探索出了教学课程的开发、人才培养的规格与职业标准的有效对接机制。尤其是技能大赛教学资源平台的开发,很好地引领和服务了日常的教学工作;成功探索出了技能人才培养与选拔的综合评价机制,极大地强化了学生综合能力的培养,并很好地引导了现代化教学组织方式和教学方法的广泛应用。

三是坚持政府主导,行业积极参与,激发了集团化办学的活力,形成了多元化办学新体制。从吕教授的报告和我们的实地参观中,可以看到,天津在职业教育方面,坚持政府主导,充分发挥行业作用,紧紧依靠企业,动员社会力量,创新"五业联动",形成了职教发展的多元合力,也就是多元办学体制的形成。一个根植于产业发展,服务行业、企业需求,对接职业岗位,落地于职业教育的专业、行业、企业、职业和专业的"五业联动"办学模式,正在天津开花结果,这得益于天津市政府所主导的"政、行、企、校、研"五方紧密携手机制的结果。这个机制,很好地发挥了我们在座各位所强烈希望的要办好职业教育,就要发挥好政府主导、统筹,行业企业积极参与、指导、评价,我们的职业院校努力培养,研究机构积极支持、服务这个局面。要向天津学习,要构建我们的职业教育联席会议机制,以推动由行业集团牵头的职业教育集团发展,还要积极调动社会力量广泛参与职业教育,从根本上破解多元办学的难题。

四是应用技术大学的建设,把天津的职业教育推向了新起点。在中德应用技术大学,听了书记的报告,对我们职教人来讲,感触良多,很是羡慕。中德应用技术大学,是我国真正意义上的一所职业教育领域的大学,与本科转型的应用大学有着本质的不同,它是我国职业教育上的创举,它的创立,为构建"中、高、本、硕"的有效衔接,"职普沟通"的现代职业教育体系建设,为职业教育可持续发展具有极大的导向作用,这也为天津的职业教育指出了新方向,把天津的职业教育推向了新起点。

五是着力加强兼职教师队伍建设。开辟了"双师型"教师培养新机制。从所听的报告和参观中与一些老师的交流当中,了解到天津的职业院校在师资队伍,尤其是"双师型"队伍的建设上抓得很好,它们很好地落实了国家关于职业院校骨干教师素质提升计划,建立了国家、市、校三级培训制度,完善了专业教师定期到企业实践制度和新教师企业实习或有企业经历制度,在全国率先开展并完成了教师职务任职、资格评审标准及评聘办法,还持续实施"能工巧匠"进校园活动,与行业企业共建"十大技能大师"工作室,依据相关高校和企业建设的一大批双师型教师培训基地,还定期选派教师和教学管理人员赴境外培训。这些教师培养的好机制,需要我们很好地学习和实践。

六是积极对接京津冀协同发展国家战略,搭建了职业教育发展新平台。天津与北京、河北制定的职业教育战略合作框架内容,构建了天津职业教育服务京津冀国家战略的大格局,开创了三地职业教育的黄金期。通过举办"京津冀协同发展现代职业教育产教对接会",三地的政、行、企、校、研机关结构的人员加强了沟通交流,形成了京津冀"人力资源需求信息共用共享平台""产教融合校企合作区域性协作平台""现代服务业创新创业人才共商平台""师资与学生交流交换平台""现代服务业区域研究平台"等,以合作对话,协同创新,区域共研和联动为机制,推进了三地职业教育协同发展,为天津职业教育更好的发展赢得了更加重要的平台。

七是以创办"鲁班工坊"为载体,开启了职业教育国际化发展新进程。在天津渤海职业学院参访了解到,为服务国家"一带一路"倡议,服务好中国企业在海外的发展,天津提出了要培训当地熟悉中国技术,产品标准的技术技能人才,助推中国企业走出去的办学理念,在泰国开办了"鲁班工坊"职业培训,不仅向泰国当地学生提供了高质量的职业培训,周边国家的学生也慕名前去求学,使中国的职业教育在国际上的影响力得到了不断拓展。以此所引领的印尼、巴基斯坦、柬埔寨、非洲等地的"鲁班工坊"都在紧锣密鼓的建设中,为全国的优质职业院校走出去提供了良好的选择路径。

以上七条的学习体会,只是我们在学习天津职业教育许多的优秀成果中的一小部分,很不全面,也不充分,希望以后能再有机会好好学习。

鄂尔多斯职业院校挂职培训之学员总结

学员　祁玉梅

时光匆匆，为期一个月的培训学习已圆满落下帷幕，每一次的学习就是一次实践的机会，每一次的实践就是一次挑战，通过一个月的学习锻炼受益匪浅。虽然是忙碌的，但很充实，现就一个月的学习工作体会做个简要的总结：

我被对接到天津机电学院实训中心跟岗学习，在跟岗锻炼期间，本人积极参与中心各项事务，尽可能接触多方面的工作。作为挂职干部，应该明确挂职的目的，调整好自己的心态，应当深入调查研究，认真履行职责，在实践中增长才干，把挂职真正变成锻炼自己的大好机会。

一、努力学习，与时俱进

为了适应环境，必须首先从学习入手，尽快熟悉工作，进入角色：一要尽快熟悉这个部门的基本情况，学习部门的规章制度和管理规定；二要提高自身的管理知识水平，掌握部门的组成结构，职能职责；三要实现实训室的精细化管理，对实训中心实训室建设与管理、药品和实训室的使用安全、实训耗材的采购与使用，实训课的教学等情况进行深入细致的了解，坚持多听、多看、多学、多记、多想，做到边学习、边交流、边思考，熟悉各方面的基本情况，学习了解机电实训中心现在及今后工作方向。坚持取其所长，补己之短，结合自己工作，做深度思考，从中借鉴发达地区优良的教育和管理经验，运用到以后的工作中。

二、锻炼自我，架起沟通的桥梁

挂职锻炼是难得的学习机会，更是一次难忘的工作经历。挂职作为一种特殊身份，不能忘记自己代表的不只是自己的形象，更是学院和鄂尔多斯的形象,身负着组织的使命、厚望和期待。要加强与机电实训中心的领导和老师的交流,始终抱着学习的态度,虚心向他们学习,加强和他们沟通,诚心和他们交朋友,并且要建立起深厚的感情与友谊。同时借挂职锻炼的机会搭建起我院与天津机电学院实训中心的沟通、发展、友谊的桥梁,积极向他们介绍我院的基本情况,宣传各方面的发展状况,以便他们在今后的工作中给予更多的关注、支持和帮助。

三、牢固树立安全的重要性

这次培训中,花了很大一部分时间去了解和体验实训安全和消防安全的知识,因为安全是人们非常重视的东西,常常把安全放在首位,也就是我们常说的安全第一。虽然我们也学习过一些安全方面的知识,并参加过消防演习等活动,但并没有这么规范系统,通过这次参加学习,了解了更多实训和消防方面的知识,让教师和学生能尽量远离危险,平安地上好每一节课。

四、存在的不足

挂职锻炼的 1 个月,在思想觉悟和工作能力上提高较大,但我也自知还存在许多问题与不足。一是学习的多,实践的少。在挂职科室看的资料多,交流的多,但实际参与的少。二是思考的多,总结的少。虽然我在工作中基本做到了在实践中勤于思考,但是对工作中的一些想法并没有做到及时总结,虽有记录,但还不够深刻和全面。我想在今后学习、工作中要好好思考,补上这一课。三是执行的多,创新的少。挂职锻炼期间,我对部门交给的各项工作能够做到认真完成。但是工作中的独立性、开拓性还不够,许多工作放不开手脚,求稳有余,敢试敢闯的劲头不足,这也是我的不足之处。

总之,经过一个月的学习,收获很大,使我进一步解放了思想、更新了观念、丰富了知识、开阔了视野,提高了解决问题的能力,加强了自身锻炼,强化了服务意识和组织协调能力,在今后学习、工作、生活中我将一如既往地严格要求自己,不断加强自身能力、素质的提高,做一名优秀的实训中心管理工作者。

鄂尔多斯职业院校挂职培训之学员感悟

学员 代娜仁图雅

第一次接触张文娟书记就被她的魅力所吸引，进一步相处深深感受到她气质优雅、知识渊博、理论功底扎实、严谨细致。张老师的思政理论课课程改革思路新颖、勇于创新、形式多样、卓有成效。翻转课堂、思政理论课与体育课合作融合等尝试给思想政治理论课注入了新鲜的活力，值得我们学习借鉴。

为期一个月的学习生活接近尾声，在此感谢鄂尔多斯教育局和国家中西部地区职业教育师资培训中心搭建这一平台，也感谢张文娟书记的细致耐心的指导，感谢宣传部的每一位小伙伴，感谢思政教研室的每一位老师的支持与帮助。

我将这份收获认真梳理、消化、吸收，并与我的小伙伴一起分享，促进我校思政教研室的建设与发展。

学员 谷劲松

非常幸运能有机会参加这次高层次、高水平的培训，感谢国家对于职业教育的支持；感谢天津机电职业学院的精心组织，使我们感受到家的温暖；感谢天津机电的领导和老师在学习上对我们的悉心指导；正是由于你们的付出和努力，才使我收获了友谊、收获了知识。我会把这份恩情，把所学的新知识、新理念带回学校，加以应用和推广，我将趁着年轻，不断学习，不断进取，扎根职教，誓言无悔！

新疆和田一期挂职培训之学员随笔

学员 再乃古丽

我们一致认为,本期培训理念先进、内容丰富、方法有效,具有很强的指导性、针对性和实用性,为我们构建起了全新的教学理念,拓宽了职业教育思路,提高了理论水平和实践能力。我们会把在天津学到的知识、方法和技能内化为自己的东西,真正做到学以致用,以更加饱满的热情投入到和田职业技术学院建设工作中,为和田职业教育发展尽一份绵薄之力!

学员 赵春丽

我不去想,是否能够成功,既然选择了远方……

我不去想,是否赢得爱情,既然钟情于玫瑰……

我不去想,身后会不会袭来寒风冷雨,既然目标是地平线……

我不去想,未来是平坦还是泥泞,只要热爱生命……

学员 买买提阿不都拉

通过第一阶段的职业教育理论学习,我们深刻认识到要把我国建设成世界强国,必须大力发展职业教育。通过学习,我们更加坚定了献身职业教育事业的信念;通过学习,提高了我们的教育教学水平,进一步明确了职业教育必须坚持"以服务为宗旨、以就业为导向、以能力为本位"的指导思想。在今后的教学中,我们要大力改革课程结构、革新教学方法、更新育人观念,把发展学生能力作为目标,为祖国培养合格的职教人才。

新疆和田一期挂职培训之电子商务专业组总结

紧贴职教发展形势 全面提高教学能力

学员 巴哈尔古丽·亚森

　　我是来自新疆和田地区中等职业技术学校教师巴哈尔古丽·亚森，请允许我代表电子商务专业组进行总结发言。

　　非常荣幸来到天津学习，因为天津高职教育处在全国领先水平，又正值"十三五"开局之年，我们欣喜看到天津建成20所国内一流高职院校、建成120个骨干专业、50个优质骨干专业、20所优质学校、12所国际化院校的宏伟目标。非常荣幸来到天津商务职业学院进行学习，我们见证了学院提升办学能力专项——跨境电商专业组群建设的研讨与申报，辐射5个专业，其中包括我们学习的电商专业，这些极大开阔了我们的视野，提升了我们的职教理念。

　　经过两个阶段的学习，在各位领导的关怀和商务学院老师们的精心栽培下，我们收获多多，感慨感激也多多，我们更新了教育思想、教学观念，提高了业务水平和专业素养，同时也收获了情同手足的友谊。

一、学习方法与过程

　　我们这次学习途径主要是下列5种：

　　一是跟班学习。我们在天津商务职业学院经管学院领导们的周密安排下，参加10门课程(周26课时)的学习，职业基础课、职业技术课和技能训练课安排有序，学习形式多样，内容丰富，具体实在。授课的老师们专业知识的广与深，让我们深感以前知识的不足和老化，我们每天坚持认真听课，做笔记，勤问勤动手，认真完成每天老师布置的任务。经过坚持不懈的学习，我们觉得在电子商务职业方面有了很大的收获和进步。

二是自主学习。作为职业学院的教师,又是未来"电子商务"专业的带头人,我们除了白天进班听课,晚上回来还要写课程报告,完成学习计划,保证每周阅读2篇专业文章。在不同的模块学习中,我们博采众长,取长补短,成果丰硕,每天都能感受到思想火花的撞击。

三是专业带头人指导。经管学院领导和专业负责人为我们制定了本学期的学习计划,每周我们要跟指导老师(师傅)进行一次集中学习,讨论教学计划执行情况,解决学习当中的困难与问题。每次讨论学习,唐妍老师都给我们提供各种学习资源,为我们节省时间,提供了更好的吸取专业知识的平台。

四是参加教研活动。每周二我们要参加教研活动,集体备课,从教案到课件、再到教学资料规范,专业建设从课程设置到课程设计再到课程改革,教育教学方法与艺术、学生管理等教研活动内容丰富,形式多样。我们在专业老师的指导下还参与了毕业论文指导工作,参与了试卷核查等教学工作。这些帮助我们对如何有效备课和上课有了全新的认识,采取新方法实施有效教学,以适应时代发展的步伐,不断提高教学能力。

五是参观全国技能大赛博物馆和实训基地。在培训期间,通过参观全国技能大赛博物馆,我们深刻了解了我国技能大赛开展的各项赛事,了解了当前职业教育培养模式和培养方向,给我们很多启发,我们会将这些先进理念带回新疆,带回课堂,融入每个和田职教人的血液。通过参观企业和实训基地,我们了解了企业的信息化发展趋势及现代企业人才需求和培养的方法,对今后开展校企合作有着非常重要的指导意义。

二、学习收获与成果

可以说,这段时间的学习,对于强化我们职业教学技能,促进专业教学能力的提高,提升职业教育的教学质量必将起到强有力的推动作用。

一是专业学习,加强专业知识。我们聆听电子商务的系列课程并结合实训项目,了解了电子商务专业的前沿发展概况,提高了理论知识,锻炼了专业基本技能,使自己的专业技术水平有了一个大的提升,使我从整体上对于电子商务专业有了新的认识,知识结构得到系统性提高。

二是职业教育教学方法系统化提升与前沿性更新。在此次学习过程中,我们参加了天津商务职业学院教务处组织电子商务专业核心课程的课改活动、电子商务优先发展专业课程体系改革验收汇报会以及研讨会、2016级"电子商务"专业的人才培养方案修订工作，让我们在理论和实践上收获了许多。另外，我们还参加了蓝墨云班软件、微课制作、翻转课堂等培训，大大提高了信息化教学水平。

三是更新理念，提升综合素养。通过培训，我们的教育教学理念得到了更新，也提高了自身的素养。培训中，先进的知识引领我们走进新的教育教学理念，为我们今后的工作提供了源头活水。通过学习，让我们更深层次地领悟到教育工作的艺术性和影响力，我们也进一步认识到了新课程改革的发展方向和目标，教研水平有了很大的提高，自身素养得到了提升，这种收获比我们在几年的教育实践中得到的还要多。

四是加深了友谊，促进了交流。这次培训给我们提供了一个很好的交流的平台，我们与天津商务学院教职工与授课老师之间增进了了解，建立了深厚的友谊。我们到了天津商务职业学院后，李富森副校长，经管学院院长庞鸿藻院长、王春艳副院长、王琳副书记、王蔚老师和唐妍老师从各方面关心我们的生活，定期跟我们进行交流，无论是住宿、饮食上的问题还是学习和生活上遇到的困难，他们特别热情地第一时间为我们解决。

有一次，我需要补办身份证，王琳书记专门为我联系派出所，王蔚老师亲自陪同我一起办理。

有一次，宿舍没热水，我们反映后，王琳书记和王蔚老师百忙之中抽出空来专门到酒店亲自解决问题。

有一次，我不舒服，需要去医院看病，王院长知情后，关心我，担心我的安全，在我回宿舍前与我一直保持联系，我安全到了以后王院长才能放心。

有一次，我们需要干洗衣服，但是附近没有干洗店，赵迎冬老师主动提出帮我们拿去洗。

这样点点滴滴的事情讲出来真的不少，在这里，我再次对他们表示深深的感谢。谢谢你们！谢谢你们待我们如家人一样！谢谢您们为我们提供一个安心、舒适的学习环境！我们一定用自己各自岗位上的优异的成绩来回报你们。

我们跟天津商务职业学院的老师们同为职业学校教师，有着共同的语言，这些老师都是工作岗位上的能手，我们从他们身上学到了很多东西，对人生有了更多的感悟。几个月来大家生活在一起,彼此之间互相帮助和鼓励,这里就像一个其乐融融的大家庭,冲破了地域和年龄的限制,建立起深厚的友谊,并且已经建立了长久的联系,便于日后的交流和相互学习,这也将会是一笔非常宝贵的精神财富。

三、培训中的反思

培训即将拉下帷幕,而我觉得这只是一个开端,我们反思了自己以往在工作中存在的不足。作为一名职业学校的老师,我们深知自己在教研工作中还有许多地方需要改进。这次培训使我们补足了元气,添了灵气,焕发出无限生机,切切实实地体会到教育是充满智慧的事业,深刻意识到教师职业的责任与神圣。

通过这次学习,我们认识到未来教育的发展需要科研型的教师和教研工作者,而不是"教书匠"。把终身学习理念、能力本位教育理念、职业教育能力培养等一系列新理念带回到工作中,在自己的工作岗位踏踏实实地付诸实践,尽责尽力;努力地提高自身素质、理论水平、教育科研能力等,以推动中职教育教学改革更好地发展。我们还打算回去后利用寒假时间,考察我们地区电子商务领域的发展,结合当地的实际情况每人写两篇论文并指定下个学期学习与努力方向,为加快提升自己专业水平打下基础。

最后,我们由衷地感谢天津教委、和田地区地委、教育局、机电职业学院和天津商务学院的领导给予我们教师的无微不至的关爱,给我们搭建了一个提升自身素养和工作能力的平台,让我们在这么好的学习环境中,既有知识上的积淀,也有了教育、教学、专业知识、教研技艺的增长,让我在培训学习过程中又迈进了一大步。

天津国培项目之感恩的心

学员 冯涛

作为一名来自职业学校的机械专业的青年教师，通过企业实践拓展了自己的视野，促使自己在教学上产生新的教学思路。最后，感谢中西部培训中心、机电学院和宜科公司的领导和工程师的专业讲解。

学员 马涛

感谢学校领导给予的这次难得的培训机会，也非常感谢学院中西部培训中心和宜科公司教学团队的精心组织和服务。非常感谢一同参加培训的各兄弟院校的老师们，大家能够互相帮助和交流沟通。希望自己通过此次培训，为以后的教育教学和专业建设作出更多的贡献，也希望能够在以后的工作中再次与企业专家和各校老师加强沟通和交流。

学员 邢铁燕

感谢机电学院培训处的老师为我们提供的贴心服务！

感谢中软的专业教师为我们提供的专业的教学内容！

感谢一起培训的老师们营造的积极向上的学习氛围！

感谢两位班长为我们解决各种突发状况、排忧解难！

感谢和我一起并肩作战的同事的陪伴、鼓励和帮助！

学员 孟庆菊

这次培训收获的不仅仅是专业知识，老师的学术和人品、敬业精神深深打动了我们；

一起学习的老师们一丝不苟、废寝忘食、互帮互助的学习态度也深深感染了我；

　　老师们克服种种困难,牺牲休息时间,出色地完成了培训任务,我们累并快乐着。

学员　王喆

　　1.专业技能提高,扩大了知识面;

　　2.学习中进行反思,树立终身学习的学习观,不断提高自己;

　　3.在反思中进步、成长,从而改变工作方式,谋求共同发展;

　　4.做好角色转化,高等职业院校教师与学生既是师生,又是师徒;

　　5.善待学生、关心爱护学生,以学生的发展为核心,因材施教。

【成果】

"多元聚力 五径施策"
——中西部职业教育精准帮扶模式的创建与应用

一、改革背景与面临问题

(一)改革背景

2010年,为落实国家扶贫开发战略,教育部与天津市政府签署《关于共建国家职业教育改革创新示范区协议》,并制订《国家职业教育改革创新示范区建设实施方案》方案。方案中提出要"发挥国家级与市级示范校、特色校的整体辐射带动优势,大力推进国家职业教育改革创新示范区与中西部、尤其是西部少数民族地区的合作、共享职业教育资源"。

2015年,教育部与天津市人民政府签署《关于共建国家现代职业教育改革创新示范区协议》,明确新一轮示范区建设将服务国家发展战略和区域经济社会发展需求作为重要任务。其中,加大对中西部地区职业教育的支持和辐射力度,继续建设国家中西部地区职业教育师资培训中心,被列为新一轮示范区重大项目。

天津职业院校相继与中西部地区开展合作办学、教师培训、学生定向培养等,发挥了天津职业教育示范、引领作用。

(二)面临问题

一是中西部地区职业院校专业建设能力不足, 难以通过产教融合和校企合作等形式,与企业建立合作项目并实施协同育人的模式,人才培养质量难以满足当地产业发展或劳动力转移需求。

二是中西部地区职业院校教师专业素质薄弱,师资数量不足,突出表现在企业实践经验不足,不能适应现代职业教育发展。

三是中西部地区职业院校优质教学资源匮乏,难以找到合适的教学载体并通过真实的工作过程解决工学冲突的问题,制约人才培养质量的有效提高。

二、改革路径与实践历程

(一)改革路径

以习近平精准扶贫思想为指导,依据系统扶贫理论、贫困文化理论及黄炎培职业教育思想,遵循"倾心、聚力、精准、重效"原则,发挥国家示范区优势,从"方略－策略－实施－保障－目标"五维一体顶层设计,提出了"多元聚力、五径施策"职业教育精准扶贫方法论。

(二)改革措施

1.建设"1+N"国家中西部地区师资培训中心

基于教育部与天津市人民政府签署的《关于共建国家现代职业教育改革创新示范区协议》,成立"国家中西部地区职业教育师资培训中心",搭建了"1+N"集散式师资培养培训服务结构。

2.开发"五径"下扶贫项目菜单与配套文件

将天津职业院校所有承载帮扶关键任务归纳为"区域规划、学校创建、专业建设、教师培训、人才培养"五个路径,并携手合作企业依据"复制、创建、提质"分层设计扶贫项目模块菜单、项目任务书、项目服务协议等标准文件。

3.搭建"服务＋管理"线上支持平台

建设国家现代职业教育改革创新示范区(天津)优质教学资源共享服务平台、国家职业教育中西部师资培训管理服务平台,汇聚49种60余万条优质教学资源、78名全国职教名师和企业专家等,支持、指导中西部院校师生开展线下线上"教和学"活动,实现跨地域优质教育资源共享。

(三)实践历程

2010年,教育部与天津市政府签署《关于共建国家职业教育改革创新示范区协议》,天津交通职业学院、天津职业大学等示范院校先后与云南、宁夏、甘肃、青海等中西部地区职业院校携手同心,针对短板问题,采取结对帮扶共建专业、少数民族学生定向培养、师资专项培训、管理干部挂职锻炼、教师上门支教等形式对口支教,开启了教育扶贫项目管理模式;

2013年,在党的十八大"扶贫开发战略"指导下,天津职业院校"聚力式"主动帮扶中西部院校,针对帮扶对象,进行"五层次"设计,即分析当地产业结构、谋划专业组群布局、制订专业建设方案、培养专业骨干教师、共享优质教育教学资源。从"有啥给啥转变为缺啥补啥",从"授人以鱼"转变为"授人以渔",从"理念分享"到"成果共享",从"自主行动"到"系统推动",从"分散帮扶"到"聚力帮扶",从"挂职支教"到"整体输出",初步形成了凝聚多方合力,按照"区域系统援建、品牌整体输出、专业结对共建、师资轮岗培训、人才订制培养"五个路径扶教的新思路;

2013年,全面落实习近平总书记提出的精准扶贫思想,教育部与天津市政府签署《关于共建国家现代职业教育改革创新示范区协议》,明确新一轮示范区建设将加大对中西部地区职业教育的支持和辐射力度。天津职业院校整体援建新疆和田职业技术学院;与西藏昌都、青海黄南州、鄂尔多斯、宁夏等11个地区和云南省怒江、红河州等中西部职业院校确立了建立师资联合培养机制、职业教育优质资源共享平台等11项工作任务,全面推动国家现代职教改革示范区与中西部地区之间的职业教育协同创新。

2016年5月,教育部副部长朱之文与天津市副市长曹小红共同为"国家中西部职业教育师资培训中心"揭牌。天津职业院校以国家示范区独具的优势,以"国家中西部地区职业教育师资培训中心"为总服务平台,各院校为分中心,倾心、聚力、精准、重效地开展了系列职教帮扶工作,走出了一条职教东西协作、协同发展的特色之路。

2016年11月,为贯彻落实京津冀协同发展战略和和东西部扶贫协作战略,天津职业院校输出职教品牌,先后与河北省雄安、青龙、威县、承德职教中心共建分校,设立雄安新区技能人才培训基地,服务于新区筹建工作中搬迁人口培训再就业以及产业布局建设急需的高素质技术技能人才培养,书写了"政行企校"多元聚力,"区域—学校—专业—教师—人才"五个路径精准施策的"天津方案"。

三、实践成果和创新之处

(一)成果内容

1.建立"多元聚力、五径施策"精准扶教模式

在"方略–策略–实施–保障–目标"五维一体顶层设计下,立足"创新、协调、

绿色、开放、共享"五大发展理念,以立德树人为目标,以"学校运行稳定、专业运行稳定 + 保证 100% 初始就业"为职教脱贫标准,以"1+N"中西部培训服务平台为载体,以"教育部与天津市人民政府、国家示范区、职教集团、合作企业、对接院校与受援地区"多元聚力机制为保障,从"区域系统援建、品牌整体输出、人才定向培养、专业校企共建、师资综合培训"五个路径实施帮扶策略,并以五径下"复制、创建、提质"三级菜单式扶教项目为基础,针对受援地区职业教育需求、建设和发展,提供与实施个性化建设方案。

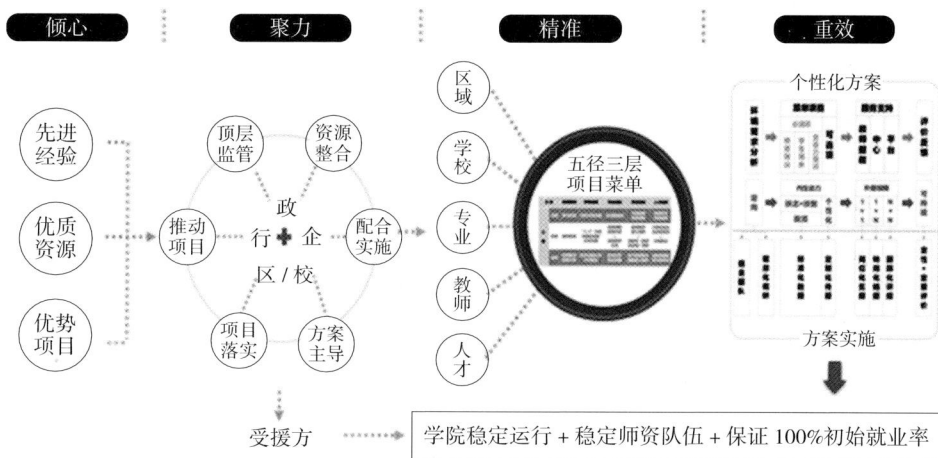

图 53 "多元聚力、五径施策"精准扶教模式

2.开发"五径三级"扶贫项目菜单

2010 年以来,天津市 21 所职业院校承接 72 个帮扶关键任务,结合职业院校学生成长、教师发展、专业竞争力提升要求,归纳与设计的"区域系统援建、品牌整体输出、专业校企共建、师资综合培训、人才订制培养"五个路径,"复制、创建、提质"分级设计了扶贫项目菜单。

表 2 "五径三层"菜单式扶贫项目

五径 三级	区域系统扶建	品牌整体输出	专业校企共建	师资综合培训	人才定制培养
复制	校标扶建	共建"分校"	开发新专业	新教师上岗培训	受援学生培养
创建	职教集团扶建	帮建"新校"	共建专业资源	骨干教师适岗培养	定向培养培训就业
提质	示范区扶建	助建"优质校"	助建示范专业	专业带头人领岗培养	技能竞赛专训

3.设计"一校一策"个性化服务方案

依据区域教育帮扶框架协议,由教育主管部门、对接院校以及合作企业的代表与受援地区教育行政部门、院校组成项目调研团队,基于区域教育规划、院校专业规划及区域经济发展需求,进行受援院校专业建设需求评价,援建院校团队遴选任务模块形成"个性化"草案;受援院校团队对援建院校基本办学情况、专项资源质量、实施保障条件等实地考察;确定"一地一策、一项目一招法"实施方案,并以"任务清单、绩效评价、责任协议"方式实施。

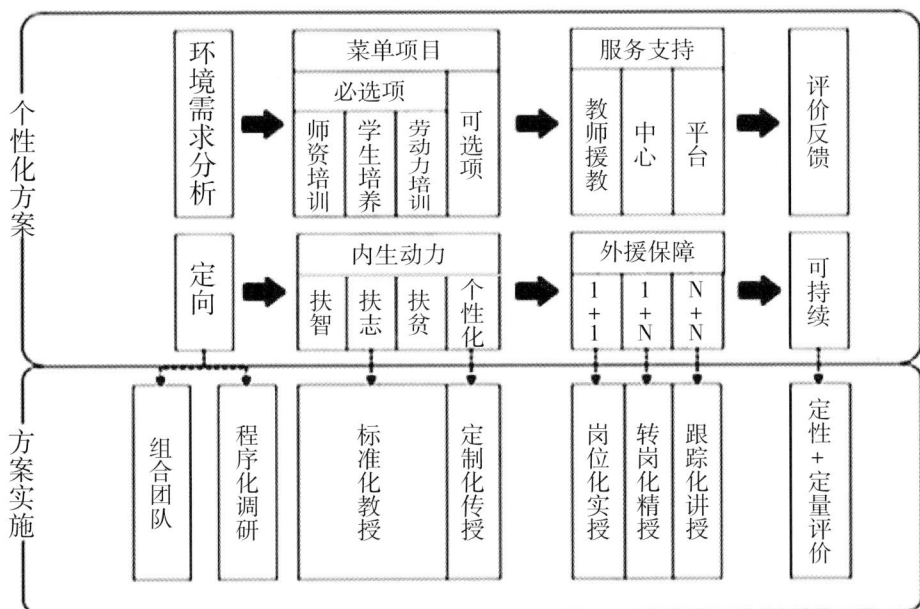

图54 个性化方案制定流程

4.建设"1+N"国家中西部师资培训中心

基于教育部与天津市政府签署的《关于共建国家现代职业教育改革创新示范区协议》,成立"国家中西部地区职业教育师资培训中心",搭建了"1+N"集散式师资培养培训服务结构,即总部实施基础培训,各院校为培训分中心按制造、商贸、服务等类别承办专业培训。并按照标准化教授、定制化传授、岗位化实授、转岗化精授、跟踪化讲授等"五授"模式,以"聚、送、派、请、放"等形式,面向校长、教师、管理人员开展"八个模块"课程培训。

图 55 "1+N"中西部师资培训模式

5.实施"八个模块"师资培训项目

积累多年天津职业院校对口培训师资的做法,建设了"面向校长、专业带头人、骨干教师、管理人员"培训项目,包括国家示范区、专业带头人领军能力、双师型教师专业技能、优秀青年教师跟岗访学、卓越校长培训、中高职衔接专业教师等协同研修、紧缺专业教师技艺技能传承创新和其他八大模块 109 门课程,通过跟踪回访,受访教师的满意度达 98%以上。

6.搭建"服务 + 管理"线上支持平台

(1)国家示范区(天津)优质教学资源共享服务平台

由天津市教委主办、天津交通职业学院承建的国家示范区(天津)优质教学资源共享服务平台汇聚了全国技能大赛博物馆、职业教育活动周等五类天津职业教育改革创新转化的优质成果;汇聚天津职业院校创建的 49 种 60 余万条优质教学资源;提供以网络平台和手机移动端两种方式支持受援师生开设班级群组与课程群组;通过平台"课程应用情况、资源使用情况、教师能力值、学生经验值"等在线课程教学管理统计数据,支持与指导中西部职业院校师生利用信息化资源开展"教、学"活动,实现跨地域优质教育资源共享。

（2）国家中西部师资培训平台

国家职业教育中西部师资培训管理服务平台利用网络技术，数据库技术与云计算技术，链接国家示范区（天津）优质教学资源共享服务平台，汇集全国职教名师和企业专家，从时间上贯穿培训全过程，空间上联结各分中心和中西部地区各教育部门，是集管理、服务、展示、学习为一体的跨区域、多层次、全天候的综合信息平台，支持一次培训终身受教，全面记录中心的培训过程与培训效果，发挥中西部师资培训中心的示范作用和辐射效应。

7.形成政府统筹"多元聚力"扶贫机制

目前，天津职教扶贫已集合了天津交通职教集团、佰利职教集团等7个职教集团，一汽大众、丰田等23家企业，天津交通职业学院、天津机电职业技术学院等21所职业院校与新疆、西藏、青海、甘肃、云南等19个地区开展东西协作。

天津交通职教集团、天津交通职业学院发挥行业办学优势，接受教育部、交通部、天津市人民政府等下达的援教任务，携手集团内企业及一汽大众、双创公司等合作企业，先后对口支援了西藏昌都市职业技术学校、云南怒江职业教育中心、河北省青龙职业教育中心等学校。

（二）成果创新点

1.提出了"多元聚力、五径施策"职业教育精准扶贫方法论

"五维一体"的扶贫模式，即"方略、策略、实施、保障、目标"五个维度一体化顶层设计的职业教育扶贫模式，具体而言就是"区域系统援建是模式的方略、品牌整体输出是模式的策略、专业校企共建是模式的实施、师资综合培训是模式的保障、人才订制培养是模式的目标"。

政府统筹的"多元聚力"扶贫机制，即通过政府统筹天津市的职教集团、企业、职业院校等教育资源，与中西部地区职业院校形成相互协作的扶贫机制。

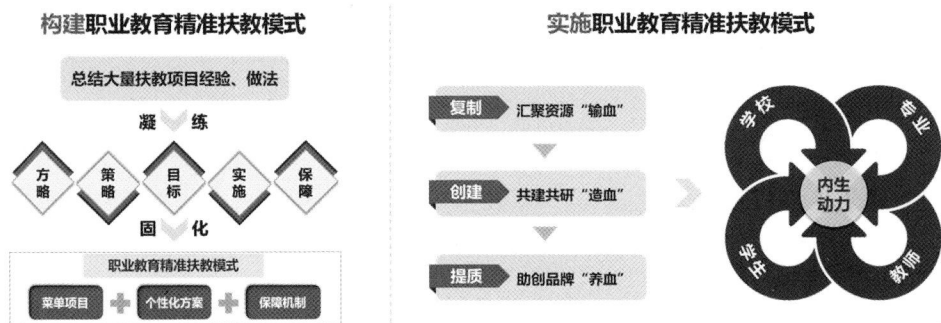

图56　职业教育精准扶教方法论

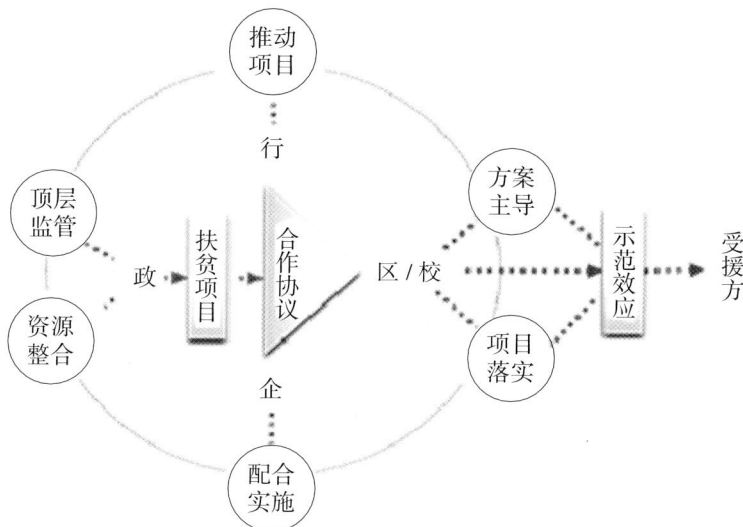

图 57 "多元聚力"扶贫机制

"五径施策"的扶贫项目菜单与配套文件,即通过"区域系统援建、品牌整体输出、专业校企共建、师资综合培训、人才订制培养"五个路径,并携手合作企业依据"复制、创建、提质"分层设计扶贫项目模块菜单、项目任务书、项目服务协议等标准文件,保障扶贫项目实施质量。

2.创建了依托"1+N"师资培训中心的"五授"师资培养培训模式

在对中西部职教师资培训中,按照标准化教授、定制化传授、岗位化实

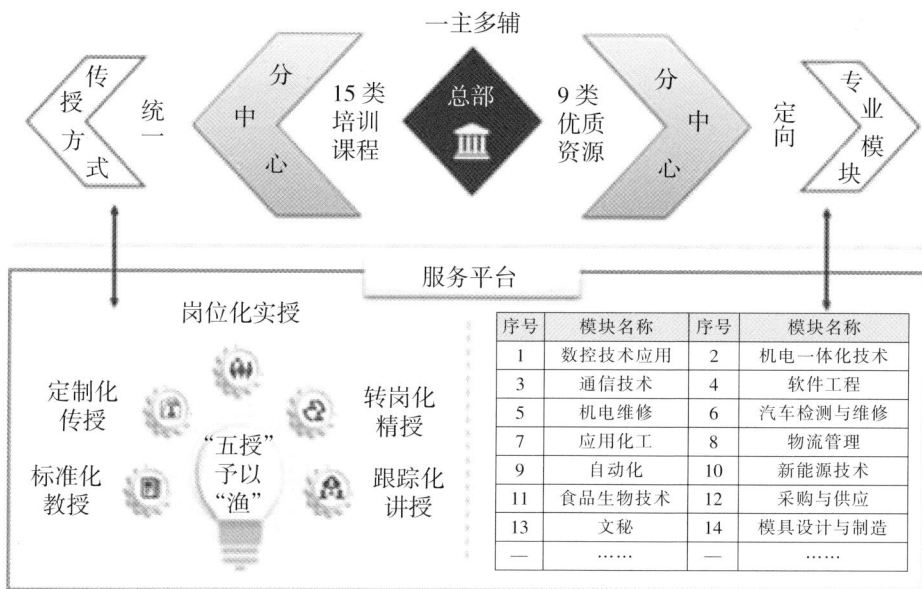

序号	模块名称	序号	模块名称
1	数控技术应用	2	机电一体化技术
3	通信技术	4	软件工程
5	机电维修	6	汽车检测与维修
7	应用化工	8	物流管理
9	自动化	10	新能源技术
11	食品生物技术	12	采购与供应
13	文秘	14	模具设计与制造
—	……	—	……

图 58 "1+N"师资培训中心运行示意图

授、转岗化精授、跟踪化讲授等"五授"模式,对专业带头人、骨干教师实施集中和分散相结合的培训形式。中心聚集了本市和全国职教领域和行业企业 78 名专家、86 家指导单位,拥有 9 种优质培训资源、15 类培训专题、42 个技能模块、109 门课程,为提升中西部地区职业院校师资和管理队伍能力水平持续提供服务。

3.提供了一套可推广与评价的扶教标准项目与质量教学文件

本成果提出了"质量 + 精准"、"创建 + 发展"长效职教扶贫思路,以人才定向培养为根本,以示范区、职教集团、职业院校为主体,相继开发与输出了以学校建设—分校、新校、优质校,专业—开发、共建、创示范,教师—上岗、适岗、领岗等 15 类"五径三级"标准项目;形成帮扶项目的管理、方案、制度等三大类标准性文件,为受援院校提供个性化服务方案的程序性文件等,保证精准扶教全流程统一质量。

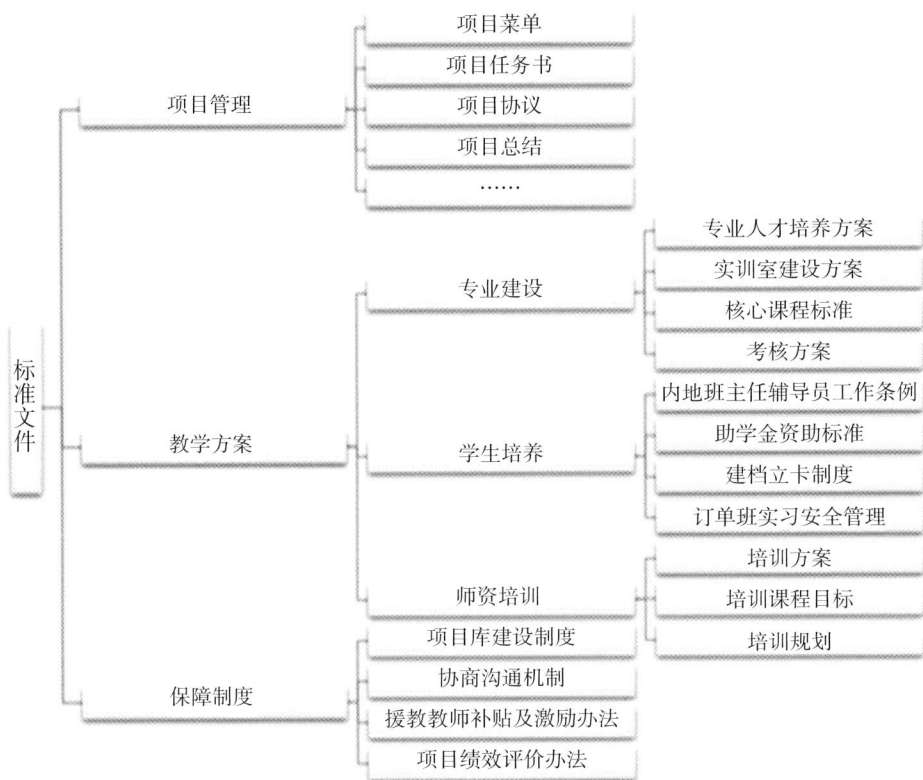

图 59　扶教项目标准文件体系

协同与协作

四、成果推广和社会影响

（一）成果推广的社会效应

1."天津方案"的质量效应

4 年来，天津职业院校以基金会向内地班和对口支援院校 4077 名学生发放助学资金、过冬衣物等，保障无人因困退学；通过开展爱党爱国教育、志愿者活动等，有 78 名学生申请入党；通过合作办学培养中西部学生 1 万余名，9 名学生在各类专业技能大赛获奖。四届 317 名毕业生中，56 名继续升学、261 名回乡就业，支持了当地人才紧缺状况改善，实现了家庭脱贫增收。

2."1+N"师资培养的倍增效应

依托"1+N"师资培养培训平台，天津职业院校以"聚、送、派、请、放"等形式，为西藏昌都、新疆和田、宁夏、鄂尔多斯等院校培训校长、管理干部、教师9787 人次，完成宁夏 37 所职业院校"双向挂职全覆盖"，带动了中西部职业院校建设。其中，西藏昌都市中等职业学校成为"国家中等职业教育改革发展示范学校"，7 个专业成为示范 / 重点专业，23 名培训教师在各类赛项获奖，撰写教材 27 本，教研课题 5 项。

3.国家创新示范区的汇聚效应

在教育部、天津市人民政府主导下，天津 7 个职教集团、21 所职业院校与23 家企业合作开展扶教项目 72 个。在承德、雄县、青龙、威县设立了 4 所分校，1 所培训中心；与新疆和田共建了 1 所高职学院；对口指导 36 所职业院校建设42 个专业；派出援教管理干部、教师 320 人次；援建 27 个专业实训室，支援教学设备百台套；建立"雪莲花"等贫困助学基金，累计资助资金 7.8 亿元。同时，还搭建了天津双创公司等合作企业支持受援地区产业经济发展的桥梁作用。

4.东西部协作的共赢效应

天津近百名校级领导带队深入中西部地区开展项目调研与跟踪、教师慰问、特困学生家访等，带去示范区改革经验带回对国家扶贫战略的使命；数百名援教教师及开展社会实践的学生们在体验贫苦生活的同时，深切感受到知识改变命运的力量，纷纷立下为祖国、为人民奉献的信念和志向，思想境界、团队协作能力等明显提升。天津职业院校、扶教教师和培养的民族学生获得教育部、天津市人民政府等荣誉达百余项。

（二）成果推广的社会影响

中共中央政治局委员、国务院副总理、时任天津市委书记孙春兰同志赴新疆自治区考察，对天津职业院校援疆工作予以了充分肯定。天津市教委副主任吕景泉教授应邀出席 2017 减贫与发展高层论坛并做主旨发言，介绍了天津市以服务脱贫攻坚为己任，贡献优质职教资源，对口帮扶西藏、新疆、云南、宁夏、河北等地职业教育，精准设计帮扶方案，全力实施扶贫项目，在实践中形成了特色模式。发言引发强烈反响，得到教育部领导高度认可。

天津交通职业学院、天津机电职业技术学院等扶贫经验与成果被人民日报、中国教育报、天津日报等主流媒体宣传报道达百余次，接待来访学习院校百所以上；天津职业院校联合在全国职教周期间做"职业教育与精准扶贫"专题展览；由天津交通职业学院、天津职业大学等校长携带天津经验分享团走入中西部 10 多个省区，从实操层面进行精准扶贫等典型案例宣讲，受众近万人。

协同与协作

附　件 |

附件1
《京津冀协同发展规划纲要》摘要

推动京津冀协同发展的指导思想是,以有序疏解北京非首都功能、解决北京"大城市病"为基本出发点,坚持问题导向,坚持重点突破,坚持改革创新,立足各自比较优势、立足现代产业分工要求、立足区域优势互补原则、立足合作共赢理念,以资源环境承载能力为基础、以京津冀城市群建设为载体、以优化区域分工和产业布局为重点、以资源要素空间统筹规划利用为主线、以构建长效体制机制为抓手,着力调整优化经济结构和空间结构,着力构建现代化交通网络系统,着力扩大环境容量生态空间,着力推进产业升级转移,着力推动公共服务共建共享,着力加快市场一体化进程,加快打造现代化新型首都圈,努力形成京津冀目标同向、措施一体、优势互补、互利共赢的协同发展新格局,打造中国经济发展新的支撑带。

1.功能定位

以首都为核心世界级城市群

功能定位是科学推动京津冀协同发展的重要前提和基本遵循。经反复研究论证,京津冀区域整体定位和三省市功能定位各4句话,体现了区域整体和三省市各自特色,符合协同发展、促进融合、增强合力的要求。京津冀整体定位是"以首都为核心的世界级城市群、区域整体协同发展改革引领区、全国创新驱动经济增长新引擎、生态修复环境改善示范区"。

区域整体定位体现了三省市"一盘棋"的思想,突出了功能互补、错位发展、相辅相成;三省市定位服从和服务于区域整体定位,增强整体性,符合京津冀协同发展的战略需要。

北京市:"全国政治中心、文化中心、国际交往中心、科技创新中心";

天津市:"全国先进制造研发基地、北方国际航运核心区、金融创新运营示范区、改革开放先行区";

河北省:"全国现代商贸物流重要基地、产业转型升级试验区、新型城镇化与城乡统筹示范区、京津冀生态环境支撑区"。

2.发展目标

北京5年后人口在2300万以内

京津冀协同发展的目标是:近期到2017年,有序疏解北京非首都功能取得明显进展,在符合协同发展目标且现实急需、具备条件、取得共识的交通一体化、生态环境保护、产业升级转移等重点领域率先取得突破,深化改革、创新驱动、试点示范有序推进,协同发展取得显著成效。

中期到2020年,北京市常住人口控制在2300万人以内,北京"大城市病"等突出问题得到缓解;区域一体化交通网络基本形成,生态环境质量得到有效改善,产业联动发展取得重大进展。公共服务共建共享取得积极成效,协同发展机制有效运转,区域内发展差距趋于缩小,初步形成京津冀协同发展、互利共赢新局面。

远期到2030年,首都核心功能更加优化,京津冀区域一体化格局基本形成,区域经济结构更加合理,生态环境质量总体良好,公共服务水平趋于均衡,成为具有较强国际竞争力和影响力的重要区域,在引领和支撑全国经济社会发展中发挥更大作用。

3.空间布局

首要任务解决北京"大城市病"

经反复研究论证,京津冀确定了"功能互补、区域联动、轴向集聚、节点支撑"的布局思路,明确了以"一核、双城、三轴、四区、多节点"为骨架,推动有序疏解北京非首都功能,构建以重要城市为支点,以战略性功能区平台为载体,以交通干线、生态廊道为纽带的网络型空间格局。

"一核"即指北京。把有序疏解非首都功能、优化提升首都核心功能、解决北京"大城市病"问题作为京津冀协同发展的首要任务。

"双城"是指北京、天津,这是京津冀协同发展的主要引擎,要进一步强化京津联动,全方位拓展合作广度和深度,加快实现同城化发展,共同发挥高端引领和辐射带动作用。

"三轴"指的是京津、京保石、京唐秦三个产业发展带和城镇聚集轴,这是支撑京津冀协同发展的主体框架。

"四区"分别是中部核心功能区、东部滨海发展区、南部功能拓展区和西北部生态涵养区,每个功能区都有明确的空间范围和发展重点。

"多节点"包括石家庄、唐山、保定、邯郸等区域性中心城市和张家口、承德、廊坊、秦皇岛、沧州、邢台、衡水等节点城市,重点是提高其城市综合承载能力和服务能力,有序推动产业和人口聚集。

4.功能疏解

四类非首都功能将被疏解

从疏解对象讲,重点是疏解一般性产业特别是高消耗产业、区域性物流基地、区域性专业市场等部分第三产业,部分教育、医疗、培训机构等社会公共服务功能,部分行政性、事业性服务机构和企业总部等四类非首都功能。

疏解的原则是:坚持政府引导与市场机制相结合,既充分发挥政府规划、政策的引导作用,又发挥市场的主体作用;坚持集中疏解与分散疏解相结合,考虑疏解功能的不同性质和特点,灵活采取集中疏解或分散疏解方式;坚持严控增量与疏解存量相结合,既把住增量关,明确总量控制目标,也积极推进存量调整,引导不符合首都功能定位的功能向周边地区疏解;坚持统筹谋划与分类施策相结合,结合北京城六区不同发展重点要求和资源环境承载能力统筹谋划,建立健全倒逼机制和激励机制,有序推出改革举措和配套政策,因企施策、因单位施策。

5.重点领域

交通、环保产业升级先突破

在交通一体化方面,构建以轨道交通为骨干的多节点、网格状、全覆盖的交通网络。重点是建设高效密集轨道交通网,完善便捷通畅公路交通网,打通国家高速公路"断头路",全面消除跨区域国省干线"瓶颈路段",加快构建现代化的津冀港口群,打造国际一流的航空枢纽,加快北京新机场建设,大力发展公交优先的城市交通,提升交通智能化管理水平,提升区域一体化运输服务水平,发展安全绿色可持续交通。

在生态环境保护方面,打破行政区域限制,推动能源生产和消费革命,促进绿色循环低碳发展,加强生态环境保护和治理,扩大区域生态空间。重点是联防联控环境污染,建立一体化的环境准入和退出机制,加强环境污染治理,实施清洁水行动,大力发展循环经济,推进生态保护与建设,谋划建设一批环首都国家公园和森林公园,积极应对气候变化。

在推动产业升级转移方面,加快产业转型升级,打造立足区域、服务全国、辐射全球的优势产业集聚区。重点是明确产业定位和方向,加快产业转型升级,推动产业转移对接,加强三省市产业发展规划衔接,制定京津冀产业指导目录,加快津冀承接平台建设,加强京津冀产业协作等。

协同与协作

附件 2

《河北雄安新区规划纲要》摘要

前言

设立河北雄安新区，是以习近平同志为核心的党中央作出的一项重大历史性战略选择，是千年大计、国家大事。习近平总书记亲自谋划、亲自决策、亲自推动，倾注了大量心血，2017 年 2 月 23 日亲临实地考察并发表重要讲话，多次主持召开会议研究部署并作出重要指示，为雄安新区规划建设指明了方向。

在党中央坚强领导下，河北省、京津冀协同发展领导小组办公室会同中央和国家机关有关部委、专家咨询委员会等方面，深入学习贯彻习近平新时代中国特色社会主义思想和党的十九大精神，坚持世界眼光、国际标准、中国特色、高点定位，紧紧围绕打造北京非首都功能疏解集中承载地，创造"雄安质量"、成为新时代推动高质量发展的全国样板，培育现代化经济体系新引擎，建设高水平社会主义现代化城市，借鉴国际成功经验，汇聚全球顶尖人才，集思广益、深入论证，编制雄安新区规划。

2018 年 2 月 22 日，习近平总书记主持召开中央政治局常委会会议，听取雄安新区规划编制情况的汇报并发表重要讲话。李克强总理主持召开国务院常务会议，审议雄安新区规划并提出明确要求。京津冀协同发展领导小组直接领导推动新区规划编制工作。按照党中央要求，进一步修改完善形成了《河北雄安新区规划纲要》。

本纲要是指导雄安新区规划建设的基本依据。规划期限至 2035 年，并展望本世纪中叶发展远景。

第一章 总体要求

中国特色社会主义进入新时代,以习近平同志为核心的党中央高瞻远瞩、深谋远虑,科学作出了设立雄安新区的重大决策部署,明确了雄安新区规划建设的指导思想、功能定位、建设目标、重点任务和组织保障,为高起点规划、高标准建设雄安新区提供了根本遵循、指明了工作方向。

第一节 设立背景

设立河北雄安新区,是以习近平同志为核心的党中央深入推进京津冀协同发展作出的一项重大决策部署,是继深圳经济特区和上海浦东新区之后又一具有全国意义的新区,是重大的历史性战略选择,是千年大计、国家大事。

党的十八大以来,以习近平同志为核心的党中央着眼党和国家发展全局,运用大历史观,以高超的政治智慧、宏阔的战略格局、强烈的使命担当,提出以疏解北京非首都功能为"牛鼻子"推动京津冀协同发展这一重大国家战略。习近平总书记指出,考虑在河北比较适合的地方规划建设一个适当规模的新城,集中承接北京非首都功能,采用现代信息、环保技术,建成绿色低碳、智能高效、环保宜居且具备优质公共服务的新型城市。在京津冀协同发展领导小组的直接领导下,经过反复论证、多方比选,党中央、国务院决定设立河北雄安新区。

规划建设雄安新区意义重大、影响深远。中国特色社会主义进入新时代,我国经济由高速增长阶段转向高质量发展阶段,一个阶段要有一个阶段的标志,雄安新区要在推动高质量发展方面成为全国的一个样板。雄安新区作为北京非首都功能疏解集中承载地,与北京城市副中心形成北京发展新的两翼,共同承担起解决北京"大城市病"的历史重任,有利于探索人口经济密集地区优化开发新模式;培育建设现代化经济体系的新引擎,与以 2022 年北京冬奥会和冬残奥会为契机推进张北地区建设形成河北两翼,补齐区域发展短板,提升区域经济社会发展质量和水平,有利于形成新的区域增长极;建设高水平社会主义现代化城市,有利于调整优化京津冀城市布局和空间结构,加快构建京津冀世界级城市群;创造"雄安质量",有利于推动雄安新区实现更高水平、更有效率、更加公平、更可持续发展,打造贯彻落实新发展理念的创新发展示范区,成为新时代高质量发展的全国样板。

第二节　新区概况

雄安新区地处北京、天津、保定腹地,距北京、天津均为105公里,距石家庄155公里,距保定30公里,距北京新机场55公里,区位优势明显,交通便捷通畅,地质条件稳定,生态环境优良,资源环境承载能力较强,现有开发程度较低,发展空间充裕,具备高起点高标准开发建设的基本条件。

本次新区规划范围包括雄县、容城、安新三县行政辖区(含白洋淀水域),任丘市鄚州镇、苟各庄镇、七间房乡和高阳县龙化乡,规划面积1770平方公里。选择特定区域作为起步区先行开发,在起步区划出一定范围规划建设启动区,条件成熟后再有序稳步推进中期发展区建设,并划定远期控制区为未来发展预留空间。

第三节　指导思想

高举中国特色社会主义伟大旗帜,深入学习贯彻习近平新时代中国特色社会主义思想和党的十九大精神,坚决落实党中央、国务院决策部署,坚持稳中求进工作总基调,牢固树立和贯彻落实新发展理念,紧扣我国社会主要矛盾变化,按照高质量发展的要求,紧紧围绕统筹推进"五位一体"总体布局和协调推进"四个全面"战略布局,着眼建设北京非首都功能疏解集中承载地,创造"雄安质量",打造推动高质量发展的全国样板,建设现代化经济体系的新引擎,坚持世界眼光、国际标准、中国特色、高点定位,坚持生态优先、绿色发展,坚持以人民为中心、注重保障和改善民生,坚持保护弘扬中华优秀传统文化、延续历史文脉,着力建设绿色智慧新城、打造优美生态环境、发展高端高新产业、提供优质公共服务、构建快捷高效交通网、推进体制机制改革、扩大全方位对外开放,建设绿色生态宜居新城区、创新驱动发展引领区、协调发展示范区、开放发展先行区,努力打造贯彻落实新发展理念的创新发展示范区,建设高水平社会主义现代化城市。

第四节　发展定位

雄安新区作为北京非首都功能疏解集中承载地,要建设成为高水平社会主义现代化城市、京津冀世界级城市群的重要一极、现代化经济体系的新引擎、推动高质量发展的全国样板。

绿色生态宜居新城区。坚持把绿色作为高质量发展的普遍形态,充分体现生态文明建设要求,坚持生态优先、绿色发展,贯彻绿水青山就是金山银山的理念,划定生态保护红线、永久基本农田和城镇开发边界,合理确定新区建设规模,完善生态功能,统筹绿色廊道和景观建设,构建蓝绿交织、清新明亮、水城共融、多组团集约紧凑发展的生态城市布局,创造优良人居环境,实现人与自然和谐共生,建设天蓝、地绿、水秀美丽家园。

创新驱动发展引领区。坚持把创新作为高质量发展的第一动力,实施创新驱动发展战略,推进以科技创新为核心的全面创新,积极吸纳和集聚京津及国内外创新要素资源,发展高端高新产业,推动产学研深度融合,建设创新发展引领区和综合改革试验区,布局一批国家级创新平台,打造体制机制新高地和京津冀协同创新重要平台,建设现代化经济体系。

协调发展示范区。坚持把协调作为高质量发展的内生特点,通过集中承接北京非首都功能疏解,有效缓解北京"大城市病",发挥对河北省乃至京津冀地区的辐射带动作用,推动城乡、区域、经济社会和资源环境协调发展,提升区域公共服务整体水平,打造要素有序自由流动、主体功能约束有效、基本公共服务均等、资源环境可承载的区域协调发展示范区,为建设京津冀世界级城市群提供支撑。

开放发展先行区。坚持把开放作为高质量发展的必由之路,顺应经济全球化潮流,积极融入"一带一路"建设,加快政府职能转变,促进投资贸易便利化,形成与国际投资贸易通行规则相衔接的制度创新体系;主动服务北京国际交往中心功能,培育区域开放合作竞争新优势,加强与京津、境内其他区域及港澳台地区的合作交流,打造扩大开放新高地和对外合作新平台,为提升京津冀开放型经济水平作出重要贡献。

第五节 建设目标

到 2035 年,基本建成绿色低碳、信息智能、宜居宜业、具有较强竞争力和影响力、人与自然和谐共生的高水平社会主义现代化城市。城市功能趋于完善,新区交通网络便捷高效,现代化基础设施系统完备,高端高新产业引领发展,优质公共服务体系基本形成,白洋淀生态环境根本改善。有效承接北京非首都功能,对外开放水平和国际影响力不断提高,实现城市治理能力和社会管理现代化,"雄安质量"引领全国高质量发展作用明显,成为现代化经济体系的新引擎。

到本世纪中叶,全面建成高质量高水平的社会主义现代化城市,成为京津冀世界级城市群的重要一极。集中承接北京非首都功能成效显著,为解决"大城市病"问题提供中国方案。新区各项经济社会发展指标达到国际领先水平,治理体系和治理能力实现现代化,成为新时代高质量发展的全国样板。彰显中国特色社会主义制度优越性,努力建设人类发展史上的典范城市,为实现中华民族伟大复兴贡献力量。

第五章 发展高端高新产业

瞄准世界科技前沿,面向国家重大战略需求,通过承接符合新区定位的北京非首都功能疏解,积极吸纳和集聚创新要素资源,高起点布局高端高新产业,推进军民深度融合发展,加快改造传统产业,建设实体经济、科技创新、现代金融、人力资源协同发展的现代产业体系。

第一节 承接北京非首都功能疏解

明确承接重点。在高等学校和科研机构方面,重点承接著名高校在新区设立分校、分院、研究生院等,承接国家重点实验室、工程研究中心等国家级科研院所、创新平台、创新中心。在医疗健康机构方面,重点承接高端医疗机构在雄安新区设立分院和研究中心,加强与国内知名医学研究机构合作。在金融机构方面,承接银行、保险、证券等金融机构总部及分支机构,鼓励金融骨干企业、分支机构开展金融创新业务。在高端服务业方面,重点承接软件和信息服务、设计、创意、咨询等领域的优势企业,以及现代物流、电子商务等企业总部。在高技术产业方面,重点承接新一代信息技术、生物医药和生命健康、节能环保、高端新材料等领域的央企以及创新型民营企业、高成长性科技企业。支持中关村科技园在雄安新区设立分园区。

营造承接环境。打造一流硬件设施环境,有序推进基础设施建设,完善配套条件,推动疏解对象顺利落地。打造优质公共服务环境,率先建设一批高水平的幼儿园、中小学、医院等公共服务设施,提供租购并举的多元化住房保障,有效吸引北京人口转移。打造便民高效政务服务环境,建立新区政务服务平台,简化审批程序和环节,提供一站式服务。打造创新开放政策环境,在土地、财税、金融、人才、对外开放等方面,制定实施一揽子政策措施,确保疏解对象来得了、留得住、发展好。

第二节 明确产业发展重点

新一代信息技术产业。围绕建设数字城市,重点发展下一代通信网络、物联网、大数据、云计算、人工智能、工业互联网、网络安全等信息技术产业。近期依托 5G 率先大规模商用、IPv6 率先布局，培育带动相关产业快速发展。发展物联网产业，推进智能感知芯片、智能传感器和感知终端研发及产业化。搭建国家新一代人工智能开放创新平台，重点实现无人系统智能技术的突破，建设开放式智能网联车示范区，支撑无人系统应用和产业发展。打造国际领先的工业互联网网络基础设施和平台，形成国际先进的技术与产业体系。推动信息安全技术研发应用，发展规模化自主可控的网络空间安全产业。超前布局区块链、太赫兹、认知计算等技术研发及试验。

现代生命科学和生物技术产业。率先发展脑科学、细胞治疗、基因工程、分子育种、组织工程等前沿技术，培育生物医药和高性能医疗器械产业，加强重大疾病新药创制。实施生物技术药物产业化示范工程、医疗器械创新发展工程、健康大数据与健康服务推广工程，建设世界一流的生物技术与生命科学创新示范中心、高端医疗和健康服务中心、生物产业基地。

新材料产业。聚焦人工智能、宽带通信、新型显示、高端医疗、高效储能等产业发展对新材料的重大需求，在新型能源材料、高技术信息材料、生物医学材料、生物基材料等领域开展应用基础研究和产业化，突破产业化制备瓶颈，培育新区产业发展新增长点。

高端现代服务业。接轨国际，发展金融服务、科创服务、商务服务、智慧物流、现代供应链、数字规划、数字创意、智慧教育、智慧医疗等现代服务业，促进制造业和服务业深度融合。集聚银行、证券、信托、保险、租赁等金融业态，依法合规推进金融创新，推广应用先进金融科技。围绕创新链构建服务链，发展创业孵化、技术转移转化、科技咨询、知识产权、检验检测认证等科技服务业，建设国家质量基础设施研究基地。发展设计、咨询、会展、电子商务等商务服务业，建设具有国际水准的总部商务基地。发展创意设计、高端影视等文化产业，打造国际文化交流重要基地。发展国际仲裁、律师事务所等法律服务业。

绿色生态农业。建设国家农业科技创新中心，发展以生物育种为主体的现代生物科技农业，推动苗木、花卉的育种和栽培研发，建设现代农业设施园区。融入科技、人文等元素，发展创意农业、认养农业、观光农业、都市农业等新业态，建设一二三产业融合发展示范区。

对符合发展方向的传统产业实施现代化改造提升，推进产业向数字化、网络化、智能化、绿色化发展。

第三节　打造全球创新高地

搭建国际一流的科技创新平台。按照国家科技创新基地总体部署,积极布局建设国家实验室、国家重点实验室、工程研究中心等一批国家级创新平台,努力打造全球创新资源聚集地。围绕集聚高端创新要素,加强与国内外知名教育科研机构及企业合作,建立以企业为主体、市场为导向、产学研深度融合的技术创新体系。推动建设一批未来产业研究院。

建设国际一流的科技教育基础设施。加强重大科技基础设施建设,实施一批国家科教创新工程,集中资源建设若干"人无我有、人有我优"的开放型重大科研设施、科技创新平台,布局一批公共大数据、基础研发支撑、技术验证试验等开放式科技创新支撑平台,全面提高创新支撑能力。建设世界一流研究型大学,培育一批优势学科,建设一批特色学院和高精尖研究中心;发挥高校在科技创新体系中的作用,集聚人才、学科、资源和平台优势,与科研院所、企业等合作,面向国家重大战略需求,打造知识溢出效应明显的大学园区;按照产教深度融合、中高职有效衔接的要求,建设具有国际先进水平的现代职业教育体系;整合各类科教资源,集中力量打造国际人才培训基地,为创新发展提供源头支撑。

构建国际一流的创新服务体系。创新国际科技合作模式,打造国际科技创新合作试验区,率先开展相关政策和机制试点。举办多层次多领域学术交流活动,搭建国际科技合作交流平台。发挥创新型领军企业引领作用,面向产业链上下游中小企业,构建线上线下融合的创新支撑服务体系。加快培育科技型中小企业,构建全链条孵化服务体系。加强知识产权保护及综合运用,形成产权创造、保护、交易、运用及管理的良性循环。

第四节　完善产业空间布局

坚持产城融合、职住均衡和以水定产、以产兴城原则,采取集中与分散相结合的方式,推动形成起步区、外围组团和特色小城镇协同发展的产业格局。

起步区。构建一流的承接平台、基础设施、公共服务,重点承接北京疏解的事业单位、总部企业、金融机构、高等院校、科研院所等功能,重点发展人工智能、信息安全、量子技术、超级计算等尖端技术产业基地,建设国家医疗中心。

五个外围组团。与起步区分工协作,按功能定位承接北京非首都功能疏解,布局电子信息、生命科技、文化创意、军民融合、科技研发等高端高新产业,以及支撑科技创新和产业发展的基础设施。

周边特色小城镇。因镇制宜，有序承接北京非首都功能疏解，布局形成各具特色的产业发展格局。北部小城镇主要以高端服务、网络智能、军民融合等产业为特色。南部小城镇主要以现代农业、生态环保、生物科技、科技金融、文化创意等产业为特色。

第六章 提供优质共享公共服务

坚持以人民为中心、注重保障和改善民生，引入京津优质教育、医疗卫生、文化体育等资源，建设优质共享的公共服务设施，提升公共服务水平，构建多元化的住房保障体系，增强新区承载力、集聚力和吸引力，打造宜居宜业、可持续发展的现代化新城。

第一节 布局优质公共服务设施

构建城市基本公共服务设施网络。建设"城市—组团—社区"三级公共服务设施体系，形成多层次、全覆盖、人性化的基本公共服务网络。城市级大型公共服务设施布局于城市中心地区，主要承担国际交往功能，承办国内大型活动，承接北京区域性公共服务功能疏解；组团级公共服务设施围绕绿地公园和公交枢纽布局，主要承担城市综合服务功能，提供全方位、全时段的综合服务；社区级公共服务设施布局于社区中心，主要承担日常生活服务功能，构建宜居宜业的高品质生活环境。

构建社区、邻里、街坊三级生活圈。社区中心配置中学、医疗服务机构、文化活动中心、社区服务中心、专项运动场地等设施，形成15分钟生活圈。邻里中心配置小学、社区活动中心、综合运动场地、综合商场、便民市场等设施，形成10分钟生活圈。街坊中心配置幼儿园、24小时便利店、街头绿地、社区服务站、文化活动站、社区卫生服务站、小型健身场所、快递货物集散站等设施，形成5分钟生活圈。

构建城乡一体化公共服务设施。城郊农村共享城市教育、医疗、文化等服务配套设施。特色小城镇参照城市社区标准，配置学校、卫生院、敬老院、文化站、运动健身场地等公共服务设施，提高优质公共服务覆盖率，构建乡镇基础生活圈。美丽乡村配置保障性基本公共服务设施、基础性生产服务设施和公共活动场所。大幅提高村镇公共交通服务水平，实现校车、公交等多种方式的绿色便捷出行。

第二节　提升公共服务水平

优先发展现代化教育。按照常住人口规模合理均衡配置教育资源,布局高质量的学前教育、义务教育、高中阶段教育,实现全覆盖。引进优质基础教育资源,创新办学模式,创建一批高水平的幼儿园、中小学校,培育建设一批国际学校、国际交流合作示范学校。支持"双一流"建设高校在新区办学,以新机制、新模式努力建设世界一流的雄安大学,统筹科研平台和设施、产学研用一体化创新中心资源,构建高水平、开放式、国际化高等教育聚集高地。统筹利用国内外教育资源,开展与国际高端职业教育机构的深度合作,规划建设新区职业院校,建设集继续教育、职业培训、老年教育等功能为一体的社区学院。

高标准配置医疗卫生资源。引进京津及国内外优质医疗资源,建设集临床服务、医疗教育、医学科研和成果转化为一体的医疗综合体;加快应急救援、全科、儿科、妇产科等领域建设,建设国际一流、国内领先的区域卫生应急体系和专科医院;全面打造15分钟基层医疗服务圈,基层医疗卫生机构标准化达标率100%;加快新区全民健康信息平台建设,大力发展智能医疗,建设健康医疗大数据应用中心,构建体系完整、分工明确、功能互补、密切协作的医疗卫生服务体系。

建立完备的公共文化服务体系。围绕建设多层次公共文化服务设施,在数字网络环境下,高标准布局建设博物馆、图书馆、美术馆、剧院等,在街道、社区建设综合文化站和文化服务中心。统筹文化要素资源,合理布局文化产业,促进文化产业高质量发展,推动公共文化服务与文化产业融合发展。

构建完善的全民健身体系。建设体育健身设施网络,鼓励体育设施与其他公共服务设施共建共享。开展全民健身活动,促进群众体育、竞技体育、体育产业、体育文化等各领域协调发展;积极承接京津丰富的赛事资源,引进国内外高端体育赛事,形成高水平、品牌化、持续性的系列赛事;充分发挥新区优势,大力发展健身休闲产业;以信息网络为技术支撑,努力创建智能型公共体育服务体系。

提升社会保障基本服务水平。以普惠性、保基本、均等化、可持续为目标,创新社会保障服务体系,建立健全社会保障基本制度,完善服务项目,提高服务标准,加大投入力度。切实保障残障人员、老人、儿童的教育、文化、医疗等基本公共服务,统筹考虑养老服务设施配置,建立健全未成年人关爱保护体系和殡葬公共服务体系。建立劳动就业服务制度,提供多层次公共就业服务,努力提升人民群众的获得感、幸福感、安全感。

第三节　建立新型住房保障体系

优化居住空间布局。统筹居住和就业，促进职住均衡。在轨道车站、大容量公共交通廊道节点周边，优先安排住宅用地；在城市核心区和就业岗位集聚、公共交通便捷、具有较高商业价值的地区，布局混合性居住空间，实现合理公交通勤圈内的职住均衡。

改革创新住房制度。坚持房子是用来住的、不是用来炒的定位，建立多主体供给、多渠道保障、租购并举的住房制度。坚持保障基本、兼顾差异、满足多层次个性化需求，建立多元化住房供应体系。坚持市场主导、政府引导，形成供需匹配、结构合理、流转有序、支出与消费能力基本适应的住房供应格局。完善多层次住房供给政策和市场调控体制，严控房地产开发，建立严禁投机的长效机制。探索房地产金融产品创新。

附件3

天津市教育委员会　雄安新区管理委员会
关于职业教育战略合作协议

根据党中央、国务院和天津市、河北省关于支持雄安新区规划建设的精神，按照雄安新区高起点规划、高标准建设的要求，充分发挥天津市职业教育资源优势，更好地服务雄安新区国家重大战略，经双方协商，天津市教育委员会、雄安新区管理委员会就职业教育发展达成以下合作协议：

一、总体要求

深入贯彻落实以习近平总书记为核心的党中央关于规划建设雄安新区的重大战略决策部署，深入学习贯彻习近平新时代中国特色社会主义思想和党的十九大精神，立足京津冀协同发展和雄安新区功能定位，坚持世界眼光、国际标准、中国特色、高点定位，坚持优势互补、整体推进、分层对接、共享共赢，充分发挥天津市作为国家现代职业教育改革创新示范区优势，建立完善高素质技术技能人才培养培训体系，构建京津冀职业教育协同发展共同体，探索现代职业教育区域发展新模式，创造雄安职业教育质量，助力雄安新区高端高新产业发展。

二、合作内容

（一）开展终身职业技能培训深度合作，创建区域社会培训新机制。围绕雄安新区高起点布局高端高新产业，加快改造传统产业，建设实体经济、科技创新、现代金融、人力资源协同发展的现代产业体系需求，由天津职业大学牵头组团在雄安新区开展社会培训，助力新区建立终身职业技能培训体系，重点对"入岗、在岗、转岗、下岗、无岗"人员进行系统性、针对性培训,并考取相应的职业资格证书。同时,由天津市产教融合紧密的职业教育集团配合,在电子信息、智能制造、交通运输、食品餐饮、园林园艺、养老护理、酒店服务、公共基础服务等方面开展专项"订单"培训,推进形成产业、行业、企业、职业、专业"五业联动"新机制。

(二)开展职业学校校际深度合作,探索区域校际合作新路径。在已有合作基础上,进一步加强天津市职业院校与雄安新区三县职教中心的合作办学。由天津市第一商业学校、天津市经济贸易学校(天津市第二商业学校)、天津市第一轻工业学校等三所国家示范校牵头组团对接雄县职业教育中心、安新职业教育中心和容城职业教育中心,适时挂牌建设"天津市第一商业学校雄安协作校区""天津市经济贸易学校(天津市第二商业学校)雄安协作校区"和"天津市第一轻工业学校雄安协作校区",加强重点专业建设,试点中高职"3+2"衔接。同时,与天津市三所示范校主办单位天津市商务委、天津食品集团、天津渤海轻工集团开展产教深度合作,整体输出天津职业教育品牌,提升雄安新区现有职业教育基础能力建设水平。

(三)开展职业教育数字资源应用深度合作,构建区域继续教育新方式。围绕雄安新区建设集继续教育、职业培训、老年教育等功能为一体的社区学院需求,由天津广播电视大学牵头开展面向新区居民、新进人员的在线学习,扩大国家职教示范区终身学习卡的辐射范围;面向新区各级各类学校、企事业单位需要提升学历的人员,建立绿色通道,开展专升本的学历继续教育;探索建立社区学院,推进学习型新区建设。同时,依托天津机电职业技术学院承接的国家职业教育教学资源开发与制作中心服务总平台牵头,组织分享示范区建设成果、优质资源,帮扶新区职业学校教师提高信息技术教学能力和水平。

(四)开展职业学校干部教师培养培训深度合作,建立区域培养师资队伍新范式。积极推动天津市选派干部到雄安新区挂职交流,协助新区提升职业教育管理水平。由天津机电职业技术学院承接的国家中西部地区职业教育师资培训中心服务总平台牵头,开展面向雄安新区职业学校的专业骨干教师、学校管理干部、技能培训师等培训,计划每年培训60人,连续培训5年,培训方式分为短期培训(1~2个月)和长期培训(6~8个月)。同时,依托天津大学、天津职业技术师范大学、天津中德应用技术大学,开展面向新区职业学校专业教师的学历教育专项培养。

(五)开展职业教育规划领域深度合作,构建雄安新区现代职业教育新体系。结合雄安新区实际和未来发展需求,按照产教深度融合、中高职有效衔接的要求,助推新区建设具有国际先进水平的现代职业教育体系。由天津市教委和雄安新区管委会,组织专家团队,研制雄安新区职业教育与继续教育发展规划及行动方案;统筹利用国内外教育资源,开展与国际高端职业教育机构的深度合作,规划建设新区职业院校;整体规划高端、高素质技术技能人才培养培训,推进新区职业教育与继续教育协同发展;整合各类资源,集中力量共同打造国际化高端技术技能人才培养基地、职业教育产教融合协同发展创新高地,为雄安新区高质量发展提供源头支撑。

三、保障措施

(一)成立工作推动小组。成立由天津市教委、雄安新区管委会主管领导为组长,各有关区县主管领导、教育局局长,相关部门、行业企业负责人和各有关中高职院校为成员的职业教育协同发展工作推动小组,负责协商确定合作内容并组织实施。下设办公室,天津市教委有关处室、雄安新区管委会公共服务局有关负责同志担任办公室主任。

(二)建立工作会商机制。职业教育协同发展工作推动小组及办公室负责定期召开联席会议,编制《津雄职业教育发展合作项目库》,拟定年度重大项目,研究合作具体事项,向双方主要领导及上级报告年度合作项目进展情况。

(三)建立经费保障机制。天津市教委、雄安新区管委会将此项工作所需经费列入预算,两地单列职业教育发展合作专项经费,用于重大项目推进、相关人员往来,保障两地职业教育发展合作交流顺利开展。

四、实施时间

第一阶段为期五年,从 2018 年 5 月 10 日到 2023 年 5 月 9 日,到期后,可根据合作进展情况、双方意愿再确定下一阶段合作意向、主要任务和实施时间。

五、其他约定

双方可依据本协议进一步细化合作内容、实施方式,制定实施细则。